VOM BEGEHREN NACH DEM AFFEKT

MARIE-LUISE ANGERER

VOM BEGEHREN NACH DEM AFFEKT

DIAPHANES

DIESES BUCH ERSCHEINT MIT FREUNDLICHER UNTERSTÜTZUNG DURCH

BM:BWK, BUNDESMINISTERIUM FÜR BILDUNG, WISSENSCHAFT UND KULTUR, ÖSTERREICH
KUNSTHOCHSCHULE FÜR MEDIEN KÖLN

1. AUFLAGE
ISBN-13: 978-3-935300-92-6
© DIAPHANES, ZÜRICH-BERLIN 2007
WWW.DIAPHANES.NET

UMSCHLAGABBILDUNG: ROLF WALZ »RECONSTRUCTION | VILLAGE OF THE DAMNED« (DETAIL), 2005

LAYOUT UND DRUCKVORSTUFE: 2EDIT, ZÜRICH
DRUCK: STÜCKLE, ETTENHEIM

INHALT

EINLEITUNG: VON WEGEN AFFEKT!   **7**

AFFECTIVE TROUBLES IN MEDIEN UND KUNST   **17**
VON DER LUST AM SCHAUEN ZUR EMOTIONSMASCHINE 21 – ZUR WIEDER-
KEHR DES KINEMATOGRAFISCH VERDRÄNGTEN 23 – FRAMER FRAMED 26
– VIRTUELL UNBEWUSST – UNBEWUSST VIRTUELL 30 – RAHMENLOS |
HALTLOS 32 – EMOTIONALE NABELSCHAUEN 36

HUMAN | POSTHUMAN | TRANSHUMAN   **39**
ZUR HEIMATLOSIGKEIT DES SUBJEKTS 40 – ZUM AUSZUG AUS DEM HAUS
DER SPRACHE – KYBERNETIK, CULTURAL STUDIES, CYBERSPACE 45 –
DENKEN MASCHINEN? 51 – DIE DURCHQUERUNG DES SUBJEKTS 57

AFFEKTIVE THEORIE-LÄUFE   **61**
INTENSIVES INTERFACE 61 – AFFEKT VERSUS TRIEB 67 – VERDRÄNGEN,
WIEDERHOLEN, DURCHARBEITEN 71 – VON DER SEELE DES GEHIRNS ZU
DEN GEFÜHLEN ALS SORGE UM DEN ORGANISMUS 76 – EXKURS: ZUM
PERFORMATIVEN EREIGNIS 80 – VOM WISSEN DES HANDELNS 83

VOM CYBERSEX ZU ABSTRACT SEX   **85**
UNBEWUSSTE SEXUALITÄT UND VIRTUELLES GESCHLECHT 88 – META-
MORPHOTISCHE BEWEGUNGEN 91 – SCHNITTE 94 – GRENZZIEHUNGEN 96
– VIRALE WESEN 97

SEXUALIZING AFFECT   **101**
TRANSITIONEN 101 – VOM UNBEWUSSTEN ZUM BEGEHREN 104 –
VOM PHANTASMA DES LEBENS 112 – DESIRE OR INTENSE LIVING: NEO-
SEXUALS 115 – AFFEKT UND WAHRHEIT 119 – SEXUALIZING AFFECT 122

ANMERKUNGEN   **127**
LITERATUR   **145**
ABBILDUNGEN   **153**

EINLEITUNG

VON WEGEN AFFEKT!

»Es ist nicht bequem, Gefühle wissenschaftlich zu bearbeiten.«
Sigmund Freud

Halbfinale der Fußball-Weltmeisterschaft 2006 – die deutsche und die italienische Mannschaft singen ihre Nationalhymnen – mit sich überschlagender Stimme macht der Fußballkommentator die Fernsehzuschauer auf den Videotext aufmerksam – der Text der Hymnen ist dort mitzulesen! Fußball – Fernsehen – Publikum – Reporter, alles verbindet sich mit einem Mal im affektiven Taumel.

Affektive Zusammenschlüsse anderer Art waren in der Ausstellung *Bühne des Lebens – Rhetorik des Gefühls* zu sehen: Olafur Eliasson hatte dort einen Glasring aufgehängt, der durch das Licht, das sich in diesem verfing, einen ständigen Regenbogen produzierte – Ring und Farbspiel bildeten eine Einheit, in die die Besucher eintauchen konnten. »Eine Annäherung in sieben Kapiteln«, wie es im Text zur Ausstellung heißt, soll die Tendenz in der internationalen Gegenwartskunst veranschaulichen, Emotionen in den Mittelpunkt zu stellen.[1] Zwei Beispiele, die in unterschiedlichen Kontexten, in den Medien sowie in der Kunst, mit affektiven Kurzschlüssen operieren.

Im vorliegenden Band *Vom Begehren nach dem Affekt* wird dieses Interesse an den Emotionen, Gefühlen und Affekten, dieser Drang, Emotionen zu erfahren und zu erleben, nicht allein als mediale oder künstlerische Tendenz untersucht, sondern diese werden als Manifestationen einer mehrschichtigen Bewegung begriffen. In dieser Bewegung treffen unterschiedliche Diskurse und Handlungsstränge aufeinander, um als Dispositiv im Sinne Michel Foucaults zu funktionieren. Dispositive sind, wie dieser erklärt hat, Diskursformationen, in denen sich Macht, Recht und Wahrheit derart miteinander verknoten, dass sie sich sowohl in institutionellen Praxen als auch im Begehren der Subjekte artikulieren. Für Foucault war bekanntlich der »Sex« ein derartiges Dispositiv. Heute, so würde ich vorschlagen, ist es angebracht, das Interesse am Affekt, an den Emotionen, an Gefühl und Pathos als ein Dispositiv zu betrachten, in dem philosophische, kunst- und medientheoretische Diskurse mit molekularbiologischen, kybernetischen und kognitionspsychologischen zu einer neuen »Wahrheit des Menschen« verlötet werden.

In diesem Dispositiv kann zunächst einmal die Ebene der theoretisch-akademischen Wissensproduktion von jener der technischen, künstlerischen, medialen Produktionspraxen unterschieden werden. Zum einen macht dies deutlich, wie weit die Verzahnungen reichen, zeigt aber auch, wie eingeschränkt der Blick logischerweise sein muss, der über diese verschiedenen Felder schweift, eingeschränkt und beschränkt im Hinblick auf die geographischen, kulturellen und historischen Differenzen. Das vorliegende Buch versteht sich deshalb als programmatischer Entwurf, der das affektive Dispositiv einkreist, um gleichzeitig die Anknüpfungsstellen zu benennen, die die Arbeiten zum Affektiven weiter verfolgen müssen. Die Spurensuche im Dispositiv verläuft also zwischen den oben genannten Ebenen, zwischen den Ausläufern des 18. Jahrhunderts (Foucaults *Ordnung der Dinge*), der Physik und Physiologie des 19. Jahrhunderts, Freuds Herrschaft des Unbewussten, der kybernetischen Reg(ul)ierung, Lacans Aufstellung der Signifikanten und der Beschwörung einer neuen, transhumanen Epoche. Sie geht der Verschiebung von einer »sexuellen Wahrheit« zu einer »Wahrheit des Affektiven« nach, von der Kastrationsangst der Moderne zu einem Tierwerden im Posthumanen, von Lacans »Angst als Affekt« zu Gilles Deleuzes »Affektbild«, von einer Sexualität als »kleinem Tod« zu einer Sexualität als biodigitale Zellteilung, von einem Begehren, das sich aus dem Mangel speist, zu einem Begehren, das der Überfülle des Seins geschuldet ist.

Die Benennung dieser signifikanten Eckdaten lässt eine zweifache Verbindung des Affektiven deutlich werden. Zunächst zeigt sich eine auffällige Nähe zur Technologie des Digitalen, die von Beginn an mit dem Versprechen angetreten ist, einen neuen Menschentypus zu kreieren. Über die neuen Kommunikationskanäle mit allen gleichzeitig vernetzt, wird seine Persönlichkeit von der neuen »Universalmaschine« auf besondere Weise affiziert – aus dem modernen Menschen soll ein post- bzw. transhumaner werden. Ein Cyborg oder auch ein neuer Übermensch, dessen Körper keine tiefere Wahrheit mehr besitzt (wie Donna Haraway ihren weiblich gefassten Cyborg beschrieben hat), da diese Wahrheit visualisier- und damit sichtbar geworden ist, und dessen Körper- und Gehirnbilder sich mit den Bildern der Medienmaschinen mühelos zusammenschalten lassen. Henri Bergsons »Welt als Bild« erfährt deshalb im Kontext der digitalen Produktions- und Bearbeitungsverfahren eine Neubewertung, bei der der »affektive Körper« als Zentrum in Kunst- und Bilddiskursen (wieder) entdeckt wird. Der neue Mensch wird somit zu einem digital durchsichtigen (gläsernen), zu einem berechenbaren Wesen, dessen affektive, körperliche Regionen nun ebenfalls dem algorithmischen Diktat unterworfen werden sollen.

Sodann lässt sich ein intrinsischer Zusammenhalt zwischen dem Affektiven und dem Sexuellen feststellen. Alle sexuell besetzten Territorien – das Unbewusste, das Reale, das Körperliche – werden, so die hier formulierte These, vom Affekt absorbiert. Der Freudsche Lebens- und Todestrieb wird in einen Überlebens- und Anpassungskampf überführt, den primär die Affekte bestreiten.

Die drei Dimensionen – das Affektive, das Sexuelle und das Digitale – unterhalten keine Kausalbeziehungen, produzieren jedoch unter spezifischen

Rahmenbedingungen Knotenpunkte, oder, wie Ernesto Laclau es genannt hat, »Artikulationen«, die in einer spezifischen Situation als sinnvoll erscheinen. Diese Knotenpunkte sind im vorliegenden Band wie ein Raster aufgespannt, um Querverbindungen sowohl auf einer syntagmatischen als auch diachronen Achse in den Blick zu bekommen.

Im Taumel seiner Medienepoche formuliert Étienne-Jules Marey den Wunsch, die Fotografie möge die Naturphänomene selbst zum Sprechen bringen.[2] Beinahe ein Jahrhundert später definiert Marshall McLuhan die Medien nicht nur als Verlängerungen des Menschen (»extensions of man«), sondern auch als die eigentliche Botschaft (»The medium is the message«).[3] Der Mensch wird von ihm als eingewickelt, als im wahrsten Sinne des Wortes umgarnt von Medien begriffen, die seine Wahrnehmung und Kommunikation steuern. Derrick de Kerckhove, Leiter des McLuhan Instituts in Toronto, formuliert heute die nächste Stufe dieser Entwicklung – die medientechnischen Signale sollen das menschliche Gehirn direkt erreichen und auf diese Weise die Sprache unbedeutend werden lassen. Auch wenn sich seit Marey die Medien verändert, vervielfältigt und flächendeckend ausgeweitet haben, so formuliert sich jedoch durch die Medien hindurch immer wieder eine Sehnsucht, die die gleiche (alte) ist: Eine Sehnsucht nach dem Unmittelbaren, Direkten, Nicht-Mediatisierten, Authentischen, Objektiven (die Technik soll den Körper, die Wahrnehmung, den Affekt übernehmen, verstärken, unterstützen und auf diese Weise mit der Umwelt in direkten Verbund setzen). Diese Sehnsucht, dieser Wunsch verweisen auf eine lange Geschichte von Wiederholungen, die sich immer wieder anders äußert und sich mit anderen Zeichen der Zeit verbindet.

Zwischen der Epoche von Marey und der Gegenwart von de Kerckhove liegt die Entwicklung der Psychoanalyse, ihre Hochphasen und ihr gegenwärtiges Ausklingen als Leitdisziplin. Die Psychoanalyse steht prototypisch für die Verbindung von Sexualität und Sprache, für die Inthronisierung des Unbewussten und des Traums als Königsweg zur Erforschung einer Wahrheit des Subjekts, die über es hinausgeht bzw. aus ihm sprechend herauszuhören ist. Zum einen sind Sexualität und Sprache die Eckpfeiler ihrer Konzeption, der Affekt ist darin eingeschlossen. Freud und Lacan haben die Affekte also auch im Auge, doch sind sie vor allem ihren »Verrutschungen« (Lacan) nachgegangen und weniger ihrer »unmittelbaren Wahrheit«, wie sie heute in ihnen gesucht wird. Zum anderen ist ihr Instrumentarium die Sprache, die das Subjekt in Erscheinung treten lässt und es entsprechend ihren Spielregeln bewegt. Gegenwärtig hat die Psychoanalyse viele Gegner, aber auch neue Freunde – damit ist die Neurobiologie gemeint, die mit ihren spektakulären Evidenzen vorgibt, Freuds Modell des seelischen Apparats visuell belegen zu können. Die Feinde sind oft Altbekannte, ehemals begeisterte Anhänger von Freud und Lacan, die heute das Lager gewechselt haben, um z.B. mit Gilles Deleuzes Philosophie gegen das Freudsche Unbewusste und seine Sprache anzutreten. Diese Auseinandersetzung ist nicht neu, findet jedoch heute vor einem anderen Hintergrund statt als zu Zeiten des *Anti-Ödipus*.

Eine etwas populistisch formulierte Interpretation der psychoanalytischen Behandlung lautet, dass man durch die Analyse nicht nur gewinnt, sondern auch etwas verliert. Künstler, so wird diesem Verständnis nach behauptet, scheuen deshalb oftmals eine psychoanalytische Therapie, weil sie ihre Kunst – als ihr Symptom – behalten wollen. Freud hat diese Annahme selbst unterstützt und die Künstler als Menschen bezeichnet, die ihre seelischen Nöte durch ihre Kunst bewältigen und gleichzeitig aus ihnen ihre künstlerischen Impulse beziehen. Ein Symptom kann deshalb doppelt interpretiert werden – als etwas, das seine tiefere Bedeutung verbirgt und gleichzeitig in der Gestalt, in der es erscheint, für das Subjekt genussfähig ist. Um diesen Gedanken zu veranschaulichen, soll hier das Beispiel der Anorexie zitiert werden. Populistisch betrachtet, hungert die Anorektikerin, um sich zwanghaft dem Diktat einer Gesellschaft zu unterwerfen, in der weiblich, schön und dünn natürlich miteinander verschweißt zu sein scheinen. In einer psychoanalytischen Interpretation isst die Anorektikerin jedoch nicht nur nichts, sondern sie isst Nichts, also ein substantiviertes Etwas, was nichts ist. In diesem Essen des Nichts ist ein orales Genießen jenseits des Lustprinzips angelegt, das durchaus tödlich sein kann. Die Aufgabe des Symptoms wird damit klar: Etwas zu verbieten, um es in einem nicht nachvollziehbaren Twist dem Subjekt als Genuss anzubieten.

Mit dem Symptom auf das Engste verknüpft ist in der Psychoanalyse das Begehren. Dieses hat in der Lacanschen Re-Lektüre der Psychoanalyse die Libido abgelöst und verlötet die symbolische Kette mit einem unerreichbaren Realen. Das heißt, das Begehren ist unabdingbar an die Spezifik des Humanen gebunden, die diese zwischen Bewusstsein und Sein aufspannt/zerreißt. »Vom Begehren nach dem Affekt« interpretiert dieses Begehren symptomatisch. Symptomatisch, was den Affekt (als Objekt der Begierde) als auch den Status des Begehrens als zeitlich auf den Affekt folgendes betrifft.

Jedes der folgenden Kapitel verfolgt die »affektive Epidemie« (wie es Jackie Stacey einmal nannte) mit jeweils unterschiedlicher symptomatischer Gewichtung. Der erste Abschnitt – *Affective Troubles in Medien und Kunst* – führt direkt zur flächendeckenden Affektbegeisterung, wie sie die Medien- und Kulturtheorien derzeit verbreiten und wie sie sich in künstlerischen Projekten manifestiert. Sowohl die Film- als auch die Kunsttheorie produzieren einen »somatischen, affektiven turn«, in dessen Zentrum der affektive Körper des Betrachters mit neuem Gehalt aufgeladen wird. Dieser affektive Körper wird heute mit neurobiologischen Evidenzen kurzgeschlossen und unterläuft damit eine wesentliche Bestimmung des Humanen, wie sie Michel Foucault in seiner *Ordnung der Dinge* beschrieben hat. Der Mensch war über einen sehr langen Zeitraum hinweg als ein sprachliches Wesen gefasst worden, das sich mit und über die Sprache vom Tier und den Maschinen abgegrenzt hat. Spätestens mit Deleuzes beiden Büchern zum Kino, dem *Bewegungs-* und dem *Zeit-Bild*, sowie Haraways *Manifest für Cyborgs* (um diese stellvertretend für eine neu sich entwickelnde Technowissenschaft zu zitieren) wird das Konzept des symbolisch, sprachlich gefassten Subjekts und damit seine Grenzziehung zum Tier bzw. zur Maschine brüchig. Anstelle einer intellektuellen Adressierung wird allmählich auch in der Kunst wieder die sinnliche Erfahrung betont, Kunst darf endlich (soll wieder) Affekte produzieren, um ihr Publikum anzusprechen.[4]

Im zweiten Abschnitt – *Human | Posthuman | Transhuman* – wird dieses Brüchigwerden der Sprache unter dem Einfluss von Lebensphilosophie, Kybernetik, Neurobiologie und Cybertheorien aufgezeigt. Das Kapitel endet mit der Frage nach den möglichen Konsequenzen einer Implosion der ontologischen Differenz. Was kann die Schließung der Spalte zwischen Sein und Sprache in einer affektiven Lötung des Subjekts bedeuten?

Der folgende Abschnitt – *Affektive Theorie-Läufe* – konzentriert sich auf den Affekt in unterschiedlichen theoretischen Ansätzen von Brian Massumi über Silvan Tomkins zu Antonio Damasio. Die gegenwärtige Rezeption der drei Autoren in Kultur-, Kunst- und Medientheorien (Tomkins wurde vor allem in den angloamerikanischen Cultural Studies durch die Einführung von Eve Kosofsky Sedgwick bekannt) sowie die Entdeckung von Baruch Spinoza durch die Neurobiologie signalisieren hierbei weniger ein neues *Crossing* von Kultur- und Naturwissenschaften als vielmehr eine generelle Neuorientierung im Denken des Humanen. Dieses wird, über hundert Jahre nach Darwin, erneut in eine Reihe mit seinen tierischen Nachbarn und intelligenten Maschinen gestellt, wobei es sein Besonderes, die Sprache und mit ihr sein Bewusstsein, lediglich noch als intelligente Weltorientierung zugesprochen bekommt. In diesem Raster affektiver Theorien verhält sich die Psychoanalyse ambivalent. Bemüht, ihre Stärke darin zu sehen, dass Freud selbst den Wunsch gehabt hat, seine Lehre des seelischen Apparats auf biologische Grundpfeiler zu stellen, agiert die Psychoanalyse jedoch zurückhaltend, wenn ihre Grundthesen, wie die der Verdrängung oder des Ödipuskomplexes, durch die Neurobiologie schamlos in plakative neurologische Übersetzungen oder Slogans gepackt werden mit dem freudigen Ausruf: Freud hatte Recht!

Der *Exkurs zum performativen Ereignis* stellt den Begriff des Performativen kurzzeitig dem des Affekts zur Seite, um das Performative ebenfalls als Symptom aktueller Wissenschaftspolitik zu verstehen. Denn über weite Strecken verhält es sich mit dem Affekt auffällig ähnlich. Auch das Performative wird – wie bei Dieter Mersch – zu einer Universalkategorie, die die gesamte Existenz des Menschen und – als Spezialfall – die Kunst auszeichnet. Mersch beschreibt die Kunst des 20. Jahrhunderts als eine insgesamt performative, die nicht mehr das Werk, sondern immer mehr das Ereignis, den Event in den Vordergrund rückt. Von Marcel Duchamp über die Aktionskunst und *Body Art* bis zur Dienstleistungskunst in den neunziger Jahren kann das vorige Jahrhundert durch eine Hinwendung auf den Prozess charakterisiert werden. Eingebettet ist das Ereignis in eine »Kopräsenz«, die die Zuschauer zu Mitakteuren an einer »Verzauberung der Welt« werden lässt. Hier wird deutlich, wie eng sich das Performative mit dem Affektiven verzahnen kann.

Im vierten Abschnitt – *Von Cybersex zu Abstract Sex* – wird die sexuelle Aufladung der digitalen Welt mit Beispielen aus dem Film und der Netzkunst demonstriert. Das Netzprojekt *Cyber-SM* von Stahl Stenslie, der Film STRANGE DAYS von Kathryn Bigelow sowie die Netzarbeit *carrier* von Melinda Rackham können als signifikante Entwicklungsschritte cybersexueller Verkehrungen zitiert werden. Wie jedes neue Medium hat auch die Cyberwelt von Anfang an ihre sexuelle Komponente ausgespielt, um gleichzeitig darauf hinzuweisen, dass die digitale Pornografie einen viel größeren Einsatz erforderlich macht als ein Pornokonsum im Kino oder vor dem Fernseher. Mit Haut und Haar – eingezwängt in einen Gummianzug – wird der User elektronisch verkabelt, um sein Gegenüber, in Paris oder Köln oder sonst wo spüren zu können bzw. von diesem/dieser sexuell stimuliert zu werden. Eine andere Variante sind Gedankenaufzeichnungen, die mithilfe technischer *devices* (in STRANGE DAYS zeichnen *Squids*, die wie eine Krake auf dem Kopf sitzen, die Bilder und Gefühle auf) übertragen werden, damit ein anderer meine Gefühle erleben kann. Angesichts eines Datennetzes mit millionenfachen Einträgen zu Sexangeboten ist sicherlich leicht nachvollziehbar, dass diese Anfänge von cybersexuellen Verkabelungen ihr Spektakuläres inzwischen eingebüßt haben. Doch geht es hier nicht nur um Aufsehen erregende Cyber-Projekte, sondern auch darum, wie diese bzw. ihre theoretische Interpretation ein Denken unterstützen, in welchem sich ähnliche Verlagerungen abzeichnen, wie sie bis dahin beschrieben worden sind. Der Cyberspace wird als neue, unmittelbare Realität beschrieben, in der die Handlungen der Beteiligten nun genau das umsetzen oder übersetzen, was Gilles Deleuze und Félix Guattari in ihrer *Nomadologie* ausgearbeitet haben. Ihr zentraler Begriff – »devenir-autre« *(devenir-femme, enfant, molécule, intense, animal, imperceptible)* – wird zur ontologischen Grundbewegung der Netzbewohner stilisiert. Tiere, Agenten, Viren bevölkern heute die digitalen Netze, nachdem die Cyborgs, auch die weiblichen Cyborgs, einsehen mussten, dass die Zeiten für den Menschen (auch für einen elektronisch getunten) vorbei sind. Am Ende des Abschnitts sind wir bei viralen Wesen angelangt, deren Liebesgeschichten Affizierungsbewegungen geworden sind.

Sexualität als Affizierung, als Ansteckung, biodigitale Zellteilung, als prähumane, humane und posthumane Dimension steht im Mittelpunkt des letzten Abschnitts – *Sexualizing Affect*. In diesem werden Affekt und Sexualität zusammengeführt, um aufzuzeigen, dass entscheidende Momente zwischen beiden fehlen, und zwar jene, die den psychischen Kern des Subjekts ausmachen. Doch Theoretikerinnen wie Rosi Braidotti oder Teresa Brennan unterlassen nichts, um zu beweisen, weshalb der Affekt die neue Begehrensform einer globalisierten Welt sein muss bzw. die Codes des Körpers so übertragen werden müssen, um wieder von der menschlichen Kommunikation verstanden zu werden. Beide Positionen stehen diametral zur Psychoanalyse, zu ihrem Begriff des Unbewussten sowie zu dem ihrer Sprache. Ein kurze Geschichte zum Begriff des Unbewussten macht dabei deutlich, dass die Psychoanalyse Freuds etwas sehr Spezifisches mit diesem Begriff unternommen hat, der weder einen Ort, eine Substanz noch eine andere Zeit oder Sprache bedeutet, sondern schlichtweg eine »andere Szene« oder ein »anderer Schauplatz«. Diese Szene, dieser Schauplatz ist die Bühne des Subjekts, dort agiert *es*, um sich im Traum oder in die Alltagssprache einzuschalten. Dem Affekt, trotz verschiedener Bemühungen von Deleuze oder Massumi, ihn als virtuell zu bestimmen, fehlt diese Handlungsspanne, wodurch er immer nur in einer körperlichen Reiz-Reaktionsbeziehung verharren kann. Doch zwei weitere Komponenten treten in diesem Kapitel hinzu. Zum einen der spekulative Entwurf einer ahumanen Sexualität, die ihre Vorgeschichte einer sexuellen Fortpflanzung hinter sich gelassen hat. Wenn in Melinda Rackhams Cyber-Liebesgeschichte leuchtende Viren ihre Bahnen ziehen, so ist dieses Bild einer biodigitalen Sexualität bei Luciana Parisi in ein evolutions-kulturelles Modell von »Abstract Sex« umgesetzt. Am Ende wird der Wettlauf zwischen Affekt und/oder Sexualität verwirrend. Immer steht schon ein psychoanalytisch argumentierender Igel vor dem atemlosen Hasen und behauptet, als erster schon da gewesen zu sein, und der Igel verkünde nichts Neues. Lacan hätte nämlich immer schon gesagt, dass Deleuze... und dieser sei früher ganz nah an Lacan gewesen, sodass...

Viel Aufregung also um ein Begehren, das auf den Affekt zielt, doch diesen eigentlich nicht meint? Der theoretische Wettbewerb verbirgt jedoch etwas, das im vorliegenden Band breit aufgefächert wird, um zunächst zu zeigen, dass eine Verschiebung von der Sprache und dem Sexuellen hin zum Affektiven nicht zu stoppen ist. Asexualität, *queer*, Internetpornografie, Public Viewing, Handy-TV, Erlebnisparks, Wellness-Farmen sind unterschiedliche Zeichen, die eine Diffusion des Dispositivs Sex andeuten. Heute haben sich die Regierungen der Gesellschaft ganz vordergründig einer »Politik des Affektiven« verschrieben, die unbewusst auf andere Verlötungen zielt – Gen- und Gehirnforschung, globale Arbeitsmärkte und aufweichende Sozialabkommen. Diese können ihre hegemoniale Position ungehindert ausbauen, da weder die akademischen Diskurse noch eine wie auch immer organisierte Öffentlichkeit etwas anderes anzubieten und in den Weg zu stellen haben. Auch die Kunst hat über weite Strecken ihre Sprache verloren und nicht nur keine Angst mehr vor den Affekten, sondern konzentriert sich auf Selbsterfahrung und Großereignisse.

Jacques Lacan hat auf einer Pressekonferenz in Rom (1974), die in dem Band *Triumph der Religion*[5] dokumentiert ist, diesen auf Kosten der Psychoanalyse vorausgesagt: Die Religion verhindert, dass die Menschen sehen können, was alles in der Welt nicht geht. Nur die Psychoanalyse, meinte Lacan damals, befasst sich mit dem, was nicht geht. Doch auch sie, so muss man diese Behauptung weiter ausführen, kann das Begehren nach dem Affekt (dem der Triumph der Religion zur Seite gestellt werden muss) nicht stoppen – denn wie die Psychoanalyse lehrt, findet das Begehren nie das, was es sucht.

Mein eigenes Interesse am Affekt bzw. daran, was ihn interessant macht, hat vor vielen Jahren bereits begonnen. Die Dissertation[6] beschäftigte sich mit der Sprache und ihrer Nivellierung in Sprach- und Kommunikationstheorien sowie – therapien. Damals schon setzte ich die Sprache als Artikulation gegen die Sprache als Kommunikation, um an dieser Stelle nun wieder einzuhaken. Der Affekt tauchte erstmals explizit in meinem Buch *body options*[7] auf, als Ausklang des Buchs und Öffnung des Themas des »leeren Körpers« und seiner Bilder. Damals führte ich die Definition für den Affekt von Brian Massumi an – »in-between time after before but before after«[8] – um damit anzudeuten, dass eine Kulturtheorie des Affekts möglicherweise mit dem Begriff des »leeren Körperbildes«, wie ich es dort vorgestellt hatte, voranzutreiben wäre. Die heute aktuelle Debatte um den Affekt, um Emotionen oder Gefühle wird jedoch in eine völlig andere Richtung vorangetrieben. Affekt wird primär als biologische Größe verhandelt, Gefühle werden der Psychologie überantwortet und Emotionen verdanken sich biographischen Daten. Meist jedoch werden diese Begriffe synonym verwendet, ohne Rücksicht auf die jeweils unterschiedlichen historischen und semantischen Aufladungen. Dadurch entsteht nicht nur ein diffuses »Gefühl für den Affekt«, es ermöglicht vor allem jedem Sujet ein affektives Andocken. Auf unbekümmert-berechnende Weise wird der Affekt ins Spiel gebracht, um mit diesem Begriff all das abzudecken, was früher als unbewusst, metaphorisch oder psychisch benannt worden ist. Doch gilt meine Kritik nicht nur diesem inflationären Sprachgebrauch, sie richtet sich vielmehr gegen die stillschweigende Übereinkunft, damit auch alles gesagt zu haben bzw. damit eine Antwort auf alle offenen Fragen in Bezug auf das Humane geben zu können. Das meine ich, wenn ich schreibe, das Dispositiv Sex von Michel Foucault verschiebe sich derzeit zu einem affektiven Dispositiv bzw. aus einer Wahrheit der Sexualität werde derzeit eine Wahrheit des Affekts. So sehr ich die Bestimmung von Deleuze, dass der Affekt das ist, was noch-nicht ist, unterstütze, so wenig kann diese zu einem homogenisierten Auffanglager für alles Nicht-Sagbare, Nicht-Verstehbare, Nicht-Sichtbare werden, sondern sollte stattdessen als Triebfeder begriffen werden, die Antrieb und Auslauf gleichermaßen bedeutet. Daher auch mein Vorhaben, diejenigen Kräfte zu untersuchen, die an diesem affektiven Dispositiv ihr Interesse bekunden und danach zu fragen, wofür und warum dieses sich heute derart großer Attraktivität erfreut. In die Arbeit *Vom Begehren nach dem Affekt* sind also historische und aktuelle Interessen eingeflossen, die in verschiedenen Kontexten mit Freundinnen, Freunden, Kolleginnen und Kollegen bei unterschiedlichen Anlässen an verschiedenen Orten diskutiert und weitergeführt worden sind. Sie können nicht alle erwähnt werden, sondern müssen meinen Dank auf diese Weise annehmen.

Der vorliegende Band verdankt zwei Personen besonders viel, Edgar Forster und Rolf Walz. Edgar Forster hat in einem intellektuellen Kraftakt die Struktur des Buchs auf den Kopf und mich vor die Herausforderung gestellt, die Verbindungen und Entwicklungen, die hier vorgetragen werden, nochmals zu durchdenken. Rolf Walz hat die mühselige Arbeit des Korrekturlesens übernommen, und ich möchte mich bei ihm für seine Coverabbildung *ReConstruction | Village of the Damned* (2005) und seine Hilfe bei der Zusammenstellung und Bearbeitung des Abbildungsteils bedanken.

Für die Korrektur der Rohfassung bedanke ich mich bei meiner Mitarbeiterin Christiane König, mit der ich gemeinsam im Dezember 2005 den Workshop *Morality, Agency, Evidence*[9] mit Lisa Cartwright organisiert habe. Außerdem möchte ich Jackie Stacey danken, die mich im März dieses Jahres nach Vancouver zur Konferenz der *Cinema and Media Society* eingeladen und mich dort mit ihrer »Affect Research Group« bekannt gemacht hat. Die Diskussionen mit dieser Gruppe hatten nachhaltigen Einfluss auf meine Arbeit. Darüber hinaus gilt mein Dank dem *Interdisciplinary Humanities Program* an der University of California Santa Barbara. Dick Hebdige, Direktor des Programms, hat mich im Jahr 2005 für drei Monate eingeladen. Dort haben viele Kollegen dazu beigetragen, die Diskussion über den Affekt anzuregen; vor allem nennen möchte ich Peter Bloom, Lisa Parks, Abigail Solomon-Godeau, Sven Spieker. Mein besonderer Dank gilt Mai Wegener, zunächst für ihre Einladung in den Psychoanalytischen Salon, um meine Arbeit zur Diskussion zu stellen, aber auch für ihre wichtigen Hinweise in der Sache »Lacan und Affekt«. Abschließend gilt mein Dank dem diaphanes Verlag, Michael Heitz und Sabine Schulz, für eine angenehme, seriöse Zusammenarbeit.

Köln/Berlin im Oktober 2006

Mediale Emotionen,[1] *Kinogefühle,*[2] *The Cultural Politics of Emotions,*[3] *The Power of Feelings,*[4] *Mixed Feelings,*[5] *The Felt Meanings of the World,*[6] *Emotionstheorien: Begriffliche Arbeit am Gefühl,*[7] *Emotionen: Eine Philosophie der Gefühle,*[8] *Atlas of Emotions – Journeys into Art, Architecture and Film.*[9] So präsentiert sich ein Titel-Potpourri im Feld der Gefühle und Emotionen. Ein durchaus ähnliches Bild bietet sich dem Publikum bei Ausstellungen: Das Museum van Hedendaagse Kunst in Antwerpen zeigte im April 2005 *Emotion Pictures,* im Frankfurter Kunstverein gab es im Frühjahr 2004 ebenfalls eine Ausstellung zu Emotionen, im Museum für Photographie Braunschweig war *Aufruhr der Gefühle. Leidenschaften in der zeitgenössischen Fotografie und Videokunst*[10] zu sehen, und das Art Center in Hasselt in Belgien präsentierte im selben Jahr *Feel. Tactile Media Art.* Auch die Forschergemeinschaft hat sich eingeschaltet und organisiert Symposien und Fachtagungen zum *Emotional Turn in Media and Cultural Studies.*

Die Herausgeber des Bandes *Kinogefühle* schreiben hierzu im Vorwort: »Es fällt auf, dass die Wendung hin zur Emotion einhergeht mit einer Krise gesellschafts- und kommunikationstheoretischer Modelle, die in erster Linie auf die Verständigungsleistungen eines vernunftgeleiteten Diskurses abstellen.«[11] Hatte Jonathan Crary in seinen *Techniken des Betrachters*[12] für den Anfang des 19. Jahrhunderts einen Umschwung ausgemacht, der den Körper als Basis jeder Wahrnehmungsfunktion ins Zentrum der Aufmerksamkeit rückte, könnte man dies heute dahingehend paraphrasieren, dass keine Kognition ohne Emotionen (mehr) möglich ist.[13]

Die lange Geschichte der klassischen abendländischen Dichotomien, allen voran diejenige zwischen Geist und Körper, scheint mit dem Fokus auf den Affekt überwindbar geworden zu sein. Mit dem Affekt stellt sich ein neues Bild von Bewusstsein, Denken, Geist, aber auch von Sprache her, das keine Spaltung mehr zulässt, sondern im Gegenteil das fließende Ineinander von Materie und Nichtmaterie betont. Seit Descartes sein berühmtes »Ich denke, also bin ich« artikulierte, hat die Debatte um Körper und Geist, Seele und Materie, Vernunft und Gefühl, die auch die Kategorien von männlich und weiblich, öffentlich und privat bestimmt(e), nicht aufgehört. Diese Debatte hatte ihre Höhepunkte und Latenzperioden. Eine dieser Hochphasen kennzeichnet das 20. Jahrhundert. In ihm wird die Sprache, die Macht des Wortes, die Kette der Signifikanten, die symbolische Ordnung inthronisiert, um das Unaussprechliche, Nicht-Diskursive in dieser Sprache einzuschließen – als »obszöne Unterseite« (Slavoj Žižek) und als »Reales«, das Jacques Lacan als konstitutiv für die symbolische Ordnung bestimmt. Doch gab es gleichzeitig auch immer Versuche, ein Gleichgewicht, eine gegenseitige

Unterstützung von Sprache und Materie einzuklagen bzw. diese Balance theoretisch-konzeptionell einzufordern, wie dies besonders für die Philosophie von Gilles Deleuze gilt.

Auch ein Blick auf die Kunst ab der Mitte des vorigen Jahrhunderts belegt, wie sehr die Sprache als Repräsentationssystem in den Mittelpunkt rückt, an der sich Konzeptkunst, Künstlergruppen wie *Art and Language* u.a. abarbeiten. Die Sprache ist zu einer wirkungsmächtigen Struktur geworden, die die Realität nicht nur vermittelt, sondern überhaupt erst generiert. Doch haben philosophische Positionen, wie die bereits genannte von Gilles Deleuze, diesen Primat der Sprache lange Zeit vor der affektvoll aufgeladenen Attacke gegen das Repräsentationssystem kritisiert. Deleuze hat in seiner Schrift zu Foucault zwanzig Jahre nach dem Erscheinen der *Ordnung der Dinge*, also 1986, auf einen möglichen Irrtum Foucaults aufmerksam gemacht. Dieser hatte das Verschwinden des (modernen) Menschen, seine neue Formation sowie die Entwicklung neuer Kräfteverhältnisse an die Sprache geknüpft und geschrieben, dass »[d]ie Dispersion der Sprache« aufgehoben werden könnte, dass »das große Spiel der Sprache wiederzufinden (in einem einzigen Raum), […] heißen [könnte], einen entscheidenden Sprung zu einer völlig neuen Form des Denkens zu machen«.[14]

Deleuze betont nun, dass Foucault weder der Arbeit noch dem Leben – die neben der Sprache die Foucaultsche Triade ausmachen – diese Kraft zuordne, sondern diese ausschließlich der Sprache und vor allem ihrer Literatur (abgekoppelt von der Linguistik) zutraue. Gegen ihre »Nivellierung« zum Objekt, welche sich im 19. Jahrhundert im Studium der Sprache(n) abzuzeichnen beginnt, bildet die Sprache, wie Foucault geschrieben hat, eine Gegentendenz heraus, die in ihrer Sammlung, in ihrer Zusammenfassung bestehe, um »jenseits dessen, was sie bezeichnet und bedeutet, jenseits auch der Laute selbst, ein ›Sein der Sprache‹ geltend zu machen«.[15] Foucault sehe jedoch nicht, so Deleuze weiter, dass die Biologie und die Arbeit sich ebenfalls abkoppeln mussten, um als geschlossene, neue Zusammenfassungen im »genetischen Code« (der Molekularbiologie) und in den »kybernetischen und informationellen Maschinen« (Arbeit der dritten Art) eine neue Existenz zugesprochen zu bekommen.[16]

Deleuze nimmt also die Zeichen der Zeit – den Aufschwung der Biologie bzw. Molekularbiologie sowie den Anbruch der Cyber-Epoche – wahr, doch ob er den Stellenwert dieser neuen Praxen tatsächlich einzuschätzen wusste, muss, wie Paul Rabinow in seiner *Anthropologie der Vernunft*[17] anmerkt, dahingestellt bleiben. Denn heutzutage müsse man, betont Rabinow, von einer Brechung der Sprache, des Lebens und der Arbeit ausgehen und sich daher der Frage des *anthropos* stellen. Und wie immer man sich dieser Frage gegenüber verhalte, könne das Projekt, das diese Entwicklungen zu begreifen trachtet, folgendermaßen umschrieben werden: »Was wäre, wenn wir die jüngsten Veränderungen in den *logoi* von Arbeit, Leben und Sprache nicht als einen epochalen Wandel begreifen würden, sondern als fragmentarische und bereichsspezifische Veränderungen?« Veränderungen, die gegenwärtig nach ihrer Form suchen – und damit notwendigerweise die Figur des *anthropos* mitziehen. »Der *anthropos* der Gegenwart ist gesättigt, regelrecht überfrachtet von *logoi*«.[18] Wir sind also Zeitzeugen (s)einer Re-formulierung.

Alain Badiou hat eine andere Beschreibung des 20. Jahrhunderts vorgelegt und für die zweite Hälfte – also die Hochzeit der (post)strukturalen Theorien – ein französisches Moment ausgemacht, das er als Widerstreit von »Leben« und »Begriff« bezeichnet. Unter der Überschrift *Abenteurer des Begriffs*[19] resümiert Badiou zwei Denkbewegungen, die sich seit Beginn des vorigen Jahrhunderts immer wieder kreuzen, sich bekämpfen und die jeweils andere aus der Bahn zu werfen versuchen. Badiou bezeichnet die beiden als die »Philosophie des Begriffs« und die des »Lebens«. Diejenige des Lebens reicht von Henri Bergson bis Gilles Deleuze, die des Begriffs lässt er mit dem mathematischen Formalismus eines Léon Brunschvicg beginnen und sich über Louis Althusser bis zu Jacques Lacan erstrecken.[20] Man hätte in diese Liste natürlich auch andere Denker und Philosophen, wie z.B. Ernst Mach, Ludwig Wittgenstein und den Wiener Kreis oder Charles Sanders Peirce und Wilhelm Dilthey aufnehmen können. Doch geht es Badiou um ein spezifisches Moment in der Philosophie des 20. Jahrhunderts, das sich gleichzeitig als französisches Moment bestimmen lässt, in dem sich beide Philosophien, die des Lebens und die des Begriffs, für einen Moment treffen. Heute – kann man vorwegnehmend formulieren – haben sich diese beiden Philosophien unübersehbar wieder getrennt und unversöhnlich gegeneinander gestellt. Badiou spricht von einem »Kampfplatz um den Begriff des Subjekts«.[21] Ab diesem Moment, also seit den späten sechziger Jahren, kann nach Badiou das Subjekt nicht länger das rationale von Descartes sein, auch kein reflexives mehr, sondern müsse etwas sein, »was stärker mit dem Leben und dem Körper verbunden ist, etwas Umfassenderes als das bewußte Subjekt, etwas, das einer Produktion oder einer Schöpfung gleicht, das weiterreichende Kräfte in sich konzentriert.«[22] Die Psychoanalyse spielt hierbei eine ambivalente Rolle. Zum einen ist sie in dieser Zeit *die* Institution geworden, in der die Theorie des Subjekts eine radikale Form angenommen hat, zum anderen hat sie, wie Foucault und Deleuze/Guattari nie müde geworden sind zu wiederholen, ihrer eigenen Radikalität zu wenig vertraut. Deswegen haben diese Denker, wie Badiou weiter ausführt, einen Subjektbegriff entlang der Psychoanalyse erarbeitet, der das Unbewusste und seine sozialen Sprengkräfte anders begreift, und den Deleuze und Guattari in ihrer »Schizoanalyse« erstmals im *Anti-Ödipus* vorstellen.[23] Als sich diese aufregenden Jahre langsam ihrem Ende nähern (auf die Zeit des Abenteuers, so Badiou, folgt nun jene der Ordnung[24]), kommen zu den französischen Stimmen auch andere hinzu, die der Philosophie des Begriffs stark zusetzen und jene des Lebens in eine Richtung drängen, die nicht mehr nur der Philosophie von Deleuze und Guattari folgt.

Auch Vertreter sprachanalytischer Schulen, wie etwa John Searle, sind an der Debatte gegen die Vorherrschaft der Sprache aktiv beteiligt. Searle, der mit John L. Austin die Sprechakttheorie begründete (die heute durch den Aufwind des Performanzbegriffs wieder aktuell geworden ist), hat vor Jahren schon verkündet, dass das 20. Jahrhundert dasjenige des Unbewussten und damit auch dasjenige der Psychoanalyse gewesen sei. Nun sei die Zeit des Bewusstseins angebrochen und damit die Zeit der Neurologie, der Biologie sowie der digitalen Netz- und Feedbackregulationen. Seine Vorausahnungen scheinen sich heute immer mehr zu bestätigen: Das Gehirn als Sitz des Bewusstseins ist heute jener Ort im Menschen, der mittels kognitionspsychologischer und neurophysiologischer Methoden sowie neuer technischer Aufzeichnungs- und Visualisierungsverfahren in Angriff genommen wird, um herauszufinden, wie und wo die Gefühle und Affekte des Menschen zustande kommen bzw. ihre Wirkung ausüben. Kognition wird inzwischen nur mehr im Verbund mit Emotion vorgestellt, und übereinstimmend wird – im Gefolge des US-amerikanischen Neurologen Antonio Damasio – bestätigt, dass wir sind, weil wir fühlen: »Ich fühle, also bin ich«.[25]

2004 erscheint von Hans Ulrich Gumbrecht *Diesseits der Hermeneutik*. Damit setzt sich der Autor betont von jenen Titeln ab, die in den letzten Jahren auffällig oft ein »beyond«, ein »after« oder »post« ausgerufen haben. Mit seinem »diesseits« will Gumbrecht auf eine Materialität, eine Physikalität und eine Sinnlichkeit aufmerksam machen, die radikal verloren gegangen sei, so dass wir gar nicht mehr wüssten, dass wir sie einmal hatten: »[M]üßten wir nicht ebenfalls sagen – oder zugeben? –, daß wir heute ein Stadium erleben, das jenseits dieses Punktes des – scheinbar – absoluten Verlusts liegt, und zwar ein Stadium, in dem der Wunsch nach dem absolut Verlorenen paradoxerweise zurückkehrt? Ein Stadium, in dem uns dieser verloren gegangene Wunsch sonderbarerweise ›wieder‹ aufgezwungen wird? Denn die heutige Kommunikationstechnik ist zweifellos fast dazu imstande, den Traum der Allgegenwart zu erfüllen, also den Traum von der Unabhängigkeit des Erlebens von dem jeweiligen Ort, den der eigene Körper im Raum einnimmt (und insofern ist dies ein ›cartesianischer‹ Traum).«[26]

Gumbrecht benennt klar, warum wir heute überraschenderweise doch wieder an diesen ursprünglichen Verlust erinnert werden: Mit ihrem Versprechen von Unmittelbarkeit und Ubiquität würden die digitalen Medien nämlich so etwas wie eine Ahnung in uns aufsteigen lassen, dass es da noch etwas mehr oder anderes geben könnte.

Tatsächlich waren die Irritationen der ersten Cyber-Wellen stark. Mit ihrer Verheißung von Taktilität, Unmittelbarkeit, der Auflösung von Zeit und Raum schien sich ein neues Paradies anzubahnen. Ein Paradies, in dem die Sprache – als basale, existenzielle Kategorie des Humanen – aus ihrer Vormachtstellung hinauskatapultiert werden würde.

Derrick de Kerckhove, Mitarbeiter von McLuhan und heute Leiter des Programms *Culture & Technology* in Toronto, geht inzwischen so weit, den Neuen Medien die Aufgabe zu übertragen, die durch das Alphabet hervorgerufenen Kollateralschäden auszugleichen. Computer und Gehirn würden heute als parallele Einrichtungen definiert, die eine nicht mehr hintergehbare Synthese eingegangen seien, die einschneidende Konsequenzen nach sich ziehe. Der menschliche Körper werde mit allen seinen Sinnen in die neuen Apparaturen integriert. Insbesondere seine sinnlichen und präbewussten, präsprachlichen Reaktionen spielten hierbei eine immer wichtigere Rolle, denn die Kommunikationsformen der digitalen Medien würden das Stadium der Wort-Werdung einfach auslassen und eine allmähliche Symbiose mit dem physischen Körper eingehen. Wie sehr die neuen Medienmaschinen die Körper bereits erobert haben, lasse sich an der Konjunktur der Computerspiele ablesen. Dieses Eintauchen und Hineingezogenwerden gehöre, so de Kerckhove, zu den interessantesten Neuerscheinungen: Es führe zu einem »Ende der Theorie« und der sie begleitenden Distanz sowie zu einem »Ende der Dominanz des Visuellen«. Stattdessen würden Riechen, Tasten und Hören »cyberkulturell« adaptiert.[27]

Wir werden gleich sehen, wie sehr diese Feststellungen in film- und kunsttheoretischen Ansätzen die Rede von neuen *turns* – von einem »somatic turn« und einem »emotional turn« – antreiben.

VON DER LUST AM SCHAUEN ZUR EMOTIONSMASCHINE[28]

Von 1970 bis ca. Mitte der achtziger Jahre dominiert in der Filmtheorie die Apparatustheorie, die eine ideologisch-marxistische und eine psychoanalytische Stütze hat. Nach Jean-Louis Baudry, einem der Hauptvertreter, ist das Kino sowohl ein ideologischer Staatsapparat (im Sinne Louis Althussers),[29] der die Besucher wie die Kirche die Gläubigen, die Schule ihre Schüler, die Familie ihre Mitglieder oder das Militär seine Soldaten, auf spezifische Weise als Zuschauer einrichtet. Hierbei kommt ein dem Kino eigenes Moment ins Spiel, nämlich über ein *setting* zu verfügen, das die Zuschauer – Kleinkindern ähnlich – in das Spiegelstadium von Screen, Kamera und Blick aufnimmt (das Modell des Spiegelstadiums hatte Jacques Lacan entwickelt, um damit die psychosexuelle Entwicklung des Kindes als Verkennung seines Selbst im Visuellen zu bestimmen). Das Kino erscheint in dieser Zeit als d e r Ort, um die ideologische Subjektkonstitution zu veranschaulichen. Alles, was sich zwischen Zuschauer und Leinwand ereignet, wird als imaginäre Produktion zwischen Mutter-Kind-Spiegel bzw. Leinwand-Kamera und Blick (vom Standpunkt des Anderen aus) analysiert.[30] Die Apparatustheorie fragt nicht nach der Wirkung des Films, sondern danach, warum der

Film eine derart starke libidinöse Anziehungskraft entfalten kann. Ihre Antwort: Sexualität und Begehren sind als Triebkräfte des Subjekts immer schon in das Feld des Sichtbaren (Visuellen) eingeschrieben bzw. bilden die über das Sichtbare hinausreichende Dynamik.

In der Zwischenzeit ist die Apparatustheorie jedoch von der kognitiven Filmtheorie verdrängt worden, die heute weitgehend die Diskussion zu Emotion und Affekt im Kino bestimmt. Hierbei stützt sie sich auf die Psychologie und deren Repertoire empirischer Emotionstheorien. Die Techniken des Films werden mit der kognitiven Beschaffenheit der Zuschauer in Verbindung gesetzt, die erklären soll, weshalb das Kino emotional wirksam sein kann. Wie produzieren die dargestellten, inszenierten Emotionen die gefühlten Emotionen der Zuschauer, lautet zusammengefasst die Frage der beiden Vertreter der filmischen Kognitionspsychologie David Bordwell und Kristin Thompson.[31] Mit verantwortlich für diesen Aufschwung der kognitiven Filmtheorie ist dabei sicherlich die seit Jahren in der Gehirnforschung zu beobachtende Tendenz, mit digitalen Rechnungs- und Aufzeichnungsverfahren Gefühlen und Affekten auf die Spur kommen zu wollen. Hierzu hat Sigrid Weigel im Band *Mediale Emotionen* eine gute Analyse des Gefühlsbegriffs vorgelegt. Denn diese neuen Aufzeichnungs- und Lokalisations-Verfahren messen natürlich keine Gefühle, sondern gemessen werden Hirnaktivitäten, die als Gefühle gedeutet werden. Dabei stelle »der gegenwärtige Begriff der Gefühle (resp. Emotionen) […] die Wiederkehr einer Pathosformel aus dem Zeitalter der sensibilité bzw. Empfindsamkeit dar«. Bereits im 18. Jahrhundert sei das Gefühl als Medium konzipiert worden, das zwischen einer »sensibilité morale« und einer »sensibilité physique« habe vermitteln müssen, um den Graben zwischen Geist und Körper zu überbrücken.[32] Im selben Band fassen Andreas Keil und Jens Eder das Verhältnis von audiovisuellen Medien und emotionalen Netzwerken zusammen und zeigen damit, dass heute unter »affektiven Phänomenen« äußerst heterogene Phänomene verstanden werden. Sowohl intensive, kurzfristige Emotionen wie bei einem romantischen Happy End, diffuse, unterschwellige Stimmungen wie am Anfang eines Horrorfilms oder reflexhafte Affektreaktionen wie bei den Explosionen eines Action-Spektakels, aber auch Empathie, Sympathie und Begehren, ästhetischer Genuss und politisch-ideologisches Betroffensein gehören dazu.[33] Gleich zu Beginn betonen die Autoren, dass Anfang der neunziger Jahre eine Verschiebung in der Filmtheorie festzustellen ist, wodurch »psychoanalytische Affektlehren« wie jene von Laura Mulvey und Louis Baudry verdrängt wurden, weil sie als undifferenziert und empiriefern galten.[34] Es muss hier jedoch betont werden, dass in der strukturalen Filmtheorie der siebziger und achtziger Jahre, wie der hier kritisierten Apparatustheorie, Affekt kein explizites Thema war, sondern die unbewusste Identifikation und die ideologische Produktion des Subjekts im Vordergrund standen.

Nun wird jedoch im Zuge einer unübersehbaren Fokussierung auf den Affekt in Medien- und Kulturtheorien der Psychoanalyse (und damit auch der an ihr über viele Jahre orientierten Filmtheorie) vorgeworfen, die Affekte sträflich vernachlässigt zu haben. Lisa Cartwright fasst in *Moral Spectatorship*[35] die Auseinandersetzung um Repräsentation versus Affekt, die die Debatten der siebziger Jahre des vorigen Jahrhunderts kennzeichnet, zusammen und formuliert als Vorwurf gegen die Psychoanalyse und insbesondere gegen die feministische Filmtheorie dieser Zeit, dass die Ignoranz dem Affekt gegenüber auf politischen Überlegungen beruht habe. Nicht so sehr die Überzeugung, sondern vielmehr die politische Überlegung hätten feministische Forscherinnen in dieser Zeit dazu motiviert, Anhängerinnen der Lacanschen Psychoanalyse zu werden. Heute hingegen sei eine affektive Umorientierung notwendig, eine Neuorientierung an Modellen angebracht, wie etwa an der Objektbeziehungstheorie von Donald Winnicott und von Melanie Klein (ebenfalls mit im Bund André Green) sowie an der Affekttheorie von Silvan Tomkins.

ZUR WIEDERKEHR DES KINEMATOGRAFISCH VERDRÄNGTEN

Doch die Verschiebungen der filmtheoretischen Prämissen haben schon früher begonnen. Spätestens mit den zwei Kino-Büchern von Gilles Deleuze *L'Image-mouvement* und *L'Image-temps*[36] ist eine andere Kino-Sprache und damit ein anderer theoretischer Blick auf das Filmische eingeführt worden. Von Kino, Körper, Gehirn und dem Denken ist die Rede, von der kinematografischen Erschaffung des Körpers und von der Gehirnforschung, die mehr als einen Bruch, wie es Deleuze formuliert, einführt, sondern geradezu »neue [...] Orientierungsweisen« im Hinblick auf das klassische Bild erzwingt.[37] In der Folge erscheinen zahlreiche Aufsätze und Bücher, die sich mehr oder weniger explizit gegen die psychoanalytische Filmtheorie aussprechen und diese als zu starr und dem Filmischen in seiner Bewegung nicht adäquat kritisieren.[38]

In den neunziger Jahren sind die Körper der Zuschauer film- und medientheoretisch beweglich geworden, was selbstverständlich nicht nur theoretischen Verschiebungen, sondern auch der Entwicklung konkreter Medienbedingungen bzw. -environments, wie beispielsweise den Computerspielen und ihrem körperlichen Einsatz zuzuschreiben ist.[39] Mit diesem Auftauchen des Körpers im medialen *setting* war kurzfristig auch die Rückkehr älterer filmtheoretischer Positionen zu beobachten. So wurde etwa die phänomenologische Filmanalyse von Vivian Sobchak wieder aufgegriffen, die schon in den achtziger Jahren angefangen hatte, das Kino heroisch gegen die neuen digitalen Bilder zu verteidigen. Der Erfahrungskörper des Zuschauers, so Sobchak, werde durch die Filmleinwand zum Leben erweckt. Da der Film nicht als Ding erlebt werde, sondern als Darstellung, die eine objektive Welt vorstellt, könne der Betrachter an dieser verkörperten Erfahrung teilhaben. Während der Film also erlebbar mache, mumifiziere die Fotografie und bauten die elektronischen Medien eine Meta-Welt auf, in der sich alles um »Darstellung-in-sich« drehe. Die digitalen Medien produzierten ein Simulationssystem ohne Referenz, denn aus der Referentialität sei bei ihnen Intertextualität geworden, sie bezögen sich also nur mehr aufeinander und hätten jede Beziehung zur realen Außenwelt verloren. Hieran macht Sobchak einen Prozess der Entkörperlichung fest, da der Erfahrungsraum, den der Film ihrer Meinung nach anbietet, nun komplett verloren gegangen sei.[40] Diese Körpereinholung im Filmischen ist jedoch, im Unterschied zum heute adressierten affektiven Sog der filmischen Bilder, keine unmittelbare, sondern wird noch in einer symbolisch-phantasmatischen Dimension gesehen. Man kann hier auch auf zwei Bewegungen des Kinos selbst verweisen, die sich auf die Sprache des Filmischen konzentriert haben: auf die Tradition des »Körper-Kinos« von Maria Klonaris und Katharina Thomadaki sowie auf die »Expanded Cinema«-Bewegung der sechziger und siebziger Jahre (Gene Youngblood, Valie EXPORT, Peter Weibel, Birgit und Wilhelm Hein). Beide Positionen veranschaulichen das von Badiou beschriebene Ringen um ein Subjekt in der Mitte von Leben und Begriff oder inmitten des Materiellen und Signifikanten, also zwischen der Materialität des Kinoapparats und der Sprache des Kinematografischen.[41]

Man kann an diesen Parallel- und Gegenbewegungen jedoch auch deutlich ablesen, wie sehr der »Begriff« und das »Leben« sich im Medialen verschränken, wie bisweilen der eine ohne den anderen/das andere auszukommen trachtet und wie sehr um eine Vermittlung im Sinne eines Mediums gerungen wird. Heute ist die Tendenz, den Körper, das Material, die Medien für sich sehen und sprechen zu machen, wichtiger geworden und versetzt jenen, die die Medien und die Künste im Sinne eines Erkenntnisgewinns bearbeiten, einen Schlag: Heute hat man wieder ein Recht darauf, sich im medialen, künstlerischen Kontext zu erfahren, zu spüren, berührt und überwältigt zu werden.

Für einen kurzen Moment jedoch — etwa von Mitte der achtziger bis Mitte der neunziger Jahre — als die Cyber-Phase sich anschickte, ihre ersten Theorie-Läufer auszurollen und in der Science-Fiction-Literatur ein Lebewesen ums andere seinen Körper verlor oder dieser als sinnlos gewordener Fleischklumpen einfach nur störte, brach die Philosophie des Lebens in sich zusammen. Die jubilierende Aufnahme des neuen digitalen Potenzials wurde immer wieder von der jähen Unsicherheit unterbrochen, ob denn ein körperloser Zustand, auf den alles zuzustreben schien, auch wirklich wünschenswert und vor allem wirklich lebenswert sein sollte? *Neuromancer*-Philosophie.[42]

Doch diese Ambivalenz ist heute durch eine emphatische Besetzung des Körpers beseitigt. Die Klagen über den »obsoleten Körper« scheinen weit zurück zu liegen, und mit einer ungebrochenen Leidenschaft ist der Körper (wieder) im Zentrum von (Neuen) Medien-, Film- und Kunsttheorien und ihren Praxen installiert.

In *The Skin of the Film* spricht Laura Marks von einer »haptischen Visualität«, die den Film »durch die Haut sehen« lasse.[43] In ihrem nächsten Buch, *Touch. Sensuous Theory and Multisensory Media,*[44] werden Video, Multimedia und sogar Fernsehen für die Erfahrung haptischer Realitäten stark gemacht. Marks beschreibt darin die Tendenz einer »analog nostalgia«, die das digital perfekte Bild wieder schmutzig erscheinen lasse:

»Paradoxically, the age of so-called virtual media has hastened the desire for indexicality. In popular culture, now that so many spectacular images are known to be computer simulations, television viewers are tuning in to ›reality‹ programming, and Internet surfers are fixing on live webcam transmissions in a hunt for unmediated reality. Among digital videomakers, one of the manifestations of the desire for indexicality is what I call analog nostalgia, a retrospective fondness for the ›problems‹ of decay and generational loss that analog video posed.«[45]

Richard Shusterman argumentiert in *Performing live*[46] auf ähnliche Weise, wenn er betont, dass die Körper (als materielle und indexikale Spur) heute sogar – in Anspielung auf Judith Butlers *Körper von Gewicht*[47]– noch mehr Gewicht hätten. Für ihn unterstützt die Mediengesellschaft mit ihren Simulakren, virtuellen Welten, zweiten Wirklichkeiten diese Konzentrierung auf den Körper, der zum alleinigen Garanten einer wie auch immer definierten Identität geworden sei. Je mehr man sich in diesen Bildern verliere, umso wichtiger werde der Körper als sensitives, intuitives Unterscheidungsmedium, das Ort und Zeit des Individuums fixiert. Diese Sorge um den Körper ist nicht ganz so neu, wie gerne behauptet wird, doch tritt sie heute in einer Intensität auf, die Butlers These der signifizierten Materie komplett aus den Angeln hebt. Butler hatte als Replik auf die Kritik, die an ihrer These des »doing gender«[48] geübt wurde, in *Körper von Gewicht* nochmals klar zu machen versucht, dass Materie, sprich der Körper, nicht als Körper per se in Erscheinung trete oder handle, sondern immer schon durch sein Tun signifiziert sei, um lesbar, also als Körper wahrnehmbar zu sein. Wenn heute jedoch vom Körper die Rede ist, der fühlt, handelt und intuitiv weiß, scheint auch Butlers »doing« längst überholt worden zu sein. Vielmehr ist mit großer Emphase vom sich bewegenden Körper die Rede, von einem Körper, der vor allem fühlt, der affiziert wird von anderen Körpern und der mich, als das Individuum, das ich bin, verankert und führt.

Man kann die hier angedeuteten Beschreibungen von Laura Marks und Richard Shusterman als Puzzles in einer sich zunehmend auf den Körper konzentrierenden Entwicklung begreifen. Was Marks für das »schmutzig gemachte« digitale Bild und Shusterman für den Körper in einer Mediengesellschaft beschreiben, gilt nun besonders auch für den Körper des *Besuchers* (von Museen, Galerien,

Video-Installationen). Denn dieser befindet sich zwar noch immer vor den Bildern, jedoch zunehmend auch »in den Bildern«. Und hierfür wird nun, ähnlich der These von Shusterman, geltend gemacht, dass die digitalen Bilder und Medien-Installationen den Einsatz des Körpers auf neue Weise einfordern. Je umfassender und totaler die audiovisuellen Umgebungen sind, so die Argumentation, desto dringlicher ist der Körper gefordert, mittels dessen Hilfe die nicht mehr vorhandenen Distinktionen über affektive Selektion wieder installiert werden sollen.

FRAMER FRAMED

Als 1992 das Buch *Framer framed*[49] von Trinh T. Min-Ha erschien, markierte dies einen Höhepunkt der postkolonialen Kritik. Der *framer* sollte »gerahmt« werden: der Betrachter und Kolonialist, der weiße Mann, dessen Blick (mit und ohne Kamera) seine Objekte einfasst, sollte nun also selbst unter die Lupe genommen werden. Damals waren Film und Video vor allem Beobachtungs- und Aufzeichnungstechniken, die in ihrer Strukturierung sowie in der Rahmung ihrer Objekte dekonstruiert werden sollten. 2004 erscheint *New Philosophy for New Media* von Mark Hansen, der eines seiner Unterkapitel mit *framer framed*[50] betitelt hat. Im Mittelpunkt stehen die digitalen Bilder, ihre Produktion, ihre Rahmung und ihr Effekt auf die Besucher/Betrachter. Hansen ist also eine weitere Stimme im Kanon um die Natur des digitalen Bildes, dessen spezifische Wesenart eine neue Philosophie des Bildes sowie eine neue Ontologie der Wahrnehmung notwendig macht, wie der Autor signalisiert. Hansen ist wie so viele andere über seine Deleuze-Lektüre zur Wahrnehmungsphilosophie von Henri Bergson gelangt. Dessen Termini des affektiven Körpers sowie der Welt als Bild verwendet er, um verschiedene Beispiele der Netz- und Videokunst zu analysieren, um dabei aufzuzeigen, dass das digitale Bild aufgrund seiner Rahmenlosigkeit nach einem *Rahmer/framer* verlangt, wodurch der affektive Körper ins Spiel kommt, der nicht nur wahrnimmt und fühlt, sondern das Bilduniversum für den Betrachter in der Welt selektiert. An späterer Stelle wird von Bergsons Theorie der Wahrnehmung mit ihrem Hauptaugenmerk auf den affektiven Körper ausführlicher zu sprechen sein. Doch gehen wir Schritt für Schritt vor, um die heute feststellbare Zentralität des Körpers im Universum der digitalen Bilder nachvollziehbar werden zu lassen.

Hal Foster formuliert in einem Interview mit dem *Journal of Visual Culture*, dass man den Trend in der gegenwärtigen Kunst, den er ironisch als »the trouble of walking into art« bezeichnet, zurückdatieren und im Minimalismus erste Spuren hierfür ausfindig machen kann. In der minimalistischen Kunst sind der konkrete Körper und der aktuelle Raum als signifikante Größen aufgetaucht bzw. wurden als Vektoren – in die Kunst – eingeführt. In der Zwischenzeit haben

immer mehr Künstler begonnen, wie Foster weiter ausführt, vor Ort themen-
bezogen zu arbeiten und dabei die synchrone Achse der diachronen vorzuziehen.
Diese Entwicklungen laufen heute eindrucksvoll in den Arbeiten des dänischen
Künstlers Olafur Eliasson zusammen. Dieser hat 2003 in der Tate Modern die in-
stallative Arbeit *The Weather Project* (Abb. 01-02) realisiert. Eliasson konzipierte für
das Museum eine Sonne, die den gesamten Raum der Tate Modern ausleuchtete
und aus dem Ausstellungsraum einen sakralen Ort machte, wo die Besucher sich
auf den Boden legten, um die Atmosphäre auf sich wirken zu lassen. Foster macht
sich zwar zunächst über die sonnenanbetenden Besucher lustig, um am Ende des
Gesprächs dem Projekt jedoch noch Positives abgewinnen zu können.[51] Denn es
zeige auf charakteristische Weise den immersiven Sog, den der Künstler erzeuge,
um mit dem Wunsch, dem Begehren (der Besucher) nach Überwältigung zu spielen. Die Arbeit könne prototypisch für die Absicht des Künstlers gelten, alle Sinne
des Besuchers mit einzubeziehen und das Denken auszuschalten. »Leg dich hin
und sei still!«[52]

Doch die »Sonne« von Olafur Eliasson steht nicht nur für eine neue immersive Kunst, sondern wird auch durch den angestellten Vergleich mit William Tur-
ners *Sonnenuntergang* in einen historischen Kontext von Wahrnehmung und der
Geschichte ihrer Techniken positioniert. Vor allem Jonathan Crary, der in seiner
Arbeit über die *Techniken des Betrachters* die Entdeckung des Körpers als Basis der
menschlichen Wahrnehmung aufzeigte, hat seine Analyse explizit in Beziehung
zu den Projekten von Eliasson gestellt. Doch bringe dieser, so Crary, im Unterschied zu den visuellen Experimenten des 19. Jahrhunderts basale Parameter ins
Schwanken und stelle die Unterscheidung von betrachtendem Subjekt und Objekt immer wieder – technisch induziert – in Frage.[53] Auch Bruno Latour spricht
im Ausstellungskatalog zum *Weather Project* von der Transgression traditioneller
Dichotomien, die Eliasson in seiner Arbeit durchführt: »What Sloterdijk does in
philosophy, Olafur Eliasson does in art.« Die langweilige alte Geschichte der
Binarismen zwischen wild und domestiziert, zwischen privat und öffentlich und
letztendlich auch zwischen Wissenschaft und Alltagswissen und -erfahrung werde
von beiden über Bord geworfen. Der Künstler wird zum Laboratoriumsmitglied,
das unsere Lebensbedingungen erforscht – »simply to explore the nature of the
atmospheres in which we are all collectively attempting to survive«.[54]

Für Hal Foster haben sich in der Kunst des Minimalismus Raum und Körper
auf progressive Weise differenziert, jedoch gleichzeitig die ersten Anzeichen einer,
wie er es nennt, »faux-phenomenological art«, einer falschen phänomenolo-
gischen Kunst mitproduziert. Diese »falsche« Kunst artikuliere sich in der Fokussierung auf einen mediatisierten Raum, also auf einen Raum, der durch die technische Aufrüstung den Besucher überwältige und weniger durch »natürliche«
Rahmenbedingungen dessen kontemplative Haltung befördere. Dieser Kunst-Raum
überwältige die Körper und lasse eine Art »technosublime« entstehen.

»Today this seems to be the desired effect of much art – digital pictorial photography, say, as well as projected image installations – so much so that this secondary line of art after Minimalism now appears to be the dominant one. And people love it, of course, in large part because it aestheticizes, or rather artifies, an ›experience‹ already familiar to them, the intensities produced by media culture at large. For the most part, such art is happily involved with an image space that goes beyond the distractive to the immersive.«[55]

So sehr ich Hal Fosters Einschätzung der gesellschaftlichen Tendenz und dieses künstlerischen Trends teile, so wenig kann ich die Kritik an einer immersiven Kunst nachvollziehen, die sich ausschließlich an ihrer technischen Aufrüstung festmacht. Hier kommt eine Kunstauffassung ins Spiel, die immer noch oder wieder zwischen einer technischen/medialen und einer handwerklichen Kunst unterscheidet. Medienkunst, um diesen Begriff ohne weitere Diskussion anzuführen, wäre demnach eine inferiore Kunst, da die Technik das ausführende Organ ist. Hier schwingt die alte Auseinandersetzung um die technische Reproduzierbarkeit des Kunstwerks und der Verlust der Aura (Walter Benjamin) offenkundig noch immer mit.

Nach Eliassons installativen Arbeiten möchte ich kurz auf Bill Violas Videoarbeiten verweisen, die nicht nur zeitlich früher die Entwicklung einer immersiven Kunst markieren, sondern auch die Debatte um das Wesen des Digitalen mit beeinflusst haben. Viola hat sich selbst immer wieder über die spezifische Dramaturgie seiner digitalen Bildräume geäußert und – die Diskussion um das affektive Bild vorwegnehmend – diese als den Besucher umfassende Medienkunst beschrieben. Violas Interesse ist die Verbindung der Sinne, die Relation von Körper und Geist, die mit den neuen technischen Optionen eine ganzheitliche körperliche Erfahrung ermöglichen soll und auf diese Weise ein »affect(ed) seeing« technisch produzieren kann:

»There (are) two threads to that way, that idea of seeing, what's affected seeing in the technological tree. […] One of them has to do with rendering the world with capturing light and sound on a surface – which of course, is photography; that was the photographic moment. It's so profound in human history that for the first time, outside the artist's hand you had an image that comes from the outside world.«[56]

Wenn Viola von einer Berührung der Welt durch das Licht im fotografischen Moment spricht, so kann diese Berührung an dieser Stelle zweifach assoziiert werden. Zum einen kann sie wörtlich verstanden werden, was auf das Versprechen der digitalen Bilder verweist bzw. auf das Potenzial, das ihnen zugesprochen wird, das Taktile, also die Berührung, zu forcieren bzw. die taktile Dimension der visuellen gegenüber zu bevorzugen. Zum anderen ist diese Berührung durch das Licht ein in der Foto- und Filmtheorie feststehendes Bild, um die Berührtheit des Subjekts zu bezeichnen. Roland Barthes hat in *Die helle Kammer* vom »punctum« gesprochen, als jenem Moment, das den Betrachter anspricht, ohne dass es selbst im Bild wäre.[57] Und die Filmtheorie hat sich mit Jacques Lacans »Sardinenbeispiel« immer wieder rückversichert, dass der Blick das Licht, der Glanz ist, in dem sich das betrachtende Subjekt − als Fleck im *tableau*− spiegelt.[58] Dieses Moment der Berührung bzw. der Sog des (digital produzierten) Immersiven wird zwar gerne generell der (Medien-)Kunst zugesprochen, doch ist hier vor allem von Interesse, wodurch sich diese angeblich so besondere Nähe von digitalen Bildern und affektivem *response* ein- und herstellt.

Lev Manovich hat schon vor Jahren die digitale Bildereuphorie einzudämmen versucht und darauf hingewiesen, dass die Bildoberfläche zwar noch keine dramatischen Veränderungen aufweist, die Basis seiner Produktion sich allerdings sehr verändert hat:

»Since its beginnings fifty years ago, computerization of photography (and cinematography) has by now completely changed the internal structure of a photographic image; yet its ›skin‹, i.e. the way the image looks, still largely remains the same. It is therefore possible that at some point in the future the ›skin‹ of an image would also become completely different, but this did not happen yet. So we can say at present our visual culture is characterized by a new computer ›base‹ and old photographic ›superstructure‹. […] What remains to be seen is how the ›superstructure‹ of a photographic image − what it represents and how − will change to accommodate this ›base‹.«[59]

Auch Brian Massumi beurteilt die allgemeine Rede von einer digitalen Epoche sowie dem Ende des analogen Bildes als irreführend.[60] Doch was passiert in der Digitalisierung, warum verführt sie dermaßen leicht zu Spekulationen über ein neues Bildwesen? Ulrike Bergermann hat in ihrem Aufsatz »Morphing. Profile des Digitalen« die Diskussion »analog vs. digital« auf ihre Ungereimtheiten hin untersucht und das Verhältnis als eines, das nicht »im Dienst« ist,[61] bezeichnet, also als eines, das immer nur instrumentalisiert wird, um mit der Differenz einen Mehrwert zu erzielen. Bei ihrem Parcours durch die unterschiedlichen Diskussionsansätze ist die immer kleiner werdende Differenz (zwischen analog und digital) gut zu verfolgen, um dann bei Wolfgang Coys Zusammenfassung anzukommen, die lautet: »Die Differenz zwischen analoger und digitaler Speicherung ist […] die eines zwar großen und beliebig steigerbaren quantitativen Sprunges, aber keine völlige ›Wesensfremdheit‹.«[62] Der Argumentation liegt der strukturale linguistische Modus operandi zugrunde, dass jedes Zeichen, um Zeichen zu sein, sich von einem anderen Zeichen absetzen muss. Doch wenn die Natur der digitalen und analogen Bilder sich so verwandt bleibt, was begründet dann die Aufregung bzw. die Attraktivität dieser neuen Bilder? Mit dieser Frage gelangen wir allerdings wieder zu Grundsätzlichem: Wie sich nämlich Sprache und Bild ineinander verfangen, um immer schon der Rasterung des Codes zu entgehen.

VIRTUELL UNBEWUSST – UNBEWUSST VIRTUELL

Mit der Universalmaschine Computer war von Anfang an das Versprechen verknüpft bzw. wurde die Erwartung geschürt, über das Menschliche hinaus in ein Virtuelles zu gelangen, worin sich Maschine und Humanes auf wunderbare Weise transzendieren. So transzendiert der digitale Code für Friedrich Kittler das Humane, das heißt, der Computer operiert auf einem Level, den das senso-motorisch eingebettete Individuum nicht erreichen kann.[63] (Ob die Vertreter die-ser Universalmaschinen-Philosophie die Nähe sehen können, die sie mit dem »transzendentalen Empirismus« von Gilles Deleuze unterhalten, bezweifle ich eher, dennoch ist der Austausch des Sinnlich-Faktischen durch das Digitale ein verführerischer Gedanke.) Deshalb ziele auch die Frage nach dem Wesen des Humanen, so Kittler, an den aktuellen Entwicklungen vorbei. Inzwischen geht es um andere Dimensionen. Dimensionen, in denen sich das menschliche Gehirn mit der digitalen Technik verschweißt. Daher kann die Rede vom »unbewussten Code« nicht allzu sehr überraschen. Psychoanalytisches Vokabular hat sich längst in die Medientheorien des Computers eingeschrieben und dort zu vielfältigen Über-, aber auch Gleichsetzungen geführt. Slavoj Žižek spricht in Bezug auf die Interface-Beziehung von einer Regression in präödipale Zeiten, Henning Schmidgen hat das Unbewusste der Maschinen bei Lacan, Deleuze und Guattari untersucht, und Sherry Turkle sieht in der Cyberwelt die Umsetzung poststruk-turaler Subjekt-Theorien.[64] Während Schmidgen den Maschinen- und Zeichen-begriff in der Philosophie von Deleuze und Guattari sowie der Psychoanalyse Lacans analysiert, um das Maschinelle der Psyche bzw. das psychische Räderwerk von Individuum und Gesellschaft im Rahmen der angeführten Denkweisen aus-zuloten, müssen zahlreiche Versuche, Deleuze als Netzphilosophen zu hypostasie-ren, seinen Begriff des Virtuellen mit *virtual reality* gleichzusetzen und aus den nomadischen Subjekten *cybernerds* zu machen, als Sackgassen bezeichnet werden. Eine technisch generierte Virtualität ist weder ein Virtuelles im philosophischen noch psychoanalytischen oder anthropologischen Sinn. Doch treffen im Begriff des Virtuellen unterschiedliche Bestimmungen aufeinander, die, wie Stefan Rieger in seiner *Kybernetische[n] Anthropologie* nachzeichnet, um das konstitutive Moment des Virtuellen kreisen. Virtuell und digital sind also nicht gleichzusetzen, ihre Genealogien sind schlichtweg anders.[65] Vielmehr sollte die Geschichte der humanen Virtualität, die in den abendländischen Philosophien immer unter-schiedlich benannt worden ist, dem Digitalen entgegen gehalten werden, um die Differenz des Humanen im Hinblick auf die Maschinen und Apparate deutlich zu machen. Die humane Virtualität besteht darin, dass der Mensch, im Unterschied zum Tier und zur Maschine, seine Existenz sprachlich, symbolisch transzendiert und damit ein potenziell anderes Sein imaginieren kann. Wir treffen in der Frage der Virtualität wieder auf die Differenz von der Philosophie des Begriffs und jener des Lebens. Descartes, Kant, Heidegger, Lacan gehen von diesem Vermögen, oder sollte man sagen Unvermögen, aus, wodurch das Subjekt aus der Ungebrochenheit des Daseins hinauskatapultiert wird. Doch dieser transzendentale Bruch und sein imaginatives Potenzial kann auch in die »Natur« des Menschen verlagert werden, und dann sind es deren potenzielle Kräfte der Verausgabung, die das Humane antreiben. Spinoza, Bergson, Deleuze haben die Virtualität als in die materielle Körperlichkeit eingebettet definiert.

Eine nochmals andere Virtualität ist in der kybernetischen Forschung das Ziel. Mit ihr wird der Versuch unternommen, das Programm des menschlichen Gehirns dem Programm intelligenter Maschinen zu implementieren. Jede dieser hier genannten Virtualitäten hat eine jeweils eigene Geschichte, ihre Definitionen unterscheiden sich maßgeblich und schließen sich mitunter kategorisch aus.

Die Fähigkeit zur Transzendenz, ob diese nun als geistige oder als körperlich-vitalistische Kraft gefasst wird, ist auf unterschiedliche Weise mit den technischen Apparaturen (Schriftmedien, optischen Medien, digitalen Medien) verwoben. »Sich sehen Sehen« oder »Sich-Sehen-Machen«, wie Jacques Lacan den fundamentalen Riss durch das Cogito umschrieben hat, verweist auf das Bild als fundamentale Basis des Subjekts. Nicht umsonst hat die Filmtheorie sich über einen langen Zeitraum hinweg ungebrochen auf Lacans Spiegelstadium sowie seine Theorie des Blicks gestützt, um die Übertragung zwischen Zuseher und Leinwand zu erklären.[66] Doch der Film spielt dieses Sich-sehen-Machen in einer Dauer aus, die ebenfalls für die psychische Funktion bedeutsam ist. Erst in und durch diese Dauer nämlich kommt das Ich zu sich selbst – in Form des Gedächtnisses, wie es Deleuze beschrieben hat:

»Kant zufolge ist die Zeit die Form, in der das Gemüt sich selbst affiziert, ganz wie der Raum die Form ist, in der das Gemüt von etwas anderem affiziert wird: die Zeit ist folglich ›Selbstaffektion‹ und bildet die wesentliche Struktur der Subjektivität. Aber die Zeit als Subjekt oder eher als Subjektivierung nennt sich Gedächtnis.«[67]

Kein anderes Medium als der Film kann diese beiden Momente des »Sich sehen Sehens« und der »Affizierung durch die Zeit« besser einsetzen und inszenieren – sie treffen den Nerv der filmischen Charakteristik. Wahrnehmung von Bewegung und Wahrnehmung in Bewegung können als Scharnier des kinematografischen Impulses betrachtet werden. Ein Impuls, der das Kino mit der kybernetischen Forschung nicht nur verbindet,[68] sondern an dem beide – heute unter forcierten Rahmenbedingungen – arbeiten. Die digitalen Räume koppeln das »Sich-sehen-Sehen« nochmals anders vom Zuschauerkörper ab, indem sie den sich bewegenden Körper zum Erfahrungszentrum stilisieren. So jedenfalls sehen es die Theoretiker der digitalen Bilder. Dass diese nämlich im Unterschied zum Kinoraum den Betrachter in Bewegung versetzen, sodass dieser sich bewegen sieht, was sich mit seiner aktuellen Mobilität deckt oder aber auseinanderklafft.

Am Sehen von Bewegung und im Sehen von Bewegung wird geradezu prototypisch verhandelt, schreibt Stefan Rieger, »was sich – in welcher semantischen Nuance des Unbewussten auch immer – sowohl der Steuerung als auch der Kontrolle entzieht und in diesem Entzug zu einem der Paradepferde der Kybernetiker im weitesten Sinne werden konnte.«[69] Das heißt, die menschliche Wahrnehmung ist nur bis zu einem gewissen Grad technisch nachvollzieh- und nachbildbar, ein Teil verbleibt im Unbewussten. Diesem Unbewussten hat die Physik des 19. Jahrhunderts (wie die Neurobiologie heute) höchste Effizienz zugesprochen. Es wird als Fähigkeit zur Transzendenz/Virtualität, als Phantastik, begriffen, die der humanen Wahrnehmung eigen ist und die sich weder messen noch sonstwie fassen lässt. Es ist sozusagen die Eigenmotorik der menschlichen Existenz, die über die Daten des Körpers hinausgeht bzw. sich über diese nicht fassen lässt.

Während das traditionelle Kino die Betrachter ruhig hält und mit Hilfe von Kamera, Schnitt, Montage und Sound in seinen Bann zieht, zwingen die digitalen Datenräume (Bild- und Sound-Installationen und -*environments*) die Besucher zur Bewegung. Sie packen ihn in seiner ganzen Körperlichkeit, wodurch er über diese die Kontrolle zu verlieren droht. Anstelle von Identifikation (wie im traditionellen Kino) tritt nun eine Immersion, die die Selbst-Kontrolle aushebelt, die weniger die bewusste Wahrnehmung als verstärkt den affektiven Körper adressiert.

RAHMENLOS | HALTLOS

»The digitalization explodes the frame, extending the image without limit not only in every spatial dimension but into a time freed from its presentation as variant series of (virtual) images. In this sense, the digital image poses an aesthetic challenge to the cinema, one that calls for a new ›will to art‹ and one whose call is answered by the neo-Bergsonist embodied aesthetic of new media art.«[70]

Vor allem Lev Manovich hat vor Mark Hansen das »framing« als eine der großen Veränderungen in der digitalen Bildproduktion benannt und in *The Language of New Media* geschrieben: »[T]he image, in its traditionel sense, no longer exists! And it is only by habit that we still refer to what we see on the real-time screen as ›images‹.«[71] Was sich also verändert hat ist die Basis der Produktion. Die Superstruktur, also die Oberfläche der Bilder, die wir immer noch sehen und lesen, ist hingegen noch intakt und durch die neue Produktionsbasis nicht angegriffen. Mark Hansen bezieht sich nun in seiner *New Philosophy* ausführlich auf Manovichs Ansatz, um sich, wie er schreibt, in seinen Erwartungen jedoch enttäuscht zu sehen. Denn Manovich vertritt in seinen Augen letztlich wieder einen humanistischen Standpunkt, da für ihn Bilder immer nur in ihrer Beziehung zu einem Betrachter *(consumer)* relevant und darüber hinaus immer filmische Bilder sind, die wahrgenommen und interpretiert werden. Es gelingt Manovich nicht, wie Hansen betont, seine viel versprechende Unterscheidung zwischen neuen und alten Bildern tatsächlich theoretisch zu fassen, vielmehr reduziert er das Neue als bloße Verstärkung des Alten.[72] Manovich verkenne deshalb das Spezifische der digitalen Bilder völlig, weil er am Primat des Kinematografischen festhalte. Im Unterschied jedoch zum klassischen Kino gebe es bereits in der präkinematografischen Phase technische Optionen, in denen sich Wahrnehmung und Taktilität verbinden: im Stereoskop, im Panorama, beim Mutoskop – überall müsse der Betrachter Hand anlegen, sich bewegen, positionieren, um entsprechende Bilder sehen zu können, er müsse sich also mit körperlichem Einsatz in eine entsprechende Rezeptionshaltung manövrieren. Dies ist heute, wie Hansen weiter ausführt, mit virtuellen Realitäten vergleichbar, wie Computerspielen und Simulationsumgebungen, die deshalb eine neue Philosophie erfordern, die den Körper mit seiner Sensualität als Handlungsinstanz in Verbindung setzt. Hierfür bietet sich die Philosophie von Henri Bergson an, so Hansen, die die verschiedenen Bild-Register immer und ausschließlich mit dem affektiven Körper in Verbindung begreift.[73] Hansen setzt in seiner *New Philosophy* nicht ausschließlich Bergsons These vom affektiven Körper in Bezug zu den digitalen Medien, sondern er unterzieht im selben Atemzug Deleuzes Kinotheorie einer strengen Kritik. Deleuze habe nämlich, im Unterschied zu Bergson, den Affekt vom Körper losgelöst und diesen dem technischen Procedere überantwortet. Für Hansen hat Deleuze den Affekt völlig anders als Bergson interpretiert, indem er ihn als Modalität der Wahrnehmung und nicht mehr als autonome Modalität des Körpers begreift. Deleuze löst also den Affekt vom Körper und überantwortet ihn dem Bewegungsbild. Damit jedoch werde der Affekt außerhalb des Subjekts angesiedelt und zu einer Frage der Technik. Hansen hingegen zitiert neue Entwicklungen in den Neurowissenschaften, die belegen sollen, dass der Körper – wie es Bergson schon beschrieben hat – Information rahmt. Denn bei Bergson heißt es, dass Wahrnehmung ohne Affekt nicht möglich ist, wenn man bedenkt, »daß unser Körper kein mathematischer Punkt im Raum ist, daß seine virtuellen Handlungen sich mit den aktuellen vermengen und *durchdringen*, mit anderen Worten, daß es keine Wahrnehmung ohne Empfindung gibt. Die Empfindung ist demnach das, was wir vom Innern unseres Körpers dem Bilde der äußeren Körper zufügen; was wir also, wollen wir das Bild wieder in reiner Gestalt bekommen, zuvörderst von der Wahrnehmung zu sondern haben«.[74]

Das heißt für Hansen, dass der Körper des Betrachters für die Rezeption digitaler Bilder nicht nur von neuer, sondern von ausschließlicher Zentralität ist. »In a very material sense the body is the ›coprocessor‹ of digital information.«[75]

Auch Ursula Frohne hat in ihrer Analyse von Video-Installationen[76] das *deframing* als signifikant für ein neues Zuschauerverhalten ausgemacht. Das Sich-Auflösen des Bilderrahmens führt zur Frage nach dem »framing of the viewer«

sowie zur Beschreibung einer anderen, neuen Weise des Schauens oder Betrachtens, wie sie ausführt:

»Die Position des Betrachters, die bislang im Museum einen definierten Bezugsrahmen besaß, verliert ihre Sicherheit gegenüber dem Gegenstand der Rezeption aufgrund der Herausforderung an die eigene Syntheseleistung unter den Bedingungen der Zeit bei der Bilderfassung. Die darin begründete, fundamentale Instabilität des Zuschauers, die im übrigen auch durch dessen Bewegungsfreiheit vor und in den Videoinstallationen noch verstärkt wird, ist ein Hauptcharakteristikum für den paradigmatischen Wechsel von einer von der visuellen Zentrierung auf das Werk bestimmten musealen Inszenierung zu einer auf den Betrachter übertragenen Verantwortung.«[77]

Während Frohne jedoch lediglich von einer Verantwortung spricht, die an die Betrachter delegiert wird, so dass die Videoarbeiten im eigentlichen Sinne erst durch ihre Syntheseleistung vollendet werden, hat Hansen hierauf eine knappe, klare Antwort: Die Produktion des *framing* erfolgt »in and through our own bodies«.[78]

Die Arbeiten der Medienkünstlerin Char Davies spielen für Hansen eine ganz besondere Rolle. *Osmose*[79] (Abb. 03) und *Ephémère*[80] (Abb. 04) sind typische Beispiele einer immersiven Kunst. Die Besucher werden aufgenommen, umfangen, es wird ihnen ein überwältigendes Naturschauspiel geliefert, wobei ihre Körper selbst zum fühlbaren Durchgangsportal werden. An diesen Arbeiten demonstriert Hansen, wie Wahrnehmung durch und durch taktil strukturiert ist. Davies' Installationen stellen für ihn die radikale Verschiebung von einem anfänglich falsch verstandenen, visuell dominierten, Interface zu einem »bodily or affective interface«[81] dar.

Mit dieser Ansicht ist er nicht allein. Auch auf der *ars electronica* 2005 wurde Char Davies' Arbeit als Manifestation *queerer* Hybride gefeiert, nicht als affektive Verkörperung, jedoch als »Wiederverkörperung«. »Im virtuellen Raum können dies unregelmäßige Spiegelungen, Spiralbögen und Herumtreiben sein – und die überraschende kulturelle Freiheit, die von Körpern ausgeht, die nach Herzenslust atmen, dahintreiben, kriechen, fliegen und frei in elementare Räume fallen können.«[82] Das Selbstverständnis der Künstlerin unterstreicht diese Interpretation einmal mehr.[83]

Wie die Auswahl der Ausstellungen zu Beginn dieses Kapitels deutlich macht, werden Emotionen und Affekte nicht nur im elektronisch-virtuellen Raum inszeniert, vielmehr sind die unterschiedlichsten Spielarten einer affektiven, taktilen Medienkunst anzutreffen. Als Beispiele können die Projekte der Gruppe *fur* (*PainStation* und *LegShocker*[84]) (Abb. 05), *The Emotion Vending Machine*[85] (Abb. 06) und der *Emotions Defillibrator*[86] (Abb. 07) genannt werden. Es handelt sich dabei um Maschinen/Apparate/Programme, die entweder Schmerz zufügen, wenn beim Spielen Fehler gemacht werden, die Mechanismen und Verteilungen globaler Emotionen berechnen oder die digitale Apparatur auf ihre phy-siologische Basis reduzieren, um deren Wirksamkeit umso greller zu demonstrie-ren. Auffällig ist allerdings, dass der auditiven Dimension nach wie vor wenig Beachtung zukommt, obwohl es auf der Hand zu liegen scheint, dass Affekt und Hören eine tiefe Verbindung unterhalten.[87] Eine der raren Untersuchungen hierzu ist *Digital Aesthetics*[88] von Sean Cubitt, der den Stellenwert der Soundtech-nologien besonders hervorhebt. Für Cubitt tritt der akustisch in Beschlag genom-mene Raum des zeitgenössischen Kinos in Konkurrenz zum doppelseitigen Rea-litätsanspruch des Mediums. Durch die Perfektionierung der Soundtechnologie und der Organisation auditiver Daten im Raum erhält das Bild einen Gegenspie-ler. Dieser Gegenspieler ist der Ton und sein Schallraum. Digitale Soundtechno-logie erhält bei Cubitt den Status einer Raumkunst, die zwischen das alte Bündnis der filmischen Apparatur und seiner Herstellung von Realitätszeichen tritt. Der Kino-Hör-Raum bildet die Schnittstelle zwischen der medialen Virtualität des Leinwandgeschehens und der vom Tongeschehen komplett eingenommenen Realität des Zuhörerkörpers. Was Cubitt hier beschreibt, kann besonders in den Arbeiten von Janet Cardiff und George Bures Miller gehört und erlebt werden. In *The Paradise Institute* (2001),[89] in den *Berlin Files* (2003) und in den *Audio- und Videowalks* (seit 1991) lösen sich Ton- und Bildspur voneinander und produzieren ihren je eigenen Rhythmus. Dies führt zur Desorientierung oder zu einer inten-siveren Wahrnehmung der eigenen körperlichen Stellung im Raum, wie Cardiff immer wieder betont hat. Nach Jörg Heiser »übersetzen« Cardiff/Miller in ihren Arbeiten »die klassische philosophische und religiöse Diskussion des Verhältnisses von Körper und Geist als ›einfachen‹ Dualismus mittels moderner Medientechno-logie in einen Chiasmus der Gegenwartskunst [...] von physischer An- und Ab-wesenheit einerseits und medial-psychologischer Vergegenwärtigung und Ent-rückung andererseits.«[90] Keine Simulation von Welten, wie dies zahlreiche Medienkunst-Projekte unternehmen, sondern die Ur-Erfahrung des Kinos wird hier physisch wieder erlebbar gemacht, wie der Autor weiter schreibt. Hier haben wir also nochmals eine andere Version von einem haptischen Kino, wie wir es an früherer Stelle bei Laura Marks gelesen haben, die dieses als »den Film durch die Haut sehen« definiert hat,[91] hier also ein durch die Haut hören bzw. ein Reagieren der Haut auf Ton und Bild.

Damit sind wir bei der Bestimmung des Affektiven als Zwischenzone, Relais oder Hautkontakt angekommen. Eine Definition, die besonders mit den Kino-büchern von Deleuze verknüpft ist, in denen dieser seine Bergson-Adaption für das Kino vorgelegt hat. Bei Bergson ist das Auditive vom Visuellen nicht getrennt, sondern ist vielmehr in seinem Bildbegriff mit inkludiert. Bergson hat die Welt als Bild verstanden, in dem wir uns – selbst ein besonderes Bild – bewegen. »Es gibt«, schreibt er, »keine Wahrnehmung, die sich nicht in Bewegung fortsetzt«.[92] Doch genau dieses Moment der Noch-nicht-Bewegung – das Intervall, das Bergson zwischen der einen Bewegung und der anderen Bewegung setzt - hat Gilles Deleuze als das Moment des Affekts bezeichnet. Dieser zeigt eine Bewegung an, die noch nicht Aktion ist: »Der Affekt ist das, was das Intervall in Beschlag nimmt, ohne es zu füllen oder gar auszufüllen. Er taucht plötzlich in einem Indeterminationszentrum auf, das heißt in einem Subjekt. [...] Es gibt also eine Beziehung des Affekts zur Bewegung im allgemeinen, [...] aber gerade hier, im Affekt, hört die Bewegung auf«.[93]

Dieser Definition werden wir, in entscheidenden Punkten allerdings abgewandelt, bei Brian Massumi in seiner kulturtheoretischen Fassung des Affekts wieder begegnen. Bei Deleuze ist der Affekt noch fest in die Beziehung von Zuschauer und Bild eingeschrieben, er ist die Klammer, durch die sich ein Raum – ein »beliebiger Raum«[94] – auftut, ein entleerter, abgetrennter, weder geometrischer noch geographischer oder sozialer Raum im strengen Sinne. Optische oder akustische Situationen markieren diesen »beliebigen Raum«. Diese »Opto- und Sonozeichen« verweisen, wie es bei Deleuze heißt, auf eine »Krise des Aktionsbildes«.[95] Wir werden im dritten Kapitel sehen, wie Mark Hansen genau diesen »beliebigen Raum« auswählt, um ihn in den digitalen Kunstpraxen auftauchen zu lassen und ihn – nun außerhalb jeder kinematografischen Kadrierung – mit dem autonomen Affekt zu verbinden. Damit wird eine gewichtige Differenz ins Spiel gebracht. Denn die Autonomie des Affekts ist bei Deleuze eine, die über das Subjekt hinausgeht, um dieses – von außen – quasi wie eine Klammer wieder einzuholen. Bei Hansen hingegen wird sich der Affekt mit einer neurobiologischen Sichtweise verbinden, die nicht nur eine Reontologisierung des Körpers vornimmt, sondern sich generell von der Frage des Subjekts und seiner Sprache verabschiedet.

EMOTIONALE NABELSCHAUEN

Die hier beschriebenen Zeichen einer neuen Zentrierung auf das Affektive sind keine Zeichen einer allgemeinen Wiederbelebung sinnlicher Freuden, sondern sollten vielmehr als Eroberung des affektiven Körpers gelesen werden. Dies mag banal klingen, doch sollte es im allgemeinen Gefühlstaumel, von dem auch die Theoretiker der Emotionen und Affekte offensichtlich ergriffen sind, nicht völlig unter den Tisch gekehrt werden. Thomas Elsaesser hat in seinem Aufsatz »Zu spät, zu früh?«[96] auf diesen Umstand aufmerksam gemacht und von der Emotion der Akteure im Filmtheorie-Geschäft gesprochen. Auch Elsaesser befindet, dass das Kino nur mehr als Ereignis gefeiert werde und von der Psychoanalyse, besonders in ihrer Lacanschen Prägung, radikal Abstand genommen werde. Doch dieses Unbehagen an Theorien des Zuschauens ist für ihn selbst eine Emotion, die von verschiedenen Fraktionen geteilt wird, auch wenn dabei völlig unterschiedliche Begrifflichkeiten im Spiel sind. Für ihn ist in dieser Diskussion vor allem der Begriff der »Erfahrung« zentral, die, wie er meint, natürlich keinen Zugang zu Unmittelbarkeit und Präsenz ermögliche. Heute werde jedoch interessanterweise, schreibt er weiter, nicht nur die Zeiterfahrung besonders betont, sondern damit zusammenhängend auch das Trauma.[97] Wie Walter Benjamin den »Chock« in Bezug auf den fotografischen Augenblick bestimmte, als etwas, was sich dem Bewusstsein entzieht, sich aber dennoch oder gerade deshalb in den Körper als Erinnerungsspur einritzt, umschreibt Elsaesser unsere heutige Situation als ein »Erlebnis ohne Erfahrung«,[98] ein Erleben, dem nur mehr eine körperliche Reaktion (Trauma) zur Verfügung steht, da die Verarbeitung aufgrund ununterbrochener Eindrücke nicht funktionieren kann. An dieser sind seiner Meinung nach die Medien mit ihren Bilderfluten und Soundattacken nicht unschuldig. Sie produzieren nämlich »einen somatischen Wahrnehmungskontext, der mit Medienerfahrungen dermaßen gesättigt sei, dass seine Modi der Rezeption, der Reaktion und des Handelns verschiedene Arten des Loslösens und Auftrennens des sensomotorischen Apparats bedingen würden, um zu funktionieren. ›Erfolgreiche‹ Immersion in diesem Kontext fände ihr Korrelat in einem ›traumatischen‹ Modus der Zuschauerschaft, womit ich die flexible Aufmerksamkeit und selektive Abstumpfung meine, die die periodische Intensität der Affekte absorbiert, die Flachheit der Erinnerungen, den Ennui der Wiederholung und die psychische Spurenlosigkeit der Gewalt, die der ständige Kontakt mit der Medienwelt mit sich bringt. Trauma wäre die Lösung.«[99] Elsaesser begreift diesen somatischen Umschwung weniger als neue, intensive Beziehung zwischen Zuseherkörper und Filmleinwand, sondern vielmehr als Zeichen einer Verletzung bzw. als Ausdruck eines *neuen Leidens der Seele*.[100]

Affekt, Emotion und Gefühl gelten heute insbesondere in Kunst- und Medientheorien (aber auch in anderen Disziplinen) als nicht nur ernst zu nehmende Kategorien, sondern vielfach auch als selbstevident. Anstatt die Naturalisierung von Affekten als neue Form der Normierung zu begreifen, anstelle die Affekte als »affective troubles« zu begreifen und entsprechend zu bearbeiten, werden sie eingesetzt, um etwas zu schließen und sich gegen Eindringlinge, wie Bedeutung und Repräsentation, zu verwehren. *Thinking through Affect*,[101] anstatt den Affekt zu bedenken, ins Denken miteinzuschließen – als eben jenes Moment des Nicht-Mehr-Denkens.

»The Age of Postbiological Man would reveal the human condition for what it actually is, […] a condition to be gotten out. Friedrich Nietzsche, the philosopher, had already seen the truth of this back in the nineteenth century: ›Man is something that should be overcome‹, he had written in 1883. ›What have you done to overcome him?‹ Back then, of course, the question was only rhetorical, but now in fin-de-siècle twentieth century, we had all the necessary means in front of us […] for turning ourselves into the most advanced transhumans imaginable.«[1]

Die Entwicklung von der Sprache hin zum Affekt verläuft parallel zu jener von human zu posthuman/transhuman oder besser, ist dieser Entwicklung eingeschrieben. Was verschiebt sich in diesem (Denk-)Prozess, was im Wissen um ein Subjekt, das als politisches, ethisches, biologisches, psychisches gefasst ist? Was verschiebt sich in seiner theoretisch-philosophischen Formulierung? Was bedeutet die Etappe des antihumanistischen Denkens, die am Ende des 19. Jahrhunderts erste Signale setzte und Ende des 20. Jahrhunderts unüberseh- und unüberhörbar zu Ende gegangen ist? Warum wird diese heute nicht nur als überholt, sondern bisweilen als geradezu schädliche Phase – für Politik, Gesellschaft und Theorie – abgetan? Welches neue Subjekt soll heute entstehen?

Verstärkt ist in den letzten Jahren von »Gouvernementalität«[2] die Rede, die sich nach dem Begriff der Macht bei Michel Foucault als neuer Operationsbegriff etabliert hat. Damit wird ein gemeinsames Kräftespiel zwischen Herrschaft und Subjekt, Techniken des Selbst, Wissen und Verteilung, Leben und Technologie in den Blick genommen. Diese relationalen Funktionen (die Regierung der Menschen) arbeiten am Begriff des Humanen, das heißt, sie operieren im Raster des Humanen, wie es sich seit dem 18. Jahrhundert aufzuspannen begonnen hat. Dieses Humane wird heute von den verschiedensten Gegenkräften bearbeitet. Nicht nur posthumane Cyborg-Phantasien proklamieren die Überwindung des Körpers bzw. seine elektronische Aufladung, sondern es hat sich ganz allgemein ein Denken breit gemacht, das den Abschied vom Humanen feiert. Über einen langen Zeitraum hinweg wurde dieses über eine entscheidende Differenz definiert. Gemeint ist die Spalte der ontologischen Differenz, die zwischen dem Phänomen, seiner Erscheinung und dem Ding-an-sich, seinem geistigen, begrifflichen Sein, unterschieden hat. Heute lässt sich eine Implosion dieser Differenz verfolgen, in der das Subjekt des Humanen, das diese Differenz mit seiner Sprache aufgemacht hat, möglicherweise verschwindet.

ZUR HEIMATLOSIGKEIT DES SUBJEKTS

Am Ende seines Buches *Die Ordnung der Dinge* beschreibt Michel Foucault den Menschen als ein Problem, das nicht »das älteste und auch nicht das konstanteste [...] [ist], das sich dem menschlichen Wissen gestellt hat.«[3] Man könne vielmehr wetten, schreibt er weiter, »dass der Mensch verschwindet wie am Meeresufer ein Gesicht im Sand«.[4]

Als Foucault diese Zeilen schrieb, hatten die gentechnischen Forschungen und die Politik, die diese Entwicklungen gesellschaftlich aufbereitet und vorantreibt, aus heutiger Sicht erst begonnen, ihre Dimensionen anzudeuten. Doch vor dem Hintergrund seiner Beschreibung, wie sich allmählich ein spezifisches »Denken des Menschen« herausgebildet hat, war es durchaus berechtigt, sich vorzustellen, dass dieses durch ein anderes Denken, Wissen und Handeln einmal abgelöst werden könnte. »In unser heutigen Zeit«, schreibt Foucault, »kann man nur noch in der Leere des verschwundenen Menschen denken. Diese Leere stellt kein Manko her, sie schreibt keine auszufüllende Lücke vor. Sie ist nichts mehr und nichts weniger als die Entfaltung eines Raums, in dem es schließlich möglich ist, zu denken.«[5]

Was bedeutet nun aber dieses »Denken des Menschen«, dessen Etablierung Foucault analysiert hat und dessen Veränderungen, die für ihn ganz offensichtlich waren, er vorausschauend zu begreifen versuchte? Zunächst einmal bedeutet es, sich ein Bild von diesem Menschen zu machen, ihn beschreib- und analysierbar werden zu lassen und schließlich eine Wahrheit dieses Menschen festzulegen. Am Verhältnis der Zeichen zur Welt, an der Bedeutung der Sprache für die durch sie bezeichneten Empirizitäten hat Foucault eine Veränderung festgestellt, die im Laufe des 17. Jahrhunderts vor sich ging. Die Zeichen beginnen ein neues Verhältnis zur Welt aufzubauen. Dadurch oder gleichzeitig werden neue Wissenskomplexe ausgebildet, die die Welt (als Erkenntnisobjekt) neu einteilen. Diese Einteilung unterscheidet sich gravierend vom früheren Denken. Von nun an wird sich die Erkenntnis um die Differenz als Identitäten produzierende arrangieren. Hatten die Dinge im früheren Denken, z.B. dem der Renaissance, ihre Bedeutung und Stellung aus ihrer Ähnlichkeit bezogen, so entstehen Bedeutungen nun durch Differenzen und produzieren dadurch Identitäten. In diese neue Form des Denkens schreibt sich auch eine neue Fragestellung den Menschen betreffend ein. Am Ende des 18. Jahrhunderts findet sich bei Kant die Frage: Was sind wir heute, hier und jetzt? Was sind wir gegenwärtig? Also nicht mehr: Was können wir erkennen? Was ist die Wahrheit? Was ist der Mensch? Mit der Kantschen Fokussierung auf das Hier und Jetzt, auf die endliche Existenz des Menschen wird das Verhältnis zwischen dem Denken des Menschen und seinem Tun umgeschrieben. Aus einer Metaphysik ist eine Kritik geworden, die eine Kritik an einer konstituierenden Unendlichkeit ist, in der der Mensch als von einer unendlichen Göttlichkeit Gesetztes abgeleitet ist. Mit Kant wird das cartesische Cogito als endliches bestimmt, nicht mehr als ein göttlich-unendliches »Ich denke«, sondern als säkularisiertes Ich, das denkt und seine Grenzen (die Endlichkeit seiner Existenz und die seines Erkenntnisvermögens) denkend auslotet. Dieses Ich wird nochmals hundert Jahre später akzeptieren müssen, nicht Herr über sich zu sein, sondern beherrscht von Kräften, die sich seiner Kontrolle weitgehend entziehen. Die Freudsche Formel »Wo Es war, soll Ich werden«[6] gipfelt Mitte des 20. Jahrhunderts in der radikalen Bestimmung Lacans, dass das Sein (im Sinne des Realen) und das Denken sich gegenseitig exkludieren. Das Subjekt denkt, wo es nicht ist, und wo es ist, verfehlt es das Sein.[7]

Auf dem Weg von Descartes zu Kant hat sich die Bedeutung der Formel »cogito, ergo sum« somit völlig verändert. Das Unendliche tritt seine Vormachtstellung an die Endlichkeit ab und leitet, wie Gilles Deleuze schreibt, eine irreduzible Heterogenität des menschlichen Geistes ein. Rezeptiv und spontan sind die zwei Weisen, in denen das Subjekt fortan existiert (denkt und handelt):

»Rezeptivität der Raum-Zeit, Spontaneität des ›Ich denke‹. Schließlich wird der Mensch diförmig; diförmig im etymologischen Sinn des Wortes, d.h. disförmig. Er hinkt auf zwei heterogenen und nicht symmetrischen Formen: Rezeptivität der Intuition und Spontaneität des ›ich denke‹.«[8]

Bei Kant, führt Deleuze weiter aus, ist das Cogito brüchig geworden und nicht mehr »voll wie ein Ei«. Gott, der es umgeben und durchtränkt hatte, ist mit der konstituierenden Endlichkeit ausgezogen, um ein gesprungenes Cogito zu hinterlassen:

»[…] das ›Ich denke‹ – Spontaneität – bestimmt meine Existenz, aber meine Existenz ist nur als die eines rezeptiven Wesens bestimmbar. Infolge dessen stelle ich – ich, rezeptives Wesen – mir meine Spontaneität als Operation eines anderen an mir vor, und dieser andere ist ›Ich‹. Was macht Kant? Dort, wo Descartes zwei Termini und eine Form sah, sieht er drei Termini und zwei Formen. Drei Termini: die Bestimmung, das Unbestimmte und das Bestimmbare. Zwei Formen: die Form des Bestimmbaren und die Form der Bestimmung, d.h. die Intuition, die Raum-Zeit und das ›ich denke‹.«[9]

In dieser Verschiebung leitet die Sprache – als endlich-offenes System – mit Ferdinand de Saussures struktularer Sprachwissenschaft und der analytischen Sprachphilosophie (wie sie u.a. mit Wittgenstein entsteht) den ersten entscheidenden *turn*, den *linguistic turn*, ein. In den sechziger Jahren des 20. Jahrhunderts wird dieser sich im Strukturalismus und in weiterer Folge in den poststrukturalen Theorien manifestieren. »Die Sprache ist erst«, wie Foucault in *Die Ordnung der Dinge* schreibt, »am Ende des neunzehnten Jahrhunderts direkt und für sich selbst in das Feld des Denkens getreten.«[10] Und sie hat mit diesem neuen Status – aus Sicht Foucaults – das klassische Zeitalter endgültig hinter sich gelassen, um die Moderne einzuleiten.

Genau zwanzig Jahre vor Foucault, 1946, schreibt Martin Heidegger seinen Brief *Über den Humanismus*, in dem er darlegt, dass das Humane durch den Humanismus und dessen Metaphysik immer unterschätzt worden sei. Um richtig begriffen oder um richtig gedacht werden zu können, dürfe das Humane nicht von der »animalitas« her, sondern müsse hin zu seiner »humanitas« gedacht werden.[11] In seinem *Antwortschreiben zu Heideggers Brief* hat Peter Sloterdijk seine *Regeln für den Menschenpark*[12] formuliert und auf eine Leerstelle in der Heideggerschen Kritik am klassischen Humanismus verwiesen. Heidegger habe ein »ontologisches Urverhältnis« postuliert – die berühmte »Lichtung des Seins« als der Aufenthaltsort des Menschen – und dieses keiner weiteren Befragung mehr ausgesetzt. Sloterdijk hingegen will an diesem Urverhältnis rütteln, um die darin eingeschriebene »Sozialgeschichte der Berührbarkeit des Menschen durch die Seinsfrage und eine historische Bewegtheit im Aufklaffen der ontologischen Differenz«[13] sichtbar werden zu lassen. Dies führt ihn auch dazu, Lacans Irrtum in Bezug auf diese ontologische Differenz auf dieselbe Weise offen zu legen. Denn auch Lacan habe – wie Heidegger – ein Urverhältnis vorausgesetzt: Das Kleinkind vor dem Spiegel, das sich seinen Körper als ganzen, unversehrten halluziniert und dessen Wahrheit und Wirklichkeit von Anfang an und unausweichlich die Psychose ist.[14] Nach Sloterdijk ist jedoch von der Antike bis in die Gegenwart etwas ungedacht geblieben: die »Domestikation des Menschen«.[15] Und dieser sind wir heute radikaler denn je unterworfen. Stichworte wie *genetic engineering*, Stammzellenforschung, *artificial life* oder synthetische Produktion von Leben lassen sich hierfür anführen.

Zunächst geht Heideggers Kritik an der Metaphysik in eine durchaus ähnliche Richtung: Die hartnäckigste Übung der europäischen Metaphysik habe darin bestanden, wie er schreibt, den Menschen als »animal rationale« zu bestimmen, das durch Erziehung, (Aus)Bildung (durch den berühmt-berüchtigten Zivilisationsprozess) ein Plus an Kultur sich aneigne, um sich dadurch vom Tier unterscheiden zu lernen. Jedoch müsse von einer wesensmäßigen Differenz zwischen Tier und Mensch ausgegangen werden, denn der Mensch habe Welt und sei in der Welt, während Pflanzen und Tiere in ihrer jeweiligen Umwelt einfach lebten. Dieses »Welt-Haben« und »In-der-Welt-Sein« sei über die Sprache organisiert, die der Mensch nicht im Sinne eines Verständigungs- oder Kommunikationsmittels benutze, sondern in welcher der Mensch vielmehr existiere.

Von hier aus ist der Schritt zu Jacques Lacans linguistisch-strukturaler Umschrift der Freudschen Psychoanalyse sichtlich kein großer mehr.[16] Auch für Lacan wird das Subjekt zu einem der Sprache, zu einem Effekt der Signifikantenbewegungen (der flottierenden Signifikanten). Während Heidegger das »Denken des Menschen« hin zur *humanitas* einklagt und eine wesensmäßige Differenz einfordert, hat Giorgio Agamben in *Homo Sacer*[17] die Geschichte des immer schon gedoppelten Lebens dieses Menschen dargelegt, nämlich ein Wesen aus »zoë« und »bios« zu sein. Als Mensch einfach am Leben teilzuhaben (wie Tiere auch) und gleichzeitig einer spezifischen Gruppe von Lebewesen anzugehören, die dieses Leben *(bios)* definieren, reglementieren und überwachen. Was mit Heidegger zu einem philosophischen Bruch führt, nämlich das Wesen und sein je Partikulares zu denken, hat Agamben als einen historischen Bogen gespannt, um zu zeigen, wie das Paar *zoë* – *bios* die abendländische Geschichte durchzieht. Im 20. Jahrhundert kulminiert diese in den Konzentrationslagern, wo sich das »nackte Leben« einer »souveränen Macht« gegenübersieht, die über es befindet. Für seine Analyse bezieht sich Agamben auf Michel Foucaults dreibändige Geschichte von *Sexualität und Wahrheit*, worin dieser die Macht und ihre Erscheinungsformen aufgezeigt hat. Im ersten Band, *Der Wille zum Wissen*,[18] zeigt Foucault, wie die Staatsmacht und ihre Institutionen – Familie, Religion, Schule, Militär usw. – ab der zweiten Hälfte des 18. Jahrhunderts immer stärker in die individuelle und körperliche Sphäre, in die Biosphäre, intervenieren, wodurch sich öffentliche und private Machtterrains transformieren. Um zu begreifen, wie aus einem Individuum ein Subjekt gemacht wird bzw. wie dieses sich zu einem solchen macht, hat Foucault neben dem Begriff der Selbsttechnologien jenen der Bio-Macht eingeführt, einer politischen Macht, die das Leben (des Einzelnen, der Bevölkerung) bestimmt, reguliert, domestiziert. Nicht als Verbot und Bestrafung, sondern in der hedonistisch gefärbten Aufforderung zum Genießen.[19]

Agamben kritisiert Foucault nun dahingehend, dass dieser seinen Machtbegriff nicht radikal genug ins 20. Jahrhundert übertragen und das Paradigma dieses Jahrhunderts – die Konzentrationslager – mit seiner Biopolitik in Verbindung gesetzt hätte. Das »nackte Leben«, gleichzeitig das »heilige Leben«, ist der Begriff, den Agamben nun einführt, um die radikalisierte oder totalitäre Biopolitik im Nationalsozialismus zu fassen. Anhand der Protokolle der *Nürnberger Prozesse*, die auch die medizinischen Versuche verhandeln, demonstriert Agamben die zynische Verquickung von Bio- und Thanatopolitik. Ähnlich Slavoj Žižeks Argumentation, dass das der Demokratie innewohnende Moment, ihre »obszöne Unterseite«,[20] gleichzeitig für diese konstitutiv sei, führt Agamben aus, wie sehr das »nackte Leben« der Politik eingeschrieben sei bzw. wie Politik und Leben sich immer verschränken. Heute lässt sich diese Verschränkung an der Gen- und Euthanasiedebatte sowie an der Diskussion über aktive Sterbehilfe und Embryonenforschung ablesen. Dennoch geht es nicht nur darum zu sehen, wie sehr sich Politik ins Leben einmischt, sondern vielmehr darum zu verstehen, wie sehr dieses Leben konstitutiver Kern jeder Politik ist.

Dies schließt wieder an Heidegger und seine Diskussion über das Wesen des Humanen an. Denn für Agamben stellt die Politik die fundamentale Struktur der abendländischen Metaphysik dar, insofern »sie die Schwelle besetzt, auf der sich die Verbindung zwischen Lebewesen und Sprache vollzieht. Die ›Politisierung‹ des nackten Lebens ist die Aufgabe schlechthin der Metaphysik, in der über die Menschheit und den lebenden Menschen entschieden wird; und wenn die Moderne diese Aufgabe annimmt, tut sie nichts anderes, als der wesentlichen Struktur der metaphysischen Tradition ihre Treue zu bekunden. Das fundamentale Kategorienpaar der abendländischen Politik ist nicht jene Freund/Feind-Unterscheidung, sondern diejenige von nacktem Leben/politischer Existenz, *zoë/bios*, Ausschluß/Einschluß. Politik gibt es deshalb, weil der Mensch das Lebewesen ist, das in der Sprache das nackte Leben von sich abtrennt und sich entgegensetzt und zugleich in einer einschließenden Ausschließung die Beziehung zu ihm aufrechterhält.«[21]

Heideggers Fassung des Humanen, dass der Mensch kein zivilisiertes Tier, sondern ein Wesen in und durch die Sprache ist, bildet demnach den Kern einer Biopolitik, die den Menschen in nacktes und politisches Leben unterteilt, die Existenz zusichert und verwehrt. Wenn diese Fassung des Humanen jedoch porös zu werden droht, wenn andere Bestimmungen, Definitionen, wissenschaftliche Objektivationen eine geänderte Sicht auf das Leben unterstützen und favorisieren, beispielsweise die genetische Informationstheorie, die die Stellung des Biowesens Mensch auf der Skala des Lebens neu zu verorten beginnt, stellt sich die Frage nach dem Wesen des Humanen neu bzw. muss das Begehren unter die Lupe genommen werden, welches auf seine Neu-Formulierung drängt.

Michel Foucault spricht am Ende der *Ordnung der Dinge* nicht nur davon, dass der Mensch als Problemstellung verschwinden könnte, er spricht auch eine Warnung aus, die das spezifische Wesen derjenigen Wissenschaften, die sich mit diesem Menschen beschäftigen, der Humanwissenschaften nämlich, betrifft. Ihnen ist nämlich, wie Foucault meint, ein Drängen in Richtung immer größerer Transparenz und Enthüllung eigen. »Am Horizont jeder Humanwissenschaft gibt es den Plan«, wie er schreibt, »das Bewußtsein des Menschen auf seine realen Bedingungen zurückzuführen, es auf die Inhalte und Formen zurückzubringen, die es haben entstehen lassen und die sich in ihm verbergen.«[22] Das Problem des Unbewussten ist deshalb kein immanentes Thema der Humanwissenschaften, sondern vielmehr »ein Problem, das […] ihrer Existenz koextensiv ist. Eine transzendentale Überhöhung, die in eine Entschleierung des Nichtbewußten umgekehrt ist, ist konstitutiv für alle Wissenschaften vom Menschen.«[23]

Vor gut einem Vierteljahrhundert hat die Figur des Cyborgs diese Humanwissenschaften erstmals irritiert. Diese war von Donna Haraway u.a. mit der Absicht eingeführt worden, die bestehende Trennung zwischen Natur- und Humanwissenschaften aufzubrechen bzw. ihre Nonfunktionalität angesichts politischer und technischer Entwicklungen darzulegen. Mit der Figur des Cyborg sollte nicht nur eine mögliche posthumane Entwicklung angedeutet, sondern prinzipiell der Status des Humanen angegriffen werden. Heute steht weniger die Angst vor einer Maschinisierung dieses Humanen im Vordergrund (wie noch zu Beginn der Debatte um Cyborgs und andere Replikanten) als generell seine Position im Bereich des »Lebens«.

»Rimbauds Vorahnung«, schreibt Paul Rabinow, »dass der Mensch der Zukunft ›mit Tieren beladen *(chargé)*‹ sein werde, scheint sich heute zu bewahrheiten.«[24] Wir stehen heute, so Rabinow weiter, vor einer Umformulierung von Natur und Kultur, bei der die Kategorie des Sozialen möglicherweise auf der Strecke bleiben wird. Dieses Zukunftsszenario soll nicht Angst einflößend klingen, sondern wird von Rabinow anhand seiner Untersuchungen über postmoderne gesellschaftliche Strukturen und Formationen ganz nüchtern belegt: »In der Zukunft wird die neue Genetik [...] keine biologische Metapher der modernen Gesellschaft mehr sein, sondern sich stattdessen in ein Zirkulations-Netzwerk von Identitätsbegriffen und Restriktionsstellen verwandeln, durch das eine neue Gestalt von Autopoiesis entstehen wird, die ich ›Biosozialität‹ nenne.«[25] Im Unterschied zu Donna Haraway, die im *Manifest für Cyborgs*[26] eine kategorische Zweiteilung zwischen der modernen Disziplinargesellschaft von gestern und Deleuzes »Kontrollgesellschaft« von heute setzt, plädiert Rabinow für eine Analyse der aktuellen Verschiebungen und ihrer Überlagerungen.

ZUM AUSZUG AUS DEM HAUS DER SPRACHE – KYBERNETIK, CULTURAL STUDIES, CYBERSPACE

»Wir denken die Sprache gewöhnlich aus der Entsprechung zum Wesen des Menschen, insofern dieses als animal rationale, das heißt als die Einheit von Leib-Seele-Geist vorgestellt wird. Doch wie in der Humanitas des homo animalis die Ek-sistenz und durch diese der Bezug der Wahrheit des Seins zum Menschen verhüllt bleibt, so verdeckt die metaphysisch-animalische Auslegung der Sprache deren seinsgeschichtliches Wesen. Diesem gemäß ist die Sprache das vom Sein ereignete und aus ihm durchfügte Haus des Seins. Daher gilt es, das Wesen der Sprache aus der Entsprechung zum Sein, und zwar als diese Entsprechung, das ist als Behausung des Menschenwesens zu denken.«[27]

Die Sprache oder, wie es bei Lacan heißen wird, die symbolische Ordnung ist die eigentliche Behausung des Menschen, und gleichzeitig ist sie jenes berühmte »Gefängnis«, als das Nietzsche sie apostrophiert hat. In Heideggers sprachlich gefasstem »Haus des Seins« wird eine unüberbrückbare Entfremdung oder Gespaltenheit des Subjekt eingebaut. Hatte Ferdinand de Saussure in seiner Einführung zur Strukturalen Linguistik[28] aus dem Jahre 1916 noch eine natürliche Verbindung zwischen den Worten und ihren Benutzern bestehen lassen, wird sich die Beziehung zwischen sprechendem Subjekt und der Sprache als einem System semantisch-performativer Dimensionen in drei Richtungen ausdifferenzieren.

Zum einen mündet sie in die Sprechakttheorie von John Austin und John Searle (und wird im »doing gender« von Judith Butler[29] und im »performativen turn« Anfang der neunziger Jahre eine Renaissance erfahren). Die zweite Entwicklung ist die kybernetische Auffassung von Sprache als Übertragung von Information (Sprache ist ein Code); und schließlich wird Lacans linguistisch-strukturale Umschrift der Psychoanalyse zeitgleich zur Kybernetik die Heideggersche Variante wieder stark machen, die die Sprache als das begreift, was dem Subjekt immer voraus-geht und ihm deshalb notwendigerweise ent-geht.

Die Heimatlosigkeit des Menschen wäre also doppelt zu verstehen, als Heimatlosigkeit im Gefüge des Denkens und der Politik und als Ortlosigkeit, oder gegebenenfalls nur als Zwischen-Ort in Bezug auf sein Menschsein. Die Erfindung des Menschen, von der Foucault in der *Ordnung der Dinge* gesprochen hat, bringt neue Probleme mit sich bzw. wirft die Frage auf, wie kann man diesen Menschen denken, wo seinen Ort annehmen und wie seine Wahrheit konzipieren? Bei Slavoj Žižek heißt es: »[M]oderne Subjektivität erscheint, wenn sich das Subjekt als ›aus den Fugen‹ erfährt, als *ausgeschlossen* aus der ›Ordnung der Dinge‹, aus der positiven Ordnung der Entitäten.«[30] Dies steht sozusagen am Beginn einer Geschichte, die in der Mitte des 20. Jahrhunderts ihrem Ende zuzugehen scheint. Foucault spricht ja selbst von der Lücke oder Leere, in der das Denken des Menschen nur noch möglich sein wird. Der Abgesang auf dieses Ende ist nun allerdings ein mehrstimmiger, und es ist in erster Linie ein französischer Gesang, der laut zu vernehmen ist. Jean-François Lyotard[31] ist hierbei eine der Hauptstimmen, die das Ende der Meistererzählungen verkündet. Dass dieses Lied vom Ende gleichzeitig eines ist, das etwas Neues im Auge hat, wird spätestens dann klar, wenn man sich die gesellschaftspolitischen Verhältnisse in Erinnerung ruft, die es begleiten: Studenten- und feministische Bewegung, Vietnamkrieg, Ölkrise, Friedensbewegung.

Die Absage an die großen Denk- und Polit-Lehren, die eine lange Epoche begleitet und gestützt haben, ist also schon länger in Vorbereitung gewesen. Nach Auschwitz seien keine Gedichte mehr möglich, hatte Adorno formuliert, doch nach Auschwitz war vor allem das »Denken des Menschen« als *animal rationale* an seine Grenzen gestoßen. Grenzen, die Giorgio Agamben im Gerüst der Demokratie offen legt, in das ihre undemokratischen Potenziale eingeschrieben sind, Grenzen, die Ernesto Laclau mit dem notwendig totalitären Kern jedes demokratischen Systems benannt hat.[32]

Mit der sprachlichen Behausung des Menschen, wie es Heidegger formuliert, tritt ein Denken zutage, welches das Humane als eigene Kategorie anerkennt, zugleich jedoch ent-eignet. Diese Sprache *hat* der Mensch, gleich seinem Körper, nicht. Der Streit darüber wird insbesondere die zweite Hälfte des 20. Jahrhunderts prägen: Wer spricht, wenn *es* spricht? Bis in die Ausläufer der neunziger Jahre wird die Beantwortung dieser Frage hin- und hergeschoben, aufgeschoben. Der Satz von Judith Butler, dass es sich beim »doing gender« um ein Tun handle, dem kein intentional handelndes Subjekt voraus-gehe, kann hierfür exemplarisch zitiert werden. Ihr Versuch, Psychoanalyse und Sprechakttheorie miteinander in Beziehung zu setzen, um darüber nochmals einen anderen Begriff von Konstruktion zu erhalten, der auch der materiellen Seite des Handelns Rechnung tragen soll, produziert Anfang der neunziger Jahre in den Reihen feministischer Theoretikerinnen große Aufregung. Doch diese wird sehr bald vom digitalen (und etwas später vom performativen) Hype geschluckt. Ab dann handeln nämlich alle und alles.[33]

Doch auch der digitale Hype hat eine längere Vorgeschichte, die sich bis in die Anfänge von Informationstheorie und Kybernetik in den vierziger Jahren in den USA zurückdatieren lässt. Damals wurden – zeitgleich mit Heideggers *Brief*, parallel zu Lacans linguistisch-strukturaler *Rückkehr zu Freud* – die ersten Schritte unternommen, das Sprachliche des Humanen nicht auszublenden, sondern einzuordnen in ein Regel-Netzwerk, dem Mensch und Maschine gleichermaßen gehorchen.[34] Dass die Kybernetik eines Norbert Wiener auf die sozial- und geisteswissenschaftlichen Disziplinen große Attraktion ausübte, ist ein Gemeinplatz. War es doch das erklärte Ziel der Kybernetik, zu einer Universaltheorie für Mensch, Technik und Gesellschaft zu werden. Daher ist es wenig erstaunlich, dass Psychologen und Therapeuten sich als systemische etablieren, da sie sehr früh – über Gregory Bateson, Margaret Mead u.a. – mit der Kybernetik und ihren basalen Begrifflichkeiten wie Rückkoppelung, Metakommunikation, Autopoiesis usw. in Berührung kommen.[35] Einer der wohl populärsten im deutschsprachigen Raum war Paul Watzlawick, der mit seinen pseudowissenschaftlichen Anleitungen (z.B. *zum Unglücklichsein*[36]) großen Einfluss auf Kommunikationstheorie und -therapie im deutschsprachigen Raum ausgeübt hat. Im nächsten Kapitel werde ich ausführen, wie die kybernetische Selbstregulierung in der Affekttheorie von Silvan Tomkins, der heute in den angloamerikanischen Kultur- und Medientheorien große Beachtung erfährt, Eingang findet, um einen systemischen Affektbegriff gegen den Freudschen Triebbegriff zu installieren.

Doch nochmals zurück zur Frage, wie das Verhältnis von Sprechendem und Sprache diskutiert worden ist bzw. welche Begrifflichkeiten eingeführt wurden, um entweder der Dimension des unbewussten oder des intentionalen Sprechens den Vorrang zuzusprechen. So haben beispielsweise Derrida und Searle anhand der Begriffe der Iteration und der Artikulation ihre jeweils unterschiedlichen Standpunkte erläutert. Unter Artikulation wird dabei die Verräumlichung der zeitlichen Struktur der Sprache sowie die Verzeitlichung des Sprachraums begriffen, also all die Differenzen, die die Sprache/das Sprechen auszeichnet (wie Pausen, Stottern, Kichern etc.). Die Iteration hingegen bezeichnet das Moment der Wiederholung, das Moment des Zu-Sich-Kommens und des Bei-Sich-Seins. Während für Derrida jedoch die Wiederholung nie identisch ist, da jede Wiederholung immer auch eine Veränderung aufnimmt, ist sie für Searle genau das Moment, das eine Identität markiert oder zulässt – sie ist für ihn das eigentliche

Moment der sprachlichen Bedeutung, die zur Intentionalität des Sprechenden führt.[37] Diesen Punkt hat Derrida nie akzeptiert, sondern stets darauf bestanden, dass die Sprache primär in ihrer wiederholten und wiederholbaren Äußerung besteht, wodurch es zur ständigen Verschiebung des sich artikulierenden Subjekts kommt, wodurch dieses, das Subjekt immer bereits ein artikuliertes ist.[38] John Austin war in seiner Unterscheidung der unterschiedlichen Kategorien immer vom *normal use* der Sprache ausgegangen und hatte hierfür alles Theatralische, Spielerische als parasitär ausgeklammert. Doch gerade das ist es, was Sprache für Derrida ausmacht – wie auch für Freud und Lacan.

In die politische und medientheoretische Diskussion übertragen, haben die beiden Begriffe nochmals je andere Bedeutung erhalten. In gewisser Weise werden dort Iteration und Artikulation zusammengeführt, denn die Artikulation bezeichnet nun ein Moment der Schließung, eine semantische, temporäre Festlegung von Bedeutung. Dabei handelt es sich um einen Begriff, der seine Wurzeln sowohl in der Sprachwissenschaft als auch in den neomarxistischen Kulturtheorien der siebziger Jahre hat.[39] Mit »Artikulation« wird eine Identität bezeichnet, die sich auf Differenzen aufbaut, die gleichzeitig jedoch ausgeblendet werden (müssen), um eben diese Identität – zumindest temporär – aufrecht zu erhalten. Mit diesem Begriff, den insbesondere Ernesto Laclau in das Feld des Politischen eingeführt hat, wird das Moment der Behausung erweitert bzw. die Sprache als symbolische Ordnung und ihre Struktur als universale angelegt. Laclau fasst im Sinne Derridas die Gesamtheit der gesellschaftlichen Verhältnisse als notwendigerweise offenes System, in dem die Bedeutungen fließen und ausfransen. Identitäten funktionieren demnach immer über die Achsen Antagonismus und Ausschluss. Nur die andauernde Festlegung diskursiver Knotenpunkte lässt die differentielle Realität zur Ruhe kommen und ermöglicht es, sie partiell als »eindeutig« zu fixieren.[40]

Im Zentrum der *Cultural Studies* steht die Frage nach der Produktion von Bedeutung in symbolisch-medialen offenen Systemen. Einer ihrer Hauptrepräsentanten, Stuart Hall, führt die Praxis der Artikulation in die Theorie der Cultural Studies ein, um mit diesem Begriff die Konstruktion von Knotenpunkten zu erklären, wodurch die Menschen in die Lage versetzt werden, ihre historische Situation zu verstehen, ihre Situation als sinnvoll zu erleben. Hall begreift Artikulation daher als »the form of the connection that can make a unity of two different elements, under certain conditions«.[41] Das heißt, in der Artikulation verbindet sich Kontingentes, um im Moment der Schließung »Sinn zu machen«. Die Bezeichnung des Kontingenten greift Ernesto Laclaus Definition von Willkürlichkeit *(contingency)* auf, um das Symptomatische der Verbindung von sozialen Kräften und ideologischen Manifestationen zu benennen. Laclau hat deutlich gemacht, dass das Willkürliche, Zufällige, Nichtzwingende in dieser Verbindung nicht nur immer mit enthalten ist, sondern konstitutiven Anteil daran hat. Doch dies müsse, um ein politisches und psychisches System aufrechtzuerhalten, notwendigerweise verdrängt, ersetzt, zugedeckt oder fetischisiert werden. Dieser Aspekt ist in den *Cultural Studies* nie wirklich zum Tragen gekommen bzw. wurde zunehmend ausgeklammert (wie die Psychoanalyse insgesamt innerhalb der *Cultural Studies* immer mehr an Bedeutung verloren hat). Durch ihre Fokussierung auf die Produktion von Bedeutung haben die *Cultural Studies* jedoch jenes Moment aus dem Blick verloren, das sowohl für Lacan als auch für Laclau basal ist, nämlich Bilder, Narrationen, Diskurse in ihrer Funktion als Fassade zu verstehen, welche die Sinnlosigkeit des Subjekts verbergen. Doch genau dieses Moment, dass das Subjekt nicht vollständig (be)greifbar ist, ist in den letzten Jahren immer lauter als Vorwurf gegen die postmodernen/poststrukturalistischen Theorien formuliert worden. Diese Theorien hätten, so lautet die Kritik, dem posthumanen Denken den Weg geebnet, da sie den Kern des Subjekts immer als ausgehöhlten definierten. Heute müsse man mit ansehen, wie die gesamte Fassung des Humanen verloren geht. So bezichtigt Stanley Aronowitz z.B. Jacques Lacan, Louis Althusser und Michel Foucault, die Cyborg-Figur von Donna Haraway längst vorweggenommen zu haben. Die Genannten hätten nämlich ein Subjekt propagiert, dessen Seele immer nur Fiktion gewesen sei. Sie hätten damit einer Denkweise die Türe geöffnet, die heute im Begriff einer »terminal identity« ihren vorläufigen Kulminationspunkt erreicht hat. Der Mensch ist zur bloßen Hülle eines computergesteuerten Systems verkommen.[42] Doch die Zahl jener, die das Abdanken dieses ungeliebten Subjekts euphorisch begrüßen, ist bei weitem größer und in ihren Kundgebungen lauter. So klärt uns etwa Sherry Turkle bereits in ihrem Buch *The Second Self*[43] und vor allem in *Leben im Netz* darüber auf, wie glücklich wir uns schätzen könnten, durch die digitale Kommunikationsrevolution endlich von diesen theoretischen Altlasten befreit worden zu sein. »So begegne ich«, schreibt sie, »den Ideen von Lacan, Foucault, Deleuze and Guattari, zwanzig Jahre nachdem ich erstmals mit ihnen Bekanntschaft gemacht habe, erneut in meinem neuen Leben am Bildschirm. Doch diesmal sind die gallischen Abstraktionen viel konkreter. In meinen rechnervermittelten Welten *ist* das Selbst, das durch die netzvermittelten Interaktionen konstituiert wird, multipel und in ständigem Wandel begriffen.«[44] Hier tritt uns ein Verständnis von Sprache entgegen, in dem diese sich im digitalen Datenmeer materialisiert. Das fragmentierte Subjekt, von dem die Psychoanalyse sowie die Kultur- und Politiktheorien ausgegangen sind, ist zu einem Figurenspiel geworden, zu einer Frage von *buttons*, die die jeweiligen Seinsweisen im Netz generieren. In Turkles Analyse ist alles eins zu eins gesetzt: Theorie und Netzpraxis, Kommunikation und Erfahrung, Rollenspiel und *doing gender*, Bewusstsein und Unbewusstes.[45] Lacan hatte ja den Vergleich aufgestellt, dass das Unbewusste wie eine Sprache strukturiert, dass seine Arbeit über das Funktionieren der Sprache vorstellbar ist. Sein und Subjekt sind jedoch radikal durch die Sprache getrennt. Wo *es* spricht, ist das Subjekt nicht, und wo *es* ist, da spricht/denkt es nicht, wie es bei Lacan heißt: »Wenn wir das Sein wählen, schwindet das Subjekt, es entwischt uns, fällt in den Nicht-Sinn – wenn wir den Sinn wählen, besteht der Sinn allein fort, verkürzt um jenen Teil Nicht-Sinns, der, eigentlich gesprochen, das Unbewußte bei der Subjektrealisierung konstituiert. Anders gesprochen, es liegt in der Natur des Sinns, so wie er auf dem Feld des Andern entsteht, daß er zu einem beträchtlichen Feldteil eklipsiert wird durch das Verschwinden des Seins, wie es die Funktion des Signifikanten eben induziert.«[46]

Es gibt jedoch noch eine andere Form der Überlappung von kybernetischen Maschinen und einem »Maschinischen« des Subjekts. Insbesondere die Werdens- oder Immanenzphilosophie von Gilles Deleuze hat einen spezifischen Begriff des Maschinischen vorgestellt. Deleuze hat gemeinsam mit Félix Guattari im *Anti-Ödipus*[47] und in den *Tausend Plateaus*[48] gegen eine Subjektfassung angeschrieben, die dieses in Vernunft, Sinn, Bewusstsein, Kultur, Politik rahmt. Sie plädieren auch gegen eine psychoanalytische Fassung des Subjekts, die dieses als ödipales und über den Mangel Begehrendes begreift. Stattdessen machen sie sich für ein durchkreuztes, »organ(isations)loses«[49] Subjekt stark, das von unterschiedlichen Modi der Unterwerfung und intensiven Begehrenslinien durchkreuzt wird. In diesem Kontext sprechen sie von »Unterwerfungs- und Unterjochungsmaschinen«, die mithilfe unterschiedlicher Strategien ihre jeweiligen Subjekte produzieren. Während in archaischen Staaten die maschinelle Unterjochung Menschen zu Maschinen-Teilen gemacht habe, würden die Menschen heute, im Kapitalismus, den Maschinen unterworfen, um zu Subjekten im Hinblick auf einen Staat, eine Nation, ein Unternehmen gemacht zu werden. Die technischen Maschinen haben dabei im Prozess zur immer stärkeren Unterwerfung eine maßgebliche Rolle gespielt. Der moderne Staat hat, so Deleuze und Guattari, sich der technischen Maschinen bedient und die maschinelle Unterjochung durch die gesellschaftliche Unterwerfung ersetzt. »Der Kapitalismus entsteht als weltweites Subjektivierungsunternehmen.«[50] Doch mit den neuen technischen Maschinen der Kybernetik und Informatik dreht sich alles wieder um. Das alte Regime der Unterjochung wird in den Augen von Deleuze und Guattari wieder hergestellt: »rückläufige und umkehrbare ›Menschen-Maschinen-Systeme‹ ersetzen die alten, nicht rückläufigen und nicht umkehrbaren Beziehungen zwischen den beiden Teilen.«[51] Diese alte-neue Unterjochung funktioniert über Normierung, Modellierung und Information, und sie funktioniert über »Sprache, Wahrnehmung, Begehren, Bewegung«.[52] Für Deleuze und Guattari sind im Spätkapitalismus Unterwerfung und Unterjochung zwei auf die Spitze getriebene Produktionsformen von Subjekten, deren Verbindung mit den technischen Maschinen eine Art ergonomische Intensität erreicht hat.[53] Doch Deleuze und Guattari haben Unterwerfung und Unterjochung nie als statische und totale begriffen, sondern sind den Fluchtlinien nachgegangen, die diesen entgehen und damit auch das Subjekt aus seinem molaren Zustand immer wieder hinauskippen, um über molekulare Kompositionen »anders, anderes zu werden«. Auch die Sprache spielt hierbei eine gedoppelte Rolle. Zum einen organisiert sie über Befehle und Kennworte, zum anderen ist sie minoritär und bricht die Achsen von Benutzung und Bedeutung. Hier formulieren die beiden auch deutlich, dass der Begriff der Repräsentation, der Information sowie der Kommunikation für das Gefüge der Sprache nicht ausreicht.[54]

Die Vorausahnung Foucaults, dass das 21. Jahrhundert möglicherweise ein Deleuzesches Jahrhundert werden könnte, scheint nicht ganz unberechtigt, wenn man heute die flächendeckende Begeisterung für Deleuze, Spinoza und Bergson in den verschiedenen Disziplinen beobachtet. Allerdings führt diese Begeisterung, wie hier immer wieder deutlich werden wird, oft auch zu missverständlichen Übernahmen und Auslegungen.

DENKEN MASCHINEN?

»Wenn wir sagen: ›Die Maschine denkt‹, verleitet uns das leicht zu dem Glauben, wir wüßten wie wir selber denken – nur weil wir wissen, wie die Maschine ›denkt‹. Syntaktisch liegt der Unterschied jedoch klar auf der Hand, denn wenn die Maschine ›denkt‹, tut sie dies in Anführungszeichen: Anführungszeichen denken Abführungszeichen. Außer dem Namen haben die Funktionen ›denken‹ und ›denken‹ nichts gemein!«[55]

Artificial Intelligence, Konstruktivismus und Kognitionswissenschaft sind Strömungen, die sich aus und mit der Kybernetik entwickelt haben. Im Folgenden wird es darum gehen, spezifische Parameter dieser Entwicklungen anzuführen, die ein posthumanes Denken, die posthumane Kondition als erstrebenswert, als Befreiung und endgültige Absage an den modernen Menschen postulieren.

In Stanislaw Lems *Golem*[56] erklärt der Protagonist seinem Auditorium, dass er etwas nicht habe, was die Menschen haben, nämlich Emotionen. Dies sei allerdings alles andere als ein Mangel, vielmehr sei sein Leben – emotions- und leidenschaftslos – besser als das ewige Auf und Ab, dem die Menschen zeitlebens unterworfen sind. Emotionen werden als etwas zutiefst Menschliches verstanden, was sich durchaus in großer Übereinstimmung mit dem gegenwärtigen Trend befindet, Affekte und Emotionen als Adaptionsqualifikationen für die Umwelt zu definieren. Auch Jod, die Figur des Cyborg aus dem Roman *Er, Sie und Es*[57] von Marge Piercy, verliert in dem Moment, wo sie von Gefühlen übermannt wird, an maschineller-elektronischer Überzeugung. Das heißt, Maschinen werden in dem Moment dem Menschen ähnlicher, wenn sie zu fühlen beginnen, wenn sie Hass, Ärger und Sehnsucht erleben. Eine Maschine, die wie ELIZA, der erste Computertherapeut, redet, war deshalb wenig überzeugend, da sie nur über eine informationstheoretisch gespeiste Sprache verfügte: Wiederholung, Reduktion von

Redundanz, Eliminierung von Störung. Inzwischen sind die Rechner nicht nur menschlicher in ihrem Aussehen geworden, auch ihre Interaktionen werden immer stärker menschlicher Mimik und Gestik angeglichen.[58]

Wenn Deleuze und Guattari die Maschinen der Kybernetik als neue Unterwerfungsmaschinen bezeichnet haben, dann u.a. auch deshalb, weil der menschliche Organismus durch sie auf neue Weise in den technischen Verbund integriert wird. Deshalb ist es auch nachvollziehbar, dass die Kybernetik an der Erforschung dieses menschlichen Organismus insgesamt interessiert war und neben der Sprache, der Bewegung des menschlichen Körpers vor allem auch die Wahrnehmungsfunktion desselben im Zentrum ihrer Fragestellungen steht/stand. Die Frage lautet, wie das Auge als Instrument, Werkzeug, Maschine die Realität wahrnimmt und diese in ein sinnvolles, bedeutsames Bild übersetzt. Die von der Sprechakttheorie als dritte Dimension der Sprache ins Spiel gebrachte Performanz wurde lange Zeit in der kybernetischen Forschung ignoriert. Zwar wurde das Phänomen »Aufmerksamkeit« untersucht, jedoch ohne die subjektive Dimension der jeweiligen Kommunikationspartner tatsächlich miteinzubeziehen. Wie nimmt jemand einen anderen wahr, welchen Effekt hat dies auf seine Situation, welche Aktionen entspringen hieraus und führen wozu?

In der Geschichte der Kybernetik spielt die Macy-Conferences-Gruppe, der Bateson, Mead, Kubie, McCulloch, von Foerster, Shannon u.a. angehörten, eine prominente Rolle. Dies gilt auch für die hier diskutierten Momente von Sprache, Information, Subjektivität und Unbewusstem. Der britische Kybernetiker Donald MacKay etwa unternahm mit seinem Modell den Versuch, Subjektivität als Variable einzuführen: »[S]ubjectivity, far from being a morass to be avoided, is precisely what enables information and meaning to be connected.«[59] Mark Hansen verweist in seiner *New Philosophy for New Media* auf denselben Umstand und unterstreicht, wie die Entwicklung dieser Gruppe auch anders hätte verlaufen können, wenn andere ihren Einfluss stärker hätten geltend machen können. Denn letztlich wird sich Shannon mit seiner mathematischen Theorie der Kommunikation durchsetzen. Information ist nun zu einer quantifizierbaren, messbaren Größe geworden, die es gegen das Rauschen der Kanäle durchzusetzen gilt. Heute werde jedoch, wie Hansen betont, die andere Seite, die unterdrückte des Körpers, wieder entdeckt und vor allem hoch eingestuft.[60] Donald MacKay war zur Zeit der Macy-Konferenzen mit zwei Seiten des Kommunikationsprozesses beschäftigt: Mit der Produktion von Repräsentation sowie mit der Funktion dieser Repräsentation, also mit »selection« und »construction«. Selektion entspricht dabei dem formalen Verständnis von Shannons Informationsbegriff, während die Konstruktion auf den Kontext für diese Selektion verweist. Mit anderen Worten: »[W]hereas Shannon and Wiener define information in terms of what it *is*, MacKay defines it in terms of what it *does*.«[61] Das Shannon-Weaver Modell setzte Bedeutung mit Verhaltensänderung gleich, das MacKay-Modell, so Mark Hansen, bewahrte die Autonomie des Nichttechnischen.[62] Dieser nicht-technische Kontext, der die Selektion und damit Bedeutung von Information definiert, führt nun direkt zum Körper des Betrachters. Mithilfe von Bergsons »Subtraktionstheorie der Wahrnehmung« erhält man sodann ein verkörpertes Individuum als Zentralstelle für jede Informationsverarbeitung. »Da sind also die äußeren Bilder, alsdann mein Leib und endlich die Modifikationen, die mein Leib an den ihn umgebenden Bildern bewirkt. Ich verstehe die Art des Einflusses, den die äußeren Bilder auf das Bild, welches ich meinen Leib nenne, ausüben: sie übertragen Bewegung auf ihn. Ebenso verstehe ich den Einfluß meines Leibes auf die äußeren Bilder: er gibt ihnen Bewegung zurück. Mein Leib ist also in der Gesamtheit der materiellen Welt ein Bild, das sich wie die anderen Bilder betätigt; Bewegung aufnimmt und abgibt, mit dem einzigen Unterschied vielleicht, daß mein Leib bis zu einem gewissen Grade die Wahl zu haben scheint, in welcher Form er das Empfangene zurückgeben will.«[63]

Doch auch die Rolle von Emotionen als Feedback-Kraft wurde in der Gruppe diskutiert. Lawrence S. Kubie demonstrierte die vitale Funktion der Emotionen, indem er sie als einen »governor on a machine«[64] bezeichnete, die jeder Erfahrung eine psychologische Qualität hinzufügen. Das heißt, unbewusst oder bewusst werden auf diese Weise Erfahrungen negativ oder positiv verstärkt. Während die freudige Erregung und Begeisterung im Normalfall bewusst erlebt wird, operieren Zorn und Ärger eher unbewusst. Gleiches gilt für die Depression und die Furcht: Erstere geschieht bewusst, die zweite eher unbewusst. Furcht und Depression führen dazu, die Erfahrung, die mit ihnen verbunden ist, zukünftig zu vermeiden, hingegen stimulieren Begeisterung und Zorn die Wiederholung. Hier klingt bereits die Affektlehre von Silvan Tomkins an, die heute, wie angedeutet, einen neuen Boom zur Erforschung der Affekte, vor allem der Scham in den *Cultural Studies* ausgelöst hat. Tomkins hat sich in den sechziger Jahren auf die Kybernetik bezogen, um in Absetzung von Freuds Trieblehre seine Lehre der Affekte als (positive und negative) Verstärker zu erläutern.

Innerhalb der Macy-Gruppe wurde die Rolle der Emotionen im Kontext von Sprache und Neurosen diskutiert. Dabei tauchte die Frage nach der Existenz des Unbewussten auf. Kann es ein solches überhaupt geben? Kubie bejahte die Existenz eines Unbewussten, da es Dinge gäbe, die sich dem Wissen des Individuums entzögen. Heute sprechen Neurobiologen teilweise selbstverständlich von diesem Unbewussten und behaupten, Freuds Konzeption sei durchaus richtig gewesen. Für die Psychoanalyse (insbesondere in der Version von Lacan) wird das Unbewusste erst mit der Sprache quasi geboren. Erst die symbolische Ordnung produziert ihre unbewusste, andere Szene, der keine empirische Realität zukommt. Heute wird hingegen versucht, diese als biologische Realität an verschiedenen Stellen im Gehirn zu lokalisieren. Gregory Bateson stellte in dieser Diskussion vor fünfzig Jahren eine interessante Frage. Er fragte, ob die Unterscheidung bewusst – unbewusst mit der doppelten Codierung der Sprache zusammenhängen könne. Er konstatierte eine unbewusste Dimension, die der Sprache selbst anhafte, »that language is a double coding: both a statement about the outside and a statement about the inside: It is that doubleness which gives this conscious-unconscious quality to it.« Auf die weitere Frage, ob ein Symbolisierungsprozess stattfinden könne, ohne dass der Sprecher dies bewusst kontrolliert, meinte Kubie: »Yes, it is of the essence of neurosis that the process is symbolic and that the subject does not know what it is symbolizing.« Daraufhin fragte Teuber: »To whom?« und Heinz von Foerster antwortete: »To himself.«[65]

Interessant ist diese Frage nicht nur, weil hier noch von einer unbewussten Dimension der Sprache ausgegangen wird, sie ist auch interessant im Hinblick auf die weitere Entwicklung der Kommunikationstheorie von Gregory Bateson. Dieser ließ die Doppelung der Sprache bekanntlich in den Inhalts- und Beziehungsaspekt münden.[66] Klaffen die beiden auseinander *(double-bind)*, ist Kommunikation unmöglich. Das Individuum sieht sich vor einer unlösbaren Aufgabe und bricht – in der Psychose – zusammen. Warum ich dies hier anführe, hat folgenden Grund: Heute wird mit zunehmender Fokussierung auf Emotion und Affekt als basale Körpersprache dieser Beziehungsaspekt möglicherweise unter der Hand wieder belebt, um die emotionale Dimension bzw. die affektive Unterseite des semantischen Gehalts der Kommunikation zu unterstreichen. Der Beziehungsaspekt spielte bereits in der Theorie von Bateson diese unbewusste Rolle (als körperliche, nicht hundertprozentig kontrollierbare Dimension des Sprechers), doch heute lässt sich zeigen, dass das Affektive sich anschickt, diese Stelle einzunehmen.

Humberto Maturana und Francisco Varela, die sich später der Macy-Gruppe angeschlossen haben, trieben den Prozess der Entsprachlichung des Psychischen mit einer biologischen Definition weiter voran. In ihrer Bestimmung der Wahrnehmung als Informationsfluss und als biologisches Adaptionssystem verlieren sowohl der Kontext (der Selektion) als auch die doppelte Dimension der Sprache ihren Einfluss. Maturana demonstrierte am Beispiel des Froschauges, dass dieses nicht die Realität abbildet, sondern dass es vielmehr die Wirklichkeit nach seiner Struktur modelliert, um Realität zu sehen. Wahrnehmung wird nun biologisch und darüber hinaus als »autopoietisches« System definiert. In *Autopoiesis and Cognition*[67] haben Maturana und Varela diesen biologischen Wahrnehmungsapparat dargelegt, der als quasi geschlossenes System funktioniert, das nur seinen Gesetzen folgt und wenig beeinfluss- oder steuerbar durch die externe Welt ist. Das Außen gelangt allein durch Interaktionen in die Wahrnehmung: »living systems operate within the boundaries of an organization that closes in on itself and leaves the world on the outside«.[68] Heute wird das Bewusstsein selbstverständlich biologisch definiert und seine Funktion wird primär darin gesehen, die innere Präsenz, das Wissen des Organismus um sich, zu gewährleisten. Antti Revonsuo schreibt hierzu: »Consciousness matters. […] you exist only insofar as your subjective psychological reality exists. When it is wiped out for good, the world-for-you will be gone, and so will you.«[69] Revonsuo vertritt einen »biologischen Realismus«, der das subjektive Bewusstsein als reales Phänomen begreift anstatt es als Illusion oder intellektuellen Irrtum abzutun. Der biologische Realismus betrachtet Bewusstsein als ein Naturphänomen, das auf natürliche Weise erklärt werden kann, ohne dass auf mystische Dimensionen jenseits der Natur verwiesen werden muss. Bei den heutigen philosophischen Ansätzen sei jedoch erstaunlicherweise ein ausgesprochen antibiologischer Standpunkt auszumachen, der, wie der Autor schreibt, nur darauf zurückzuführen sei, dass die Philosophen den biologischen Realismus nicht kennen.[70] Als einzige Ausnahme nennt er John Searle, der sich ganz der Erforschung des Bewusstseins zugewandt hat. Searle, der mit Derrida noch über die Intentionalität der Sprache gestritten hatte, ist inzwischen ein lautstarker Verfechter der Gehirnforschung und ihrer Erfolge im Hinblick auf die Analyse des Bewusstseins geworden.[71] Seine Prognose, dass das Bewusstsein das Thema des 21. Jahrhunderts werden wird, hat sich längst bestätigt. Die Neurobiologie (und auch die Psychologie) sind mit Manifesten an die Öffentlichkeit getreten, in denen sie darlegen, dass die Zeit der in den letzten zweihundert Jahren gezogenen Schützengräben vorbei ist. Auch ohne heute schon genau sagen zu können, was dieses Bewusstsein ist, sollte es genügen, »daß wir es fühlen und an uns ständig erfahren«, wie Hubert Markl es formuliert: »Vielleicht ist Bewußtsein der ›überschaubare‹ Extrakt der Überfülle gespeicherter oder ständig eingehender Informationen, das uns überhaupt erst Handeln ermöglicht. Thomas Metzinger hat dies so ausgedrückt: ›conscious experience consists in the activation of a coherent and transparent world-model within a window of presence‹. Wozu aber sollte uns ein solches präsentes inneres Weltmodell dienen? Vielleicht ist die Frage falsch gestellt, denn es möchte wohl sein, daß ein Gehirn von solch gewaltiger Leistungskomplexität, wie es das menschliche ist, ganz automatisch ein solches Weltmodell […] beinhaltet. […] Was also tut ein Wesen mit einem solch kreativ-bewußten Schwellkopf, wie wir ihn nun einmal haben?«[72]

Wie ich noch ausführen werde, hat die Dimension des Bewusstseins eine lange und ambivalente Tradition (auch Freud sah sich gezwungen, ein »System im System«, seine »Spitze des Eisbergs« einzuführen). Wenn nun heute die Neurobiologie mit der Kognitionspsychologie um die Domäne des Gehirns kämpft und dabei der Philosophie vorwirft, das Leib-Seele-Problem nie gelöst zu haben, muss allerdings korrekterweise hinzugefügt werden, dass es auch jetzt noch nicht gelöst ist. Dennoch versichert die Gehirnforschung sehr medienwirksam, auf dem richtigen Weg zu sein und bald beweisen zu können, »daß die traditionelle Formulierung des Leib-Seele-Problems gar keinen Sinn hatte«.[73]

Ausgetragen wird dieser Streit besonders um das Thema der Willensfreiheit, wobei die Neurobiologie das Gehirn als Agent und die andere Seite das Bewusstsein einsetzt. Ich denke, dass das Thema falsch gewählt ist, denn beide Seiten verkennen oder ignorieren jene Dimension, die Freud als die stärkste im Menschen bezeichnet hat: das Unbewusste. Dieses war bereits in seinem *Entwurf* [74] kein Repertoire ausschließlich neuronaler Spannungsverläufe, sondern immer schon der Bereich von Über-setzungen, Über-sprüngen. Und genau daran beißt sich die Diskussion heute wieder fest: nämlich an der Frage, wie aus der Biologie des Gehirns das bewusste Erleben eines Individuums entsteht, wie sich aus der Wahrnehmung eine Realität abzeichnet, warum Menschen auf etwas oder jemanden auf spezifische Weise reagieren – oder auch, warum ein Baby lächelt, was schon die Mitglieder der *Macy*-Gruppe umgetrieben hat. Lächelt es, weil neuronale Vorgänge die Gesichtsmuskeln zu dieser Aktion anleiten, oder weil das Baby damit etwas artikulieren möchte? Jürgen Habermas ist in dieser Auseinandersetzung einer der Gegner der Gehirnforschung, der am freien Willen, an der bewussten Entscheidungsmöglichkeit des Einzelnen, festhält und damit nur nochmals bestätigt, was er bereits lange im Vorfeld seines Ansatzes eines kommunikativen Handelns, z.B. in *Erkenntnis und Interesse*[75] ausgearbeitet hat. Nach Habermas wird das Ich oder das Bewusstsein durch die Wiederholung, Durcharbeitung und Akzeptanz der verdrängten Anteile wieder »Herr im eigenen Haus«. Auch Alfred Lorenzer hat ähnlich argumentiert und die Kraft der Psychoanalyse darin gesehen, das Individuum durch seine anerkannten verdrängten Anteile freier zu machen.[76] Ich habe in meiner Dissertation über diese Verkennung, wie sie für die zweite Generation der Frankfurter Schule charakteristisch ist, gearbeitet. Dabei spielt die Nivellierung der Sprache eine Hauptrolle, die von Apel, Habermas und Lorenzer als Kommunikation definiert wird und nicht als Artikulation eines Anspruchs und eines Begehrens, das sich immer schon an den Anderen wendet bzw. von diesem ausgeht. Die gesamte deutschsprachige Kommunikationswissenschaft ist über Habermas jedoch nie wirklich hinausgelangt und hat die französische Phase der poststrukturalen Auseinandersetzung völlig ignoriert.

Die Geschichte der Analyse des menschlichen Wahrnehmungsapparats, die immer auch die Frage nach der Entstehung und Funktion des Bewusstseins mit eingeschlossen hat, weist seit Beginn des 19. Jahrhunderts in zwei Richtungen: Die eine verfolgt eine biologische Fundierung, die andere versucht Wahrnehmung und Bewusstsein auch als symbolische Leistung zu bestimmen. In den ersten Jahrzehnten des 19. Jahrhunderts gelingt dem deutschen Physiologen Johannes Müller der Nachweis, dass die Wahrnehmung etwas völlig Subjektives ist, weil der Körper die Basis für diese Wahrnehmung bildet. Darüber hinaus bezeichnet dieser das Verhältnis von Signal (Stimulus) und Reaktion (Sensation) als arbiträr, als eine nicht notwendig kausale Kette.[77] Am Ende desselben Jahrhunderts wird Sigmund Freud seinen »psychischen Wahrnehmungsapparat« vorstellen, den er zunächst mit Hilfe optischer Instrumente beschreibt, um ihn dann jedoch umso radikaler an die Dimension des Unbewussten zu knüpfen. Wie ein Fotoapparat zeichnet der Mensch in diesem Modell die Außenwelt auf, um sie in tieferen Schichten zu entwickeln und zu archivieren. Freud hat den Vergleich mit der Optik bekanntlich bald wieder aufgegeben und sich auf die »Spuren der Erinnerung« konzentriert. Zur gleichen Zeit entwickelt Henri Bergson seine Lehre von *Materie und Gedächtnis*, worin er dem Körper eine fundamentale Rolle zuweist. Der affektive Körper bildet das Zentrum der Wahrnehmungs- und Erinnerungsvorgänge. Heute ist die Theorie Bergsons, nach ihrer Wiederentdeckung durch Gilles Deleuze, besonders in der Diskussion zu den digitalen künstlerischen Projekten anzutreffen.

DIE DURCHQUERUNG DES SUBJEKTS

Eine der Protagonistinnen des Cyberfeminismus, Donna Haraway, hat Anfang der achtziger Jahre die Figur der Cyborg[78] als Denkfigur in den Wissenschaftsdiskurs eingeführt, um sich mit dieser von einer Denktradition zu verabschieden, in der das Subjekt in ihren Augen − zwar als struktureller Effekt der symbolischen Ordnung gefasst − immer noch eine »quasi-transzendentale« Dimension aufweist.[79] Dieses Quasi-Transzendentale, das auf dem Moment der Selbstbezüglichkeit des Humanen beruht, dieses Selbst jedoch als Nicht-Identisches apostrophiert, wird von Haraway und anderen vor allem mit Verweis auf Gilles Deleuze vom Tisch gewischt.[80] Deleuze, der den Immanenzbegriff der Philosophie Baruch Spinozas wiederbelebt hat, verweigert sich dem Transzendenten als Metaphysischem und versucht auf diese Weise, der Dichotomie von Geist und Materie zu entgehen. Doch auch für das Deleuzesche Subjekt ist ein ahumaner Part konstitutives Moment. Es ist nicht ein posthumaner, sondern ein unbewusster Teil, der dem Subjekt entzogen ist. Denn die Fluchtlinien, die Deleuze und Guattari entwickeln, um Kräfte zu benennen, die immer schon die Limitation des Individuums übersteigen, sowie ihr Begriff des Maschinischen verweisen explizit auf einen apersonalen Kern. Dieser wurde nun von Donna Haraway ignoriert und als letzter metaphysischer Rest verworfen. Haraways Cyborg geht restlos in der Oberfläche des Körpers auf, ohne seelischen oder sonstwie benannten Tiefgang. Wie sie einmal in einem persönlichen Gespräch formuliert hat, versuche sie ein Subjekt ohne Unbewusstes zu denken, solange dies möglich sei.

Neben Haraway war es vor allem Katherine Hayles, die den Vergleich zwischen einer psychoanalytischen Subjektfassung, der das Medium Buch als zutiefst der Moderne angehörend entspricht, und ihrem posthumanen Counterpart unternommen hat. Hayles übernimmt die Teilung Moderne/Postmoderne von Haraway und setzt für postmodern einfach »posthuman«. Lacan spricht, wie Hayles schreibt, noch von »flottierenden Signifikanten«, doch die digitale Welt besteht schon längst aus »flickering signifiers«. Während die ersten ihren Wert aus ihrer differenten Stellung (im Sinne de Saussures) beziehen und sich daher mit dem berühmten Freudschen »Fort-Da-Spiel«[81] vergleichen lassen, spielen die »flickering signifiers« mit »pattern/randomness«, die der Bewegung der Mutation unterworfen sind. Was die Kastration für die Moderne war, ist die Mutation für das posthumane Zeitalter, dessen Basis »computation« (Berechnung) ist. So müsse das »Fort-Da-Spiel« Freuds im posthumanen Zeitalter mit David Cronenbergs Film DIE FLIEGE (1976) verglichen werden, um die radikale Differenz zwischen gestern und heute wahrnehmen zu können. In dem Moment, als dem Protagonisten im Film im Prozess seiner Verwandlung zur Fliege sein Penis abfällt, erfährt dieser sich nicht (mehr) als kastriert, sondern als posthumanes Wesen.[82] Doch kann diese Beschreibung von Hayles nicht als eine ihr unterlaufene Fehlleistung gelesen werden? Dass ausgerechnet das Abfallen des Penis als Übergang zur posthumanen Existenz benannt wird? Hieße das, auch das posthumane Zeitalter beginnt mit der Kastration als symbolischem Schnitt, als Voraussetzung für das Auftauchen eines neuen Subjekts?

Die Geschichte von *Robinson Crusoe* in der Version von Michel Tournier belegt diese Verwandlung auf eindrucksvolle Weise. Tournier greift Daniel Defoes Geschichte aus dem Jahre 1719 wieder auf, um dem Stoff jedoch eine ganz andere Prägung zu verleihen. Trotz der Parallelen zwischen Tourniers Roman *Freitag*[83] und seiner Vorlage gibt es entscheidende Unterschiede. Tournier unternimmt den Versuch, das Menschsein von Robinson unter nichtmenschlichen Gegebenheiten zu beschreiben bzw. den allmählichen Verfall dieses Menschseins als einen Prozess fortschreitender Dekomposition, als einen metamorphotischen Prozess darzustellen, in dessen Verlauf der Unterschied zwischen Mensch und Natur mit der Löschung der sexuellen Differenz einhergeht. Nachdem Robinsons Versuch, mit einem Baumstamm Geschlechtsverkehr zu haben, misslingt, nach der Ankunft Freitags, der für Robinson zu spät kommt, wird dieser zur »Braut des Himmels«, zur Braut seiner Insel Esperanza. »Er fühlte sich wie nie zuvor, daß er auf der Insel ausgestreckt lag wie auf einem Menschen, daß er den Körper der Insel unter sich hatte. Es war ein Gefühl, das er noch niemals mit solcher Intensität empfunden hatte, […]. Die beinahe leibliche Gegenwart der Insel so nahe bei ihm erwärmte, erregte ihn. Sie war nackt, diese Erde, die ihn einhüllte. Auch er entblößte sich. Mit ausgebreiteten Armen, den Leib in Erregung, umarmte er mit aller Kraft diesen großen tellurischen Körper, den die Sonne den ganzen Tag über verbrannt hatte […]. Wie eng waren auf dieser elementaren Stufe Leben und Tod miteinander vermischt, weise verquickt! Sein Geschlecht furchte den Boden wie eine Pflugschar und ergoß sich dort in einem unendlichen Erbarmen für alle erschaffenen Dinge. […]. Hier ruht jetzt ermattet derjenige, der sich mit der Erde vermählt hat […].«[84]

Robinson hört mit der Zeit auf, sich als Mann zu fühlen, er wird zur Frau, um sich in einem weiteren Schritt den Tieren und Pflanzen der Insel anzugleichen.

Tourniers *Freitag* schildert auf eindrucksvolle Weise, was Deleuze und Guattari als Deterritorialiserung, als Tier-Werden, als organlosen Körper und als Überwindung der Differenz von Natur und Kultur beschrieben haben. Deshalb hat Slavoj Žižek rückblickend die gesamte Phase der Postmoderne als »spinozistische Ära« bezeichnet, als Phase, in der die abendländischen Dichotomien sich anschicken, in der spinozistischen »Einen Substanz« aufzugehen.[85]

Aber auch von der aktuellen Gehirnforschung wird Spinoza gerade entdeckt (Antonio Damasio), während gleichzeitig Henri Bergson als Ahnherr der digitalen, immersiven Kunst ausgegraben wird (Mark Hansen). Haraway und Hayles haben das Subjekt längst verabschiedet und in die Zeit der Moderne verbannt. All dies signalisiert ein Aufbrechen der alten *logoi*, und neue lassen sich bereits schemenhaft in diesem Umbruch erkennen. Im Mittelpunkt steht dabei die Frage nach der Separation von human und nicht-human, wobei die binnenspezifische Segregation im Humanen selbst auf der Strecke zu bleiben droht.

Slavoj Žižek hat drei Ebenen benannt, auf der sich diese Binnensegregation als ontologische Differenz des Humanen zeigt. Zum einen im nicht zugänglichen, exzessiven *gap* zwischen Natur und Kultur, der als »vanishing mediator« den »zero-level of humanity« markiert; sodann im Realen des Antagonismus, also in jenem Moment, das der Differenz, die es einführt, vorausgeht; und schließlich in einer Minimaldifferenz, die darin besteht, dass ein Individuum nie voll ist, also nie seine Kluft zur Gänze (mit sich) schließen kann. »Man is a lack which, in order to fill itself in, recognizes itself as something«.[86]

Sprache, Sexualität und das Unbewusste sind die drei Dimensionen, die sich in dieser ontologischen Differenz artikulieren. Ihr Zusammenspiel, ihre gegenseitige Konstituierung wird vom *Begehren nach dem Affekt* attackiert, verworfen und letztlich gelöscht.

Wenn Internet und Fernsehen mit *sex sells* den Eindruck vermitteln, einer hedonistischen Gesellschaft das Wort zu reden, so kann dieser oberflächliche Eindruck doch entkräftet werden. Cybersex muss vielmehr als Hinweis für ein in sich zusammenfallendes Subjekt gelesen werden. Slavoj Žižek hat schon vor Jahren vor einer »Informationsanorexie«[87] gewarnt, die sich als Reaktion entwickelt, wenn das Subjekt anstatt Antwort auf seinen Anspruch zu erhalten mit Nahrung gefüttert wird. Die einzige Möglichkeit, die Minimaldifferenz (zwischen Bedürfnis und Anspruch) aufrecht zu erhalten, besteht dann darin, den Mund zu schließen. Mit dem Log-In auf der Suche nach Erotik und Sex bieten sich tausend ähnliche Bilder von Frauen und Männern an und annullieren zwangsläufig das Begehren. Freuds Begriff des Sexuellen als Trieb, der sich im Begriff des Begehrens von Lacan fortgeschrieben hat, ist heute jedoch durch die Evidenz von Neuronen, Genen und Hormonen ersetzt worden. Diese funktionieren zwar auch über den Austausch von Informationen, doch der Mehrwert der sprachlichen Dimension des Sexuellen und des Begehrens ist dabei auf der Strecke geblieben.

Bislang wurden aktuelle Entwicklungen und Verschiebungen im Denken des Humanen beschrieben, um die Fokussierung auf den Affekt weiträumig einzukreisen, ohne dass dieser jedoch selbst analysiert worden ist. Die heute beobachtbare Renaissance der Affekte und Emotionen muss in einen Denkbogen gestellt werden, der es erlaubt, nach vorne und rückwärts zu schauen.

Hier sollen nun die großen Theoriefelder vorgestellt werden, die in der Diskussion um das Affektive eine bedeutende Rolle spielen. Besonders der Psychoanalyse wird heute vorgeworfen, die Affekte ignoriert und stattdessen die Sprache, die symbolische Ordnung, bevorzugt zu haben. Durch diesen Vorwurf sollen jedoch nicht nur historische Fakten neu belichtet werden, vielmehr scheint es darum zu gehen, das Subjekt der Psychoanalyse als solches aus den Angeln zu heben. Denn unübersehbar wird heute eine Fassung des Humanen präferiert, in der die ontologische Differenz, von der die Rede war, geschlossen ist. Über das Affektive wird jedoch eine ungetrübte, ungespaltene Beziehung zwischen dem Ich und der Welt suggeriert. An diesem Unterfangen arbeiten Neurobiologie, Gehirnforschung, Kunst- und Kulturtheorien gleichermaßen.

INTENSIVES INTERFACE

»Der Wahrnehmende steht mit seinem Körper in einem Strome äußerer Bilder, die ihn in einem solidarischen Netz, in dessen Mittelpunkt er sich befindet, umfangen.«[1]

Wie kein anderer scheint sich Henri Bergson anzubieten, wenn es um die Frage der Differenz oder Indifferenz von äußerer und innerer Wirklichkeit bzw. um Wirklichkeit als Bild geht. Wenngleich sie Zeitgenossen waren, haben sich Bergsons und Freuds Wege nicht gekreuzt. In ihren Theorien zum Humor, zum Witz sowie zum Lachen und zum Traum lassen sich jedoch Ähnlichkeiten und Verwandtschaftsbeziehungen zwischen beiden finden. Beide begannen im letzten Drittel des 19. Jahrhunderts sich mit der Frage zu beschäftigen, wie Wirklichkeit vom Individuum erfasst wird, welche Wirkung diese hat, was im Lauf der Zeit mit ihr geschieht und wie sie sich in sein Gedächtnis und seine Erinnerung, in seine Wiederholungen und in sein Vergessen einschreibt. Ein Jahr nach Freuds *Entwurf* (1895) hat Bergson seine Theorie der Beziehung von Geist und Körper in seinem Werk *Materie und Gedächtnis* dargelegt.

»Was sich im Mittelpunkt der Wahrnehmungen abhebt, ist mein Leib; meine Persönlichkeit ist dasjenige Wesen, auf das die Handlungen zu beziehen sind.«[2] Dieser Leib ist es, der nach Bergson die Wahrnehmung wie ein Filter bearbeitet und aus der Gesamtheit der Wahrnehmungsmöglichkeit die jeweils relevanten Aspekte sondiert. »Mein Leib benimmt sich also wie ein Bild, das andere Bilder reflektiert, indem er sie unter dem Gesichtspunkt der verschiedenen Wirkungen, die es auf sie ausüben kann, analysiert. […] Bewußt wahrnehmen heißt wählen, und das Bewußtsein besteht vor allem in diesem praktischen Unterscheidungsvermögen.«[3]

In Bezug auf die Frage des Bewusstseins haben Freud und Bergson völlig andere Richtungen eingeschlagen. Freud sah sich gezwungen, ein Bewusstsein als »System im System« einzuführen, während Bergson ins Zentrum seines Denkens seine Theorie des affektiven Körpers als Mittler stellte.

Beide, der zukünftige Psychoanalytiker Freud und der Philosoph, gehen von Empfindungen aus, von Reizen, die über die Nervenbahnen ins Gehirn gelangen, um dort Reaktionsbefehle auszulösen. In der *Traumdeutung*, die eine Fortsetzung des *Entwurfs* darstellt, bestimmt Freud »Wahrnehmung« und »Gedächtnis« als Differenz von Bahnungen und Engrammen. Bergson benennt den affektiven Körper (Leib) als Zentrum des Bilderuniversums. Ein affektiver Körper, der, wie es dann bei Mark Hansen heißt, nicht so sehr sieht als vielmehr fühlt und eine affektive Antwort produziert, die sich im Körper er-öffnet.

Jacques Lacan begann sich in den fünfziger Jahren des vorigen Jahrhunderts intensiv mit der Frage nach dem Verhältnis von Ich und Objektwelt zu beschäftigen. Der Freudsche *Entwurf* bildet hierbei eine zentrale Orientierung bzw. die Basis der fortschreitenden Lacanschen Re-Lektüre Freuds. Ganz in der Tradition der Philosophie des 18. Jahrhunderts hat Freud Gedächtnis, Urteil, Erinnerung »von der Empfindung aus« rekonstruiert, »indem er sich nicht einen Moment bei der Untersuchung des Objekts an sich selbst aufhält. Aber er ist veranlasst«, schreibt Lacan weiter, »auf den Primärprozess zurückzukommen, insofern dieser Schlaf und Träume betrifft. Auf diese Weise führt diese mechanische Rekonstruktion der Realität doch zum Traum.«[4] Die Freudsche Konzeption des Gedächtnisses als Folge von Engrammen, als Summe von Bahnungsreihen, würde sich jedoch, wie Lacan weiter ausführt, als unzureichend erweisen, »wenn wir hier nicht den Begriff des Bildes einführen. Wenn man setzt, dass eine Serie von Bahnungen, eine Folge von Erfahrungen in einem als einfache lichtempfindliche Platte begriffenen psychischen Apparat ein Bild auftauchen lässt, versteht's sich von selbst, daß sich, sobald dieselbe Serie durch einen neuen Reiz, einen Druck, ein Bedürfnis reaktiviert wird, dasselbe Bild reproduziert. Anders gesagt, jede Stimulation tendiert dazu, eine Halluzination zu produzieren.«[5]

Dies hängt, wie Lacan weiter ausführt, mit dem prekären Status des Systems des Bewusstseins zusammen, das Freud als ein Puffer-System, ein System innerhalb des Systems, das Realität und Ich ausbalanciert, einführt. Das Wahrnehmungssystem kommt bei Freud lange Zeit ohne dieses Bewusstsein aus. Doch dann führt er es in einer paradoxen Form ein, als ein System, das ganz außergewöhnliche Gesetze hat. Immer wieder wird man im Werk Freuds, so Lacan, mit derselben Schwierigkeit konfrontiert: »Man weiß nicht, was man mit dem Bewußtseinssystem anfangen soll.« Und seine Einführung nimmt außerdem eine interessante Wendung, denn »jede Konstitution der Objektwelt ist immer eine Anstrengung, das Objekt wiederzuentdecken, *wiederzufinden.*«[6] Freud geht also vom Individuum aus, das sich einer Realität gegenüber befindet, die ihm ständig etwas abverlangt oder durch die es in Zustände versetzt wird, die sein Gleichgewicht stören. Doch entscheidend ist – und damit grenzt Freud sich von allen anderen Affekttheorien ab –, dass diese Beziehung immer schon eine »narzißtische Beziehung des Ich zum anderen« voraussetzt. Diese ist, wie Lacan ausführt, die »primordiale Bedingung jeder Objektivierung der Außenwelt – ebenso wohl der naiven, spontanen Objektivierung wie der wissenschaftlichen Objektivierung«.[7]

Auch wenn Freud dieses Bewusstsein nicht mit der Sprache in Verbindung setzt, wird er – mit der *Traumdeutung*[8] beginnend – die Sprache in ihrer Beziehung zum Unbewussten bestimmen. In ihr verdichtet, verschiebt, verdrängt und verneint *es* sich. Durch sie hindurch erfahren wir jenes Andere des Menschen, das sich entzieht: das Reale. Nun werden wir in weiterer Folge immer wieder lesen können, wie sehr der Affekt mit diesem Realen in Konkurrenz tritt, es aus seiner dominanten und gleichsam bedrohlichen Stellung hinaus zu katapultieren versucht, um sich an seine Stelle zu setzen: als etwas durch und durch »Menschliches«.

Henri Bergson hingegen hat sich immer wieder kritisch und negativ über die Sprache geäußert, sie der Verzerrung der Wirklichkeit beschuldigt und ihr vorgeworfen, dem Prozessualen des Erlebens nicht gerecht werden zu können. Er hat das, was Wittgenstein einfach als gegeben hinnahm, dass Sprache nicht alles sagen kann,[9] als negativ interpretiert und stattdessen seine Konzentration auf das Affektive, auf das Bild, verstärkt.[10] Das Bild ist bei Bergson kein Bild im üblichen Sinne, also keine Repräsentation, sondern vielmehr eine Präsentation zwischen Vorstellung und Ding. Das Bild muss sowohl gegen die Repräsentation als auch gegen das von innen kommende Fühlen abgegrenzt werden.[11]

Hier drängt sich der Vergleich mit Freuds Unterscheidung von Wort- und Dingvorstellung auf, die in Bezug auf die Verdrängung (des Affekts) eine große Rolle spielt. Während bei Bergson Gefühle, Vorstellungen und Empfindungen im Bild zusammentreffen, unterscheidet Freud klar zwischen dem Somatischen und seiner Repräsentation und definiert hinsichtlich des Triebs, dass wir diesen immer nur in seiner Repräsentanz, nicht jedoch *per se* erfassen können. Der Begriff der Vorstellungsrepräsentanz wird von Freud eingebracht, um ein »ideative[s] Element im Gegensatz zum affektiven Element«[12] positionieren zu können. Verdrängung kann nach Freud nur die Repräsentanz betreffen, nicht jedoch den Affekt. Ich komme hierauf in meinen Ausführungen zur Auseinandersetzung zwischen Psychoanalyse und Affekttheorien an etwas späterer Stelle noch ausführlicher zu sprechen.

Freud platziert den Trieb als Schwellenbegriff zwischen Soma und Psyche, Bergson lässt im Körper innere Empfindungen und äußere Bilder aufeinander treffen. Dieser Körper ist nicht nur eine passiv empfangende Instanz, sondern ein »Handlungszentrum«, das die Auswahl der Bilder vornimmt, die für mögliche Handlungen relevant sind.[13] Hierbei fungiert der Körper als Körpergedächtnis, das sich durch die wiederholenden Bewegungen produziert. Das heißt, der Körper selektiert nicht nur die Bilder der Realität, sondern vereinfacht die Selektion derselben, indem Handlungsschemata dem Körpergedächtnis sich eingravieren oder diesem in Erinnerung bleiben.[14] Bergson selbst spricht vom Bild als »fotografische[r] Platte«, ein Vergleich, der natürlich Assoziationen mit Freuds Gleichsetzung des psychischen Apparats mit dem Medium der Fotografie hervorruft. Nach Bergson entsteht ein Bild durch Kontrastbildung, durch Selektion und Vereinfachung.[15] Freud hingegen hat die Metapher der Bilder produzierenden Fotografie bald wieder aufgegeben, um zum Begriff der Spur zu wechseln, nicht etwa, um diese als affektive Eingrabung zu begreifen, sondern vielmehr als Einschreibung im Sinne einer Zeichenritzung. Damit beginnt er das Wesen des Gedächtnisses als Differenz zu fassen. »In der Differenz der Bahnungen besteht der wirkliche Ursprung des Gedächtnisses und somit des Psychischen«, wie Jacques Derrida diese Verschiebung zusammengefasst hat.[16] Die Arbeit der Bahnungen ist »Kraft und gleichzeitig Ort«.[17]

Brian Massumi, einer der derzeit prominentesten Theoretiker des Affekts, hat Mitte der neunziger Jahre betont, dass eine Kulturtheorie des Affekts notwendig ist. Möglicherweise in Vorausahnung, wie sehr die Folgejahre den Affekt in der Neurobiologie verankern werden, nimmt Massumi in seinen ersten Versuchen der Affektbestimmung unterschiedliche Quellen als Ausgangsbasis. Er spricht von Spuren, die im Körper eingegraben sind, also Affekt-Spuren. Diese lagern quasi dort, um vom Körper jederzeit aktiviert/aktualisiert werden zu können. Hier sieht man auch das Erbe Bergsons, sein Körpergedächtnis bzw. seine Körperschemata, die der Körper entwickelt, um seine Reaktionen auf die Umwelt zu vereinfachen. Wenn Massumi jedoch von Spuren spricht, meint er nicht Freuds Erinnerungsspuren, sondern gelangt mithilfe von Spinoza zu folgender Definition des Affekts: »[O]nly if the trace of past actions including a trace of their contexts were conserved in the brain and in the flesh, […], [o]nly if past actions and contexts were conserved and repeated, autonomically reactivated, but not accomplished; begun, but not completed.«[18] Nach dieser Bestimmung ist der Affekt definitiv keine Emotion, sondern pure Intensität, die einer »anderen Ordnung«

angehört: »Intensity is embodied in purely autonomic reactions most directly manifested in the skin – at the surface of the body, at its interface with things.«[19] Hier zeigt sich aber auch schon die erste Differenz zu Hansens Ansatz, die Differenz nämlich zwischen einer Bergsonschen Analyse von Erinnerung und Subjektivität und einer auch Spinoza und Deleuze geschuldeten Denkweise des Affektiven als autonomer, ahumaner Zone des Körpers. Massumi nimmt, so könnte man sagen, den Mittelweg, indem er Außen und Innen des Körpers über einen Affektbegriff bestimmt, der den Körper »ohne Bild« auftauchen lässt.[20]

Indem Wahrnehmung und Gedächtnis von Deleuze als Wesensdifferenzen beschrieben werden, wird Bergsons Lehre dadurch zweigeteilt. Während die Wahrnehmung auf Seiten der Materie apersonal verläuft, markiert das Gedächtnis das Terrain des Geistes – eine Subjektivität taucht auf, bei der Affektivität, Erinnerungsgedächtnis und Kontraktionsgedächtnis aneinandergereiht sind. Wahrnehmung und Erinnerung durchdringen sich jedoch ständig und treffen sich schließlich in einem virtuellen Zielpunkt.[21] Affektivität ist also immer auch subjektiviert, da sich das Gedächtnis immer schon in die Wahrnehmung einmischt. Dies erkennt auch Hansen als möglicherweise der digitalen Erfahrung nicht gerecht werdend und wendet sich daher Massumi zu, um von dessen »Autonomie des Affekts« zu profitieren. Affekt – ein Loch in der Zeit, gefüllt mit Bewegungen und Resonanzen.

Trotz neuer Gesichtspunkte, die Massumi in die Diskussion einbringt, kann man den Strang seiner Argumentation historisch zurückverfolgen, um auf jene Wahrnehmungstheorien zu stoßen, deren gemeinsamer Nenner in der Feststellung einer spezifischen Zeitverzögerung in der Wahrnehmung besteht. So geht der Biologe Jakob von Uexküll in seiner *Theoretischen Biologie* (1928) von einer 1\18 Sekunde aus, die dem Menschen entgeht: 18 Stöße in einer Sekunde werden als gleichmäßiger Druck empfunden, 18 Luftschwingungen in einer Sekunde als einheitlicher Ton gehört, usw., und »[d]as technische Medium […], das Bewegung als Infinitesimalkalkül implementiert, heißt Film«.[22]

In den siebziger Jahren des vorigen Jahrhunderts stellte eine Forschergruppe um Hertha Sturm fest, dass in der Reaktion von Fernsehzuschauern etwas Messbares fehlt. Dieses fehlende Moment wurde als die »fehlende halbe Sekunde« bezeichnet.[23] Sturm ist mit ihren Forschungen nie einem größeren Publikum bekannt geworden, nur eine in dieser Zeit sich herausbildende Medienpädagogik mit durchaus konservativer Orientierung stützte sich kurzzeitig auf ihre Ergebnisse. Denn Hertha Sturm und ihre Mitarbeiter schlussfolgerten aus der fehlenden Halbsekunde, dass die Fernsehbilder langsamer laufen müssten, dass TV-Nachrichten mit großer Sorgfalt ihre Bilder zu ihren jeweiligen Meldungen aussuchen sollten, um von den Zuschauern nachhaltig verstanden zu werden. Wahrnehmung und Bewusstsein, wie diese Untersuchungen empirisch belegen, weisen eine zeitliche Kluft auf, die das Fernsehen jedoch schließen müsse, um verstanden zu werden, soweit Sturm und ihr Team.

Massumi besetzt nun diese »Kluft« in einer Deleuzeschen Drehung als positives Ereignis und konstatiert statt eines Mangels eine Überfülle, in der zuviel passiert. »[P]astnesses opening onto a future, but with no present to speak of. For the present is lost with the missing half-second, passing too quickly to be perceived, too quickly, actually, to have happened.«[24]

In Massumis Fassung des Affekts treffen Spinoza und Bergson aufeinander: Bei Spinoza sind Körper und Geist unterschiedliche Ordnungen derselben Ausdehnung, sie bilden keinen Gegensatz, sondern sind unterschiedliche Anordnungen von Bewegung und Ruhe. Bergsons Theorie der Virtualität und Bewegung steht hierzu in einem korrespondierenden Bezug. Nach Bergson ist die gesamte Wirklichkeit bewegliche Kontinuität (die die Sprache ja nicht zu fassen vermag), und die Wahrnehmung bedeutet jeweils Stillstand – der Fotografie hierbei ähnlich, die als Tod des Lebendigen gefasst wird.[25] Auch bezüglich der Wahrnehmungstätigkeit und des Handelns sind sich die beiden nicht unähnlich. Für Bergson entsteht eine Welt-Perspektive aus den Bewegungen des Körpers, und nach Spinoza gibt es eine Tätigkeit im Sinne eines Vermögens *(conatus)*, das als handelndes begriffen werden kann.[26] Wenn der Körper bei Bergson das Bilderuniversum selektiert, indem er es kontrastiert und damit vereinfacht, sind bei Spinoza unterschiedliche Intensitätsgrade im Vermögen für die jeweils unterschiedlichen Affektionen zuständig. Dieses Vermögen ist ein durch und durch positives, das die Existenz grundlegend bejaht. Ein Todestrieb, wie ihn Freud eingeführt hat, wäre für Spinozas und auch Bergsons Philosophie (und in deren Folge auch für Deleuze) undenkbar bzw. nicht annehmbar.

In diesen Bestimmungen des Körpers bzw. des Affekts liegt der Fokus auf der Zeit und der Dauer bzw. auf einer momentanen Suspension derselben. Neben der Zeit ist es die Bewegung (des Körpers), die für das Affektive bestimmend ist. Außenstimulierung und Propriozeption wirken auf die Haut ein, um unterschiedliche Ebenen von Motoriken zu aktivieren. Im Unterschied zu Deleuze, der als Affekt das »Nichtmenschlich-Werden des Menschen«[27] bezeichnet, bestimmt Massumi den Affekt als asozial. Damit wird der Affekt zu einer Art unberührbaren Zone und gleichzeitig zu etwas, was das gesamte Universum trägt. Denn das Universum wäre ohne dieses Entweichen pure Entropie, es wäre, wie Massumi betont, tot, denn die lebendigen Formen existieren nur durch das, was sich entzieht. »Their autonomy is the autonomy of affect.«[28] Das heißt, der Affekt als autonome Zone bildet die Basis des Gesamten. Er ist sozusagen das »Außen«, welches das Gesamt des Systems ermöglicht. Wenn wir dies auf die Medien übertragen, so ergibt sich durch diese »Außen-Zone« des Affekts eine neue Lesart für den digitalen Raum.

Deleuze hat in seinen Kino-Schriften den Affekt vom Zuschauer abgekoppelt, hat ihn apersonalisiert bzw. dem Wahrnehmungs-, Aktions- und Affektbild überantwortet. Dadurch wird der Zuschauer mit seinem Körper im Sinne der Theorie Bergsons zum Bild. Was Deleuze nun für den »beliebigen Raum« im Kino entwickelt hat, überträgt Mark Hansen auf die digitalen Kunsträume und postuliert einen entscheidenden Unterschied: Der digital generierte Raum ist mit keiner menschlichen Aktivität in irgendeiner Weise mehr verbunden. Seine Singularität und sein Potenzial sind autonom, menschlich weder nachvollzieh- noch einnehmbar. Während im Kino Affekt als formales Korrelat auftritt, bedeutet Affekt im digitalen, beliebigen Raum »a bodily *supplement*, a response to a digital stimulus that remains fundamentally heterogeneous to human perceptual (visual) capacities. In sum, affection becomes affectivity«.[29] Taktilität im Kino *(haptic, tactile space)* bedeutet demnach etwas völlig anderes als im digital produzierten Raum. Dies wird, wie Hansen von Beginn an klarstellt, mit der neuen Stellung des affektiven Körper begründet. Der digitale Raum ist nur taktil »because it catalyzes a nonvisual mode of experience that *takes place* in the body of the spectator, and indeed, as the production of place within the body«.[30] Für Massumi, den Hansen hierfür zitiert, besteht die Faszination des Affekts in seiner radikalen Offenheit, das heißt, der Affekt beschränkt sich nicht auf die Limitationen des jeweiligen Körpers, vielmehr schreibt er sich in den Körper als autonome Zone ein, um über ihn dadurch hinauszugehen. Es gibt nun allerdings einige kritische Punkte, die gegen Massumi und Hansen anzuführen sind. Doch zuvor möchte ich noch eine zweite Gruppe von Affekttheorien vorstellen, die sich auf Psychologie und kybernetische Systemtheorie beruft und besonders in den angloamerikanischen Medien- und Kulturwissenschaften derzeit Konjunktur hat.

AFFEKT VERSUS TRIEB

In *Invoking Affect*[31] hat Clare Hemmings ihr Unbehagen angesichts der affektiven Selbstumarmung von *Cultural and Media Studies* geäußert. Hemmings macht vor allem Brian Massumi und Eve Kosofsky Sedgwick für einen, wie sie es nennt, »ontological turn« verantwortlich, der die Legitimation der theoretischen Entwicklungen der letzten Dekaden komplett in Frage stellt. Brian Massumis Ausrufung eines »autonomen Affekts« ist für Hemmings mehr als irritierend, und Eve Kosofsky Sedgwick, Theoretikerin politischer Unterdrückung von Sexualitätsformen,[32] produziert in ihren Augen nun genau das, was sie früher selbst kritisierte: in ihrer Aufforderung, sich der Affektlehre von Silvan Tomkins anzuschließen, werden diejenigen, die nicht folgen (können), aus der Gemeinde der Affekttheoretiker ausgeschlossen.

Sedgwick hat nämlich mit ihrer Entdeckung von Silvan Tomkins' Affekt-lehre eine völlig neue theoretische Richtung gewählt, eine Psychologie der Affekte aus den sechziger Jahren des vorigen Jahrhunderts, die mit dem kyberne-tischen Selbstregulierungsgedanken flirtet. Um Hemmings' Vorwürfe jedoch nachvollziehbar zu machen, ist eine kurze Beschreibung der Tomkinsschen Affektlehre notwendig. Unter dem Titel »Shame and its Sisters«[33] haben Eve Kosofsky Sedgwick und Adam Frank die Arbeit von Silvan Tomkins erstmals einem breiteren Publikum – als *Silvan Tomkins Reader* – vorgestellt. 2003 erscheint sodann *Touching Feeling. Affect, Pedagogy, Performativity*,[34] in dem sich Kosofsky Sedgwick ebenfalls in einem Abschnitt mit Silvan Tomkins' zentralen Thesen be-schäftigt.

Tomkins' Ausgangslage bildet ein System von Affektpaaren: Positive Affekte sind Interesse und Neugier, Freude und Aufregung, neutrale Affekte sind Über-raschung und Bestürzung, negative Affekte sind Stress und Angst, Furcht und Schreck, Zorn und Wut, Ekel und vor allem Scham.[35] Diese begreift Tomkins als zentralen Affekt.[36] Was Tomkins hier als Affekte auflistet, wird in anderen Kon-texten als Emotion oder Gefühl bezeichnet. Dies ist wichtig zu betonen, da die Literatur diese Begriffe sehr fahrlässig behandelt und die kognitiven Emotions-psychologien und Neurobiologien die unterschiedlichsten Einteilungen und Modelle für Affekt, Emotion und Gefühl anbieten.

Tomkins entwickelte seine Arbeit in den fünfziger und sechziger Jahren in Yale und später in Princeton, brach eine psychoanalytische Behandlung ab und war auch mit den Ideen von Jacques Lacan vertraut. Seine Affektlehre entfaltete er im Weiteren jedoch in expliziter Abgrenzung zur Psychoanalyse, weil diese sei-ner Meinung nach a) mit dem System der Triebe ein zu kleines System als allum-fassendes gesetzt[37] und b) die Scham als Primäraffekt ignoriert hat. Die Affekte bil-den in seinem System das primäre Motivationssystem des menschlichen Wesens, dem das Freudsche Triebsystem als ein kleineres System untergeordnet ist.[38] Der zentrale Affekt innerhalb der Basalaffekte ist die Scham, die den gesamten psycho-physischen Organismus strukturiert, und sich als Grundkomponente durch Un-terdrückung von Interesse und Neugier entwickelt. Tomkins definiert die Affekte in Anlehnung an die zu dieser Zeit immer breiter rezipierte Systemtheorie. In sei-nem Modell stehen die Affekte in dichotomer Relation zueinander, das heißt, je nachdem, ob die Intensität neuraler Stimulation zu- oder abnimmt, pendelt die affektive Lage ins Plus oder Minus. Die Scham ist eng an die Sichtbarkeit, beson-ders an das Gesicht (und dessen Ausdrucksfähigkeit), geknüpft. Wie Tomkins schreibt: »Man is, of all animals, the most voyeuristic. He is more dependent on his visual sense than most animals, and his visual sense contributes more informa-tion than any of his senses«.[39] Gleichzeitig konstatiert er jedoch ein gesamtgesell-schaftliches Tabu des Sich-gegenseitig-in-die-Augen-Schauens: »The universal taboo on mutual looking is based not only on shame but on the entire spectrum of affects«.[40] Stellen wir dem Freuds Ausführungen zur Schaulust und Exhibition zur Seite, zeigen sich große Ähnlichkeiten, denn auch für Freud ist die kulturelle Tiefendimension dieser Triebregungen selbstverständlich. Die kindliche Schau- und Zeigelust verändert sich nach dem Freudschen Modell im Verlauf der Entwicklung immer mehr durch das Hindernis des Schamgefühls.[41] Warum die Scham jedoch so zentral sein soll, vermag Tomkins nicht wirklich überzeugend zu erklären: »Insofar as any human being is excited by or enjoy his work, other human beings, his body, his self, and the intimate world around him, he is vulnerable to the variety of vicissitudes in the form of barriers, lacks, losses, and accidents, which will impoverish, attenuate, impair, or otherwise prevent total pursuit and enjoyment.«[42]

Tomkins wirft Freud vor, die Selbsterhaltungstriebe ausschließlich biologisch gefasst zu haben. Er hingegen verknüpft die Nahrungsaufnahme von Anfang an mit den Affekten »Freude – Aufregung«. Man braucht wohl kaum darauf verweisen, dass Freud und auch Lacan immer wieder unmissverständlich klar gemacht haben, dass der Oraltrieb nur teilweise als biologisches Bedürfnis begriffen werden kann, und Anspruch und Begehren von Beginn an mit im Spiel sind

Freud hat seinen Begriff der Libido von anderen psychischen Energien unterschieden, um eben zu verdeutlichen, dass Sexualtrieb und Hunger nicht auf demselben Level operieren.[43] Auch Tomkins und seine Anhänger sehen sich gezwungen, eine eigene Sexualitätstheorie einzuführen. Donald Nathanson, Gründungsdirektor des *Tomkins-Institute*, begründet diesen Schritt mit der gegenseitigen Beeinflussung von Trieb und Affekt, die jedes psychobiologische System auszeichnet. Affekte fungieren als Verstärker – gute Stimmungen werden besser und negative schlechter. Nathanson veranschaulicht dies am Beispiel der Steigerung der sexuellen Erregung zum Orgasmus:

»The more we are excited by this arousal, the more we become aroused. The addition of positive affect makes the thrilling annoyance of arousal into something even more pleasant; the increase in arousal produced by further stimulation of the affected areas triggers even more excitement, leading to even more arousal until the arousal is terminated by orgasm, its genetically programmed terminal analogic amplification. Orgasm is cherished all the more because it triggers the affect enjoyment – joy, which is pleasant in direct proportion to the amount of stimulus it reduces and the rapidity with which that stimulus is decreased.«[44]

Nathanson muss jedoch einräumen, dass bestimmte Dinge beim Menschen komplizierter als bei den Tieren sind. Die fortschreitende Evolution des Menschen, die Entwicklung eines Gedächtnisses, durch das sich Affekte zu komplexen »ideoaffective linkages« formen, hat dazu geführt, dass »the nature of sexual emotionality« die Spezies Mensch in Sachen »generative play« schüchtern und scheu werden ließ.[45] Auch wenn Freuds Erklärungen kulturspezifisch und -historisch differenzierter sind, gibt es durchaus ähnliche Bilder in Bezug auf die Verstärkung der Triebe. Auch seine Grundtriebe, Lebenstrieb und Todestrieb, ziehen sich gegenseitig an oder stoßen sich ab und bilden ständig Mischverhältnisse. Aus einem Liebhaber kann so durch den Zusatz sexueller Aggression eben auch ein Lustmörder werden.[46]

Eve Kosofsky Sedgwick und Adam Frank betonen in ihrer Einführung in Tomkins' Arbeit, wie eng der Freudsche Triebbegriff ist und welche Vorteile das Affektsystem von Tomkins für die Geistes- und Kulturwissenschaften hat. Denn die Affekte werden von Tomkins unter dem Aspekt der Freiheit betrachtet, und er benutzt die kybernetische Metapher eines komplexen Systems, um die unterschiedlichen Ebenen mit jeweils unterschiedlichen Freiheitsgraden aufzuzeigen. Danach ist der Computer freier als die Rechenmaschine, denn diese kann nur bestimmte Rechenleistungen ausführen, während der Computer als Universalmaschine alles – Bild, Ton, Sprache – bearbeitet:

»Affect, unlike the drives, has a degree of competency and complexity that affords it the relative ability to motivate the human to greater degrees of freedom. For freedom is measured quantitatively, in degrees of cognitive competency and complexity. Tomkins even proposes a principle for freedom, suggesting Freud's pleasure principle as the model. He calls it the information complexity, or ›degrees-of-freedom principle‹.«[47]

Während Tomkins die Psychoanalyse wegen ihrer Pansexualität und ihres engen Triebbegriffs von einem systempsychologischen Standort aus kritisiert, attackiert André Green in den siebziger Jahren Jacques Lacan, weil dieser in seinen Augen den Affekt zugunsten der Repräsentation ignoriert hat. Green selbst hat seine klinische Arbeit vor allem auf die Untersuchung narzisstisch-affektiver Störungen aufgebaut und bestimmt den Affekt folgendermaßen: »Durch den Affekt macht sich das Ich eine nicht repräsentierbare Vorstellung von sich selbst.«[48] Grund für die scharfen Attacken Greens gegen Jacques Lacan ist der Streit unterschiedlicher psychoanalytischer Lehrmeinungen und Schulen, der sich immer wieder an der Frage nach der Behandlung psychotischer Patienten bzw. der Schizophrenie entzündet hat. Freud und auch Lacan waren in dieser Frage sehr zurückhaltend und sahen die Psychoanalyse primär als Therapie von Neurosen,[49] während die Schizophrenieforschung vor allem in England um Ronald D. Laing und um die Objektbeziehungstheorien von Donald W. Winnicott und Melanie Klein andere Patientengruppen (wie Kinder und Psychotiker) miteinbeziehen. Green richtet seine Vorwürfe auch gegen die Berufsvereinigung der Analytiker, denn diese haben, wie er meint, ihre Vormachtstellung über die Sprache und das Schweigen des Analytikers aufgebaut und auch in der Frage der gegenseitigen Übertragung das Affektive als zu bedrohlich ausgeklammert und wieder in die Sprache zurückgeholt.[50]

Doch ist der Vorwurf, die Sprache habe allein aus politischen Gründen über andere Systeme und Methoden gewonnen, zu kurz gegriffen. Vielmehr muss der

Siegeszug der Signifikantenkette durch das 20. Jahrhundert hindurch verfolgt, muss die Implementierung linguistischer Strukturen in das Denken ganz allgemein anerkannt werden.

Gegen den Vorwurf, den Affekt zu ignorieren, hat sich Lacan mehrfach gewehrt bzw. erklärt, weshalb der Affekt für ihn kein Objekt der Analyse sein kann.[51] »Die Angst ist ein Affekt. Es ist absurd zu sagen, ich interessiere mich nicht für Affekte. Ich sage nur, dass Affekte nicht das in seiner Unmittelbarkeit/Unvermitteltheit gegebene Sein sind, noch das Subjekt in seiner rohen Form. Er ist keinesfalls *protopathique*. Der Affekt ist nicht verdrängt – er ist verrutscht (wie eine Schiffsladung), er driftet, er ist verschoben, verrückt, verkehrt […] aber nicht verdrängt.«[52] Lacan folgt hier Freuds Bestimmung, die dieser in *Hemmung, Symptom und Angst* ausgeführt hat: »Die Angst ist also in erster Linie etwas Empfundenes. Wir heißen sie einen Affektzustand, obwohl wir auch nicht wissen, was ein Affekt ist.«[53]

Greens Vorwurf gegen Freud, dass dieser nicht einmal im Zusammenhang mit der Angst vom Affekt gesprochen hat, stimmt also nicht.[54] Lacan hat wiederum ausführlich im Seminar zur *Ethik der Psychoanalyse* zum Affekt Stellung genommen und zwar vor allem im Hinblick auf den Erfolg der Analyse: »Ich brauche Sie nur an die konfuse Art und Weise zu erinnern, in der sie [die Psychologie, M.-L. A.] bei der Affektivität Zuflucht sucht. Ein solcher Rückgriff, selbst wenn er im Innern der Analyse erfolgt, führt immer in eine Art Sackgasse, wir merken daran, daß das nicht die Linie ist, auf der unsere Forschung wirklich vorankommen kann.«[55]

VERDRÄNGEN, WIEDERHOLEN, DURCHARBEITEN

Wenn diese Auseinandersetzung den Eindruck vermitteln sollte, dass sie mit Kunst und Medien nur mehr sehr wenig zu tun hat, dann belegt Lisa Cartwrights *Moral Spectatorship* das Gegenteil. Wie bereits angedeutet, hat Cartwright die Auseinandersetzung Lacan versus Green zusammengefasst, um der feministischen Filmtheorie nachzuweisen, dass diese sich aus machtpolitischen Gründen auf die Seite der dominanten Ideologie geschlagen hat. Diese war in den siebziger Jahren diejenige Lacans.[56] Ohne allen Verflechtungen dieser Auseinandersetzung nachgehen zu können, möchte ich die feministische medien- und kunsttheoretische Diskussion der siebziger und achtziger Jahre des vorigen Jahrhunderts beleuchten, um auf die einzelnen Vertreterinnen ein etwas positiveres Licht als Lisa Cartwright zu werfen. Vielleicht muss an dieser Stelle erneut die Differenz zwischen der US-amerikanischen und europäischen Theorierezeption benannt werden, die heute auf beiden Seiten selbstkritischer wahrgenommen werden sollte. Viele Interpretationen (ob falsch, verzerrt oder richtig sei dahingestellt) können nur im Kontext dieser jeweils sehr unterschiedlichen akademischen Kulturen sinnvoll verstanden werden. Die Psychoanalyserezeption ist hierfür ein ideales Beispiel, an dem sich ablesen lässt, mit wievielen Projektionen und Missverständnissen hegemoniale Theorien hergestellt werden.

In den siebziger Jahren ist die feministische Diskussion in Europa stark auf Frankreich gerichtet, Luce Irigaray, Hélène Cixous und Monique Wittig waren wichtige Repräsentantinnen einer »weiblichen Sprache und Ästhetik«, zur gleichen Zeit arbeiten in England Laura Mulvey und Mary Kelly an der Frage nach der Repräsentation von Weiblichkeit. Die Künstlerinnen und Theoretikerinnen sprechen von Frauen in Opposition zu den Männern. Im Vorwort zur Ausstellung *MAGNA – Feminismus: Kunst und Kreativität* von Valie EXPORT schreibt Lucy Lippard: »Natürlich hat Kunst kein Geschlecht, aber der Künstler und die Künstlerin haben eines. Deshalb sind separierte Frauenräume notwendig, um dem unsichtbaren Geschlecht den öffentlichen Blick und die damit verknüpfte Anerkennung ihrer Arbeit zuteil werden zu lassen«.[57] Denn, wie Valie EXPORT selbst hierzu drei Jahre früher geschrieben hatte: »DIE GESCHICHTE DER FRAU IST DIE GESCHICHTE DES MANNES, denn der mann hat für mann und frau das bild der frau bestimmt.«[58]

Zwei Jahre später wird Laura Mulveys Essay zum Blick und Bild in ihrer Verknüpfung von männlich und weiblich erscheinen: *Visuelle Lust und narratives Kino.* Im selben Jahr, also 1974, erscheint *Speculum. Spiegel des anderen Geschlechts*[59] von Luce Irigaray. Mulvey analysiert mit Hilfe von Sigmund Freud und Jacques Lacan eine für das Kino spezifische Codierung von weiblich und männlich über den Blick und das Im-Bild-Sein. Irigaray richtet ihre Kritik gegen die patriarchalische Ordnung insgesamt. Die Psychoanalyse ist für sie Teil dieser Ordnung, Irigaray liest Freud gegen den Strich und hält den Frauen den Spiegel ihrer Geschichte vor, eine Geschichte der Löschungen und Spurentilgungen, eine Geschichte, die erst wieder ausgegraben werden muss, um sie an die Nachkommenden weiter geben zu können. »[D]ie Frau wird […] keine andere Beziehung zum Ursprung haben als die vom Mann diktierte. Sie ist verloren, verirrt, verwirrt, wenn es ihr nicht gelingt, sich diesem *ersten*, männlichen Begehren *anzuschließen*. Das drückt sich insbesondere darin aus, dass sie das Kennzeichen ihrer Herkunft ablegen muß, um sich in das Monogramm der Linie des Mannes einzutragen. Sie gibt ihre Familie, ihr ›Haus‹, ihren Namen, ihren Stammbaum auf.«[60] Die Frau ist in dieser Kritik von der patriarchalischen Ökonomie der Sprache ausgeklammert, sie hat streng genommen kein Geschlecht, und wann immer die Rede von Frau oder von weiblich ist, wird diese in einen phallogozentrischen Gestus eingebettet, der die Frau als vom männlich Universalen Abgeleitete definiert. Sie, die Frau, lässt sich in und von der Sprache des Patriarchats nicht artikulieren.[61] Aus dieser symbolischen Nichtexistenz der Frau leitet sich konsequenterweise auch ab, dass es keine Bilder von ihr gibt. Wann immer Bilder von Frauen zirkulieren, sind dies Bilder von Männern für Männer. Will die Frau als Künstlerin eine andere Repräsentation des Weiblichen, darf sie keine Bilder produzieren, sondern muss in einem ersten Schritt erst eine eigene Bildersprache entwickeln. Das wird die Anstrengung dieser Jahre sein, mit einer Mischung aus Psychomarxismus und feministischer Kritik im Gepäck wird das Terrain einer »weiblichen Ästhetik« ausgelotet: Der eigene Körper, die eigene Stimme, der eigene Blick, die eigene Kameraführung, die eigene visuelle Sprache.[62]

Vor dem Hintergrund dieser Ausführungen lässt sich das Ringen um die Politik der Repräsentation vielleicht besser verstehen, lässt sich die Angst vor essentialistischen Körperzuschreibungen nachvollziehen, die Wissenschaftlerinnen und Künstlerinnen seinerzeit irritierte. Der weibliche Körper, insbesondere der mütterliche Körper, ist folglich auch der Ort, an dem der Kampf um Sprache versus Affekt ausgetragen wird. Irigarays Position, ihre ausschließliche Fokussierung auf den weiblichen Körper, wird zunehmend kritisiert. Die Distanz zu Irigaray wird durch ihre Ausrufung einer »Göttin« (der Transzendenz) ab Mitte der achtziger Jahre noch größer. Zur gleichen Zeit werden Projekte wie die *Dinner Party* von Judy Chicago realisiert, die die Gemüter erregen und Frauenkunst verächtlich als Körperkunst stigmatisieren. Nachdem Frauen immer schon über ihren Körper und dieser immer schon als natürlicher als der männliche Körper bestimmt wurde, ist es nur allzu begreiflich, dass dieser Zusammenschluss (Frau-Körper-Natur) analytisch aufgearbeitet werden musste. Hierfür bot sich die Psychoanalyse, vor allem in ihrer Lacanschen Version, als besonders geeignet an. Diese formuliert eine radikale Nichtexistenz der FRAU, um sie weder an einer Körperlichkeit noch an einer weiblichen oder männlichen Mentalität festzumachen. Vielmehr wird die weibliche und männliche Position als je spezifisches Versagen im Hinblick auf die symbolische Ordnung begriffen.[63]

Zurück zu Lisa Cartwrights Interpretation, die die Verwerfung des Affekts durchaus im Zusammenhang mit der unlösbaren Problematik der Repräsentation des Weiblichen zu sehen versucht. Nach der Zeit der französisch dominierten feministischen Theorie wird mit dem Aufkommen des Begriffs *gender* Mitte der achtziger Jahre die Diskussion von der angloamerikanischen Theorie dominiert. Auseinandersetzungen über die weibliche Sexualität, den weiblichen *spectator*, weibliche Identifikationsstrategien werden über weite Strecken in einer ausschließlich angloamerikanischen Debatte geführt. Cartwright bezieht sich u.a. auf Jacqueline Roses *Sexuality in the Field of Vision*, worin diese eine komplexe Aufarbeitung der Lacanschen Interpretation zur Thematik »Weiblichkeit und Repräsentation« vorgelegt hat. Hierbei taucht der Name André Green auf, immer jedoch im Kontext mit Lacan, dessen Lesart sie letztlich den Vorzug gibt. Cartwright kann aufzeigen, dass Green den Filmtheoretikerinnen nicht unbekannt war, doch diesen − durch seine Nähe zu Luce Irigaray u.a. − zu körper-

bzw. affektzentriert war. Im Abschnitt von Roses psychoanalytischer Hamlet-Interpretation wird Green dann auch entsprechend von ihr vorgeführt:

»Wie um den Kreis zu schließen, macht André Green D.W. Winnicotts Begriff der mütterlichen Funktion zur Basis seines jüngst erschienenen Buches über *Hamlet*. Hier erscheint Weiblichkeit als das Prinzip des ästhetischen Prozesses selbst. Hamlet schließe die Weiblichkeit in sich selbst aus, doch schaffe es dafür Shakespeare, indem er eine durch seine Figur abgelehnte, degradierte, gewalttätige Weiblichkeit auf die Bühne bringe, jene andere Weiblichkeit in sich zu bewahren, die die Quelle seiner kreativen Kunst sei: [...] Kreativität an sich [...] erwächst nach Winnicott aus der Weiblichkeit, die der ursprüngliche Lebensraum sei, den allein die Mutter schaffe. Sie ist der Existenzzustand, in dem es noch keine Objektbeziehung, weil es noch kein Selbst gibt, welches sich, so Green, ›au-delà de la réprésentation‹, auf der anderen Seite der Repräsentation vor dem Auftauchen des Zeichens befände. [...] Doch es lohnt sich zu beachten, daß die Frau stets an dem Punkt auftaucht, wo Sprache und ästhetische Form entweder zu zerbröckeln beginnen, oder gar noch nicht existieren. ›Männlichkeit tut, Weiblichkeit ist‹ ist Winnicotts Definition«.[64]

Dieses ausführliche Zitat belegt nachdrücklich, mit welchen Bildern des Weiblichen diese Jahre intensiver feministischer Auseinandersetzung befrachtet waren. Heute lässt sich jedoch ein Umschwung feststellen, der diese Bilder des Weiblichen etwas aus dem Zentrum drängt. Denn nun zirkulieren auch Bilder vom männlichen Körper, der seinen sicheren, unhinterfragten, unsichtbaren Status offensichtlich verloren hat. Durch die postmodernen Auflösungstendenzen sowie die Verbreitung digitaler Netze zirkulieren Bilder von allen und allem. Bilder haben eine neue Evidenz erhalten, die es Medien- und Kulturwissenschaftlern wieder erlaubt, auf den Körper als affektiven zu rekurrieren. Dies lässt sich an Lisa Cartwrights Reaktion auf Jacqueline Rose ablesen:

»But my concern is not that Rose was mistaken in implying that Green might, like Irigaray, suggest that the body is a source to mine for a morphological basis of symbolic meaning. She overlooks the fact that his engagement with affective processes and their bodily course led him to think more closely about the routes through which affect functions both intra-psychically and intersubjectively, rather than to advance work on language ›from the body‹. Green emphasized throughout his 1973 book that affective experience is internally routed, ›tied to the body‹. However, because this tells him very little of use, he maintains a rigorous concern with the relationship between affect and representation, affect and perception, affect and analytic knowledge and, above all, with the intersubjective routes through which intrapsychic affect processes are projected and transformed in action.«[65]

André Green spielte seine Affektlehre in den sechziger Jahren, nach der großen Spaltung der französischen Psychoanalyse-Schulen, besonders gegen Lacans angebliche Repräsentationshegemonie aus. Sein 1973 erschienenes Buch *Le discours vivant*[66] geht zu Freud zurück, um von hier aus die Entwicklung des Affektiven aufzuarbeiten. Dieses Buch bildet Greens Basis, um mit Otto Kernberg u.a. gegen Lacan und dessen Schule aufzutreten. Greens Arbeit ist jedoch noch mit einer anderen französischen Denkerin verbunden, die innerhalb der feministischen Diskussion ebenfalls eine zentrale Rolle spielt: Julia Kristeva. Vor allem ihre *Revolution der poetischen Sprache*[67] hat wie kein anderes Werk die Zeichenanalyse psychischer Prozesse in der Literatur vorgeführt. Dabei hat sie deutlich gemacht, wie die zwei Seiten der Sprache, das Symbolische und das Semiotische, nicht trennbar sind, sondern vielmehr das Semiotische ständig in die symbolische Ordnung einbricht bzw. in dieser sich mitteilt. 20 Jahre später schreibt sie noch über den neuen Menschen der Postmoderne, dieser habe es eilig und keine Zeit, das psychische Leben, sprich seine Erfahrung, zu repräsentieren.[68] Doch Anfang der siebziger Jahre wendet auch sie sich mit Green gegen Lacan, um diesem vorzuwerfen, Trieb und Affekt als die irreduziblen Größen der Freudschen Psychoanalyse aufzuzehren. »Es kann hier [...] kein Zweifel bestehen«, schreibt Jacqueline Rose hierzu, »daß dieser Schlag gegen die Sprache selbst gerichtet ist, auch wenn wiederum Kristeva die beste Analytikerin der Gefahren ist, die dies nach sich ziehen kann«.[69] Rose zitiert Kristeva in einem Interview aus dem Jahr 1977, worin sie die non-verbalen Aspekte der US-amerikanischen Kultur als radikalere Zeichen von Widerstand formuliert.[70] Es fällt nicht schwer, sich vorzustellen, wie Rose diese Entwicklung von Kristeva in ihrer Publikation, die zehn Jahre nach dem Interview erscheint, einstuft – nämlich als bedenklich. Bedenklich, weil das Semiotische Gefahr läuft, zu einem Auffangbecken mütterlicher, ahistorischer, bedeutungsloser Seinsgewissheiten zu werden.

Dieser kurze Ausschnitt über die Lage in den Siebzigern bis Mitte der achtziger Jahre macht aber auch klar, dass der Streit um Sprache versus Affekt nicht nur eine lange Tradition hat, sondern immer wieder kulminiert und heute offensichtlich in einer neuen Austragungsphase steckt.

Wenn Lisa Cartwright Kristeva zitiert, dass diese den Trieb als »pivot between ›soma‹ and ›psyche‹, between biology and representation«[71] bestimmt hat, muss man sich fragen, weshalb dies jetzt als so bedeutungsvoll gelesen wird. Hat nicht Freud zu Beginn des 20. Jahrhunderts das Gleiche gesagt? Hat Kristeva mit dieser Definition nicht einfach auf die klassische Psychoanalyse-Literatur zurückgegriffen, die heute nicht mehr vertraut ist?

An der Affektlehre von Tomkins versuche ich aufzuzeigen, wie dessen Affektbegriff immer wieder äußerst nahe am Freudschen Trieb vorbeirutscht, und wie verzweifelt die Versuche sich mitunter gestalten, aus dem Netz des Sexuellen herauszukommen, das Freud angeblich gewaltsam über den Menschen gestülpt hat.[72] Ich habe auch mein Erstaunen darüber geäußert, wie Kosofsky Sedgwick mit Tomkins' Vorwurf einer »biologistischen« Psychoanalyse umgeht. Sie muss zwar zugestehen, dass die Annahme angeborener Affekte sicherlich nicht einfach zu akzeptieren ist, doch fordert sie ihre Leser auf, es trotzdem zu versuchen. Sowohl Kosofsky Sedgwicks als auch Cartwrights Anliegen ist es, mit ihrer Tomkins-Rezeption gegen die Dominanz der kognitiven Emotionspsychologie anzukämpfen, deren Einfluss besonders in der Medien- und Filmtheorie, auch im deutschsprachigen Raum, immer stärker wird und im Verbund mit der neurologischen Forschung zunehmend an Attraktivität gewinnt. Ob dies allerdings mit der Affektlehre von Tomkins zu bewerkstelligen ist, mag bezweifelt werden.

Nun gibt es nicht nur innerhalb der Medien- und Kulturtheorien Bestrebungen, sich mit der Neurobiologie zu verbünden oder zumindest einen derartigen Verbund als erstrebenswert zu erachten, auch die psychoanalytische Bewegung selbst unternimmt Anstrengungen, ihre Lehre auf eine biologische Basis zu stellen und Neurobiologie und Psychoanalyse als zwei Seiten derselben Medaille zu deklarieren.

André Green spricht in seinem Band *The Chains of Eros*[73] von einer »Metabiology«, die sinnvoller sei als eine »Metapsychologie«, wie sie Freud verfolgt hat. Doch sieht Green die Entwicklung in seinem eigenen Lager durchaus kritisch, als schrittweise Verschiebung oder besser Verabschiedung des Sexuellen aus den psychoanalytischen Konzepten selbst – besonders vorangetrieben von Vertretern der Objektbeziehungstheorie. Bei Winnicott und Klein könne man dies bereits verfolgen, schreibt Green, obwohl ersterer im Laufe seines späteren Werks wieder näher an Freud heranrückt.[74] Bei Winnicott ist die emotionale Verankerung des Kindes in der Realität primär – vor jeder libidinösen, autoerotischen Besetzung. Dass diese Realitätsausrichtung heute mit zahlreichen anderen Interessen konvergiert, muss nicht besonders betont werden. Wie sehr nun aber Anpassungsleistungen auf Seiten der Psychoanalyse unternommen werden, um durch eine neurobiologische Revision wieder Boden unter den Füßen zu gewinnen, möchte ich am Beispiel von Antonio Damasios Arbeit vorstellen. Dieser hat mit seiner Theorie der angeborenen Affekte als Überlebensstrategie inzwischen zahlreiche Psychoanalytiker affiziert (zu seinen Lesern zählen aber auch Kultur- und Geisteswissenschaftler).

VON DER SEELE DES GEHIRNS ZU DEN GEFÜHLEN ALS SORGE UM DEN ORGANISMUS

»Freud hatte Recht!« Mit diesem oder ähnlichen Slogans wirbt die Gehirnforschung für ihr großes Unterfangen, die Funktionen des Gehirns aufzuschlüsseln und nachzuweisen, wie somatische Aktionen und Reaktionen in psychische, geistige Übersetzungen transponiert werden bzw. wie sich körperliche und seelische

Reaktionen des Menschen entwickeln, die mit neuesten Aufzeichnungsverfahren *in situ* beobachtet werden können.

Antonio Damasio bestimmt Affekt und Emotion als phylo- und ontogenetische Basis der menschlichen Existenz. In seinem jüngsten Buch *Looking for Spinoza. Joy, Sorrow and the Feeling Brain*, das im Deutschen den vielsagenden Titel *Der Spinoza-Effekt*[75] trägt, hat sich Damasio auf die Spuren von Baruch Spinoza begeben, um klar zu stellen, dass dessen Immanenzphilosophie eigentlich nur auf die Neurobiologie gewartet hat. In Spinozas Weigerung, Körper und Geist als getrennte Einheiten anzunehmen, und sie als eine Frage von unterschiedlichen Intensitäten zu begreifen, sieht Damasio den ersten Schritt zur biologischen Definition des Bewusstseins.[76] Damasio bestimmt Affekte, durchaus vergleichbar dem Tomkinsschen angeborenen Affektsystem, als primäres Körper-Umwelt-System, das für das Überleben des Menschen verantwortlich ist. Allerdings werden aus den Tomkinsschen Affekten im System von Damasio Emotionen, wodurch er mit einer weit verbreiteten Definition innerhalb der Kognitionspsychologie korreliert. Wenn wir hier also wieder auf Affekte stoßen, dann sind es diesmal Emotionen, die den Gefühlen entwicklungsgeschichtlich vorausgehen. Affekte im Sinne Tomkins' kommen bei Damasio nicht vor, sondern sind deckungsgleich mit seiner Liste der Emotionen. Affekt ist für Damasio ein Oberbegriff, der Emotion und Gefühl umfasst:

»Primary or universal emotions: happiness, sadness, fear, anger, surprise, disgust. Secondary or social emotions: embarrassment, jealousy, guilt, pride. Background emotions: well-being, malaise, calm, tension.«[77]

Emotionen spielen sich auf der Bühne des Körpers ab, wie Damasio ausführt, während die Gefühle sich des Geistes bemächtigen. Emotionen sind der unbewusste, sprich körperliche Aspekt, Gefühle das, was symbolisiert werden kann, worüber man sich verständigen kann. Verblüffend sind Damasios zwei zentrale Begriffe, mit welchen er Bewusstsein, Gefühle und Emotionen zu verbinden sucht: »Patterns« und »images«, also Muster und Bilder. Bilder sind mental und nicht nur visuell, bewusste Bilder sind nur dem Individuum zugänglich, während Bilder als neuronale Muster sich nur einem Beobachter zeigen. Gedanken sind ein Fluss von Bildern.[78] Im ersten Moment erinnert diese Rede vom Bilderfluss an Bergson und sein Bilduniversum, innerhalb dessen der Körper als besonderes Bild besteht. Doch es wird schnell klar, dass Damasio mit einem gänzlich anderen Bildbegriff operiert. In der Interpretation Damasios gerät dann sein von Spinoza beeinflusster Affektbegriff auch in überraschende Nähe zu Tomkins' Affektverständnis. Bei Spinoza heißt es: »Unter Affekt verstehe ich die Affektionen des Körpers, durch die die Wirkungskraft des Körpers vermehrt oder vermindert, gefördert oder gehemmt wird, und zugleich die Ideen dieser Affektionen.«[79] Und auch was den Körper als Gegenstand der Idee, die er »Geist« nennt, betrifft, folgt Damasio seinem Vorbild Spinoza. Der Körper ist also als »pattern«, als Muster, im Geist als

Gefühl vorhanden, vertreten, repräsentiert. Es gibt jedoch auch für Damasio eine Barriere, die er nicht einfach ignorieren kann: das Bewusstsein. Doch ist er, wie er betont, klug genug gewesen, nicht der allgemeinen Auffassung zu folgen, nach der man sich nur über die Sprache dem Bewusstsein annähern kann, sondern er begreift dieses zunächst ohne Sprache:

»Consciousness begins when brains acquire the power […] of telling a story withoud words, the story that there is life ticking away in an organism, and that the states of the living organism, within body bounds, are continuously being altered by encounters with objects or events in its environment, or […] by thoughts and by internal adjustments of the life process. Consciousness emerges when this primordial story – the story of an object causally changing the state of the body – can be told using the universal nonverbal vocabulary of body signals. The apparent self emerges as the feeling of a feeling. When the story as first told […] without it ever having been requested, and forevermore after that when the story is repeated, knowledge about what the organism is living through automatically emerges as the answer to a question never asked. From that moment on we begin to know.«[80]

Bewusstsein hat also originär mit Sprache nichts zu tun, sondern entsteht, wenn Gefühle Bilder vom Körper produzieren und so Gedanken ermöglichen, die dann in Sprache übersetzt werden. Inzwischen wird Damasio von verschiedenen Psychologen vorgeworfen, die alte »James-Lange-Theorie der Gefühle« wieder ausgegraben zu haben. Nach William James sind wir traurig, weil wir Tränen verspüren, wir sind zornig, weil wir schlagen, wir sind erschrocken, weil wir zittern, usw. Auch Carl Lange entwickelte, zeitgleich (im letzten Drittel des 19. Jahrhunderts) und unabhängig von James dieselbe Ansicht, dass Gefühle Begleiterscheinungen körperlicher Reaktionen sind. Dieser Ansatz unterscheidet kaum zwischen Instinkthandlungen und emotionalen Reaktionen. Ästhetische Gefühle, moralische und ethische, werden von James nicht ernsthaft behandelt, weil sie auch ohne körperliche Reaktionen stattfinden können.[81]

Alexander Kochinka hat in seiner *Begriffliche(n) Arbeit am Gefühl* eine diesem Ansatz völlig entgegengesetzte Definition vorgeschlagen und damit der Gleichsetzung von Denken und Gefühl, wie sie durch Damasio vertreten wird, entschieden widersprochen: Gefühle können nur symbolisch erfasst werden – mit der Sprache und der Körpersprache. Physiologische Phänomene wie Puls oder Herzklopfen werden von Kochinka aus dem Terrain der Gefühle ausgeklammert, da diese nicht symbolisierbar sind (sie sind jedoch aufzeichnungsfähig und visualisierbar, empirisch beleg- und analytisch messbar). Nach Kochinka sind diese jedoch kein Gefühl, sondern ein Affekt, also eine rein körperliche Reaktion, die jeder Signifikation nicht nur vorangeht, sondern von dieser auch nicht eingeholt werden kann.[82] (Hier sind wir dann wieder bei Massumis Bestimmung angelangt!)

Uwe Laucken hat in einem umfassenden Artikel eine Zusammenschau gegenwärtiger neurologischer Standpunkte unternommen, worin er u.a. auch die

Gleichsetzung bzw. Parallellauffassung von Gefühl und physiologischen Prozessen kritisiert. Dabei werde Bewusstsein (Geist) als ein Zustand der physikalischen Materie begriffen: »Mir ist nicht bekannt, dass ›mental features‹ bestimmter neuronaler Prozesse die ›Ohne anders?‹-Probe irgendwo überstanden haben. Das heißt, es handelt sich bei dieser ›Eigenschaft der Materie‹ um eine beliebige Hinzudichtung. So ließe sich auch behaupten, dass jedes Gehirn von einer Schar kleiner Engel umwölkt sei.«[83] Damit kritisiert Laucken natürlich auch Damasio, der Bewusstsein oder Geist als biologische Entität begreift, die durch Gefühle und in einem weiteren Schritt durch die Sprache übersetzt wird. Übersetzungen von biologischen Einheiten in mentale bzw. symbolisch-psychische Phänomene in biologisch-neuronale Faktizitäten sind derzeit sehr attraktiv. Ein äußerst prominentes Beispiel ist hierfür die neurophysiologische Übersetzung bzw. Re-Interpretation der Psychoanalyse.

Der Band *Die Individualität des Gehirns* von François Ansermet und Pierre Magistretti soll hier exemplarisch für eine populärwissenschaftliche Tendenz angeführt werden, die die Medien bereitwillig aufgreifen. Die Psychoanalyse wird leicht verständlich mit neurobiologischen Gemeinplätzen zusammengeführt, die eine vertrauensvolle Atmosphäre schaffen, in der der Konsument Einblick über die Natur seiner seelischen Probleme gewinnen soll. Wie alle ihre Kollegen operieren auch diese beiden Autoren mit Alltagsbeispielen, mit denen sie das komplexe Geschehen des Gehirns anschaulich erklären wollen.[84] Die Vorstellung von Meer, Sonne und Sand produziert also körperliche Reaktionen, die für ein somatisches Befinden verantwortlich sind. Warum ist das so, wollen die Autoren wissen. Weil der Körper, so ihre Antwort, eine weitaus größere Rolle spielt als wir zunächst glauben. Mit Damasios Ansatz wird sodann das gesamte Kapitel über *Wahrnehmung und Emotion* bestritten. Kein einziger Hinweis auf die Psychoanalyse, der lediglich der Ausdruck einer »inneren unbewussten Realität«[85] entliehen wird, ohne dass dieser Begriff erklärt wird. Was bedeutet an dieser Stelle »unbewusst«, »somatisch«, »autonomes Nervensystem«, »unmittelbar«? Alles dies können die Leser nur erahnen, denn Ansermet und Magistretti referieren ausschließlich Damasios These der Verschmelzung von äußerer Wahrnehmung und inneren Emotionen, so genannte »somatische Marker«. Im Abschnitt *Die Milch und das Geräusch der Tür. Psychische Spuren und somatische Zustände*[86] wird eine Schlüsselfiguration der Psychoanalyse und auch Lacans »Ding« zitiert, doch die hochkomplexe Klaviatur von Bedürfnis, Anspruch und Begehren ist auf ein Unlust-Lustmodell reduziert worden, das sich wie folgt zusammenfassen lässt: Der somatische Zustand des Säuglings erzeugt einen vitalen Trieb, der sich im Schreien auflöst. Dieses Schreien ist ein biologisches Schreien, das zu diesem Zeitpunkt noch keine psychische Intentionalität kennt. Dennoch löst es eine Handlung einer anderen Person aus, die Mutter gibt dem Säugling die Brust. Diese Brust ist zunächst wirklich (also das Lacansche »Ding«, wie die Autoren schreiben), wird dann allerdings im

Laufe der Zeit durch sogenannte Aufzeichnungsverfahren (die Erinnerungsspuren entstehen lassen) mehr und mehr mit anderen Assoziationen vermischt und zunehmend abstrakter. Ein Türgeräusch kann demnach das Befriedigungserlebnis genauso markieren wie eine rosa Bluse.[87] Diese Beispiele untermauern nur nochmals, mit welch naiv-oberflächlichen Theorie-Ausführungen wir es hier zu tun haben. Von einer Verzahnung von Neurobiologie und Psychoanalyse kann nicht ernsthaft die Rede sein. Doch ist für die aktuelle Umorientierung symptomatisch – auch in den Reihen der Psychoanalyse selbst, dass eine einfache Leseweise attraktiver ist und offenbar leicht zum Glauben an die ausschließlich neurobiologischen Fundamente der humanen Existenz verführt. Am Ende seines *Spinoza-Effekts* stellt Damasio die entscheidende Frage: Warum brauchen wir diesen Geist oder das Bewusstsein überhaupt, wenn doch der Organismus und das sich mit diesem in ständiger Interaktion befindliche Gehirn für das Überleben des Menschen verantwortlich sind? Warum genügen denn die »neuronalen Karten« nicht? Als Antwort verweist er auf den »Selbst-Sinn«, der für die Orientierung in der Welt notwendig ist: »Der Selbst-Sinn schafft auf der Ebene der geistigen Prozesse das Empfinden, dass alle Aktivitäten, die gerade in Gehirn und Geist dargestellt werden, zu einem einzigen Organismus gehören, dessen Selbsterhaltungsbedürfnisse der Hauptgrund für die meisten dieser zu einem bestimmten Zeitpunkt abgebildeten Ereignisse ist. Der Selbst-Sinn richtet die geistigen Planungsprozesse auf die Befriedigung dieser Bedürfnisse aus. Diese Orientierung ist nur möglich, weil Gefühle fester Bestandteil der Operationen sind, die den Selbst-Sinn konstituieren, und weil die Gefühle im Geist ständig die Sorge um den Organismus hervorrufen.«[88]

EXKURS:
ZUM PERFORMATIVEN EREIGNIS

Eine wichtige Entwicklung in der Kunst und vor allem auch in den Medien- und Kulturtheorien war die Wiederentdeckung des Performativen, von dem auffällig schnell behauptet wurde, den neuen *turn* der neunziger Jahre einzuleiten. Seitdem sind neue Themen bei der Analyse von Sprache, Kultur und Kunst in den Blickpunkt gerückt, die Sybille Krämer folgendermaßen auflistet: Das Ereignis und seine Wiederholung, die Verkörperung, wodurch Sinn aus Nicht-Sinn hervorgeht, die Realisierung als Überschuss, das Aufsprengen des dichotomen Denkens sowie ein Stück Gegenaufklärung, dass Handlung und Sprache nicht ident sind.[89] Die Fragen nach dem Nicht-Sinn, nach dem Überschuss sowie der Sprengung oder Überwindung eines dichotomen Denkens sind in eine lange Tradition eingebettet und der Umstand, dass diese Themen heute an den unterschiedlich-

sten Orten artikuliert werden, kann zu der Annahme verleiten, dass möglicherweise mehr als nur forschungspolitische Strategien auf den Spiel stehen. Mit diesem Abrücken von sprachzentrierten Ansätzen soll der Blick wieder auf das
Ausgeklammerte, Unterdrückte und Ignorierte freigegeben werden. Dies kann
nun nicht mehr überraschen. Denn schon zu den Hochzeiten poststrukturalisti-
scher Körper-Debatten wurde immer wieder betont, dass der Körper kein Text
ist, sondern Materie, Präsenz. Die Signale einer neuen Phase des materiellen, prä-
senten Körpers sind nicht zu übersehen. Hans Ulrich Gumbrecht spricht vom
»Traum einer Allgegenwart«, dem also offensichtlich nicht nur *computernerds* nach-
hängen, sondern auch Verfechter performativer Kunst- und Kulturanalysen.[90]

Dieter Mersch bezeichnet *Dada* und *Surrealismus* als Archive der performativen Kunst des 20. Jahrhunderts. An diesen Kunstbewegungen macht Mersch einen ersten Paradigmenwechsel in der Kunst fest: »Kunst verschiebt sich, wird zur
Praxis, zum evolutionären Prozeß, zum Akt, zum einmaligen Geschehnis. [...]
Kunst wechselt in ein anderes Land, einen anderen Bezirk, der nicht mehr das Ge-
biet der Bedeutung, *sondern Wiederherstellung des Ekstatischen im Praktischen ist.*«[91]

Die Kunst der letzten fünfzig Jahre ist nach Mersch Ereigniskunst, sie handelt
in der Gegenwart und kreist das Hier und Jetzt ein. Nicht mehr das Werk, die
Produktion, sondern das Ereignis ist ihr Ziel und Sinn. Joseph Beuys und John
Cage werden stellvertretend bzw. als Initiatoren dieser neuen Kunstauffassung zitiert. Damit zieht Mersch eine Linie von Duchamp über die Performance-Künste
bis zur Dienstleistungskunst. Ob *Wiener Aktionismus, Fluxus, Happening, Feministische Performance-* und *Body-Art*, alle unternehmen sie den Versuch, so Mersch weiter, jenes Moment zu fixieren, das sich aufgrund der materiellen Beschaffenheit
des Subjekts entzieht. Die medialen Aufzeichnungsverfahren sind für ihn auch ein
ständiger Hinweis auf dieses Verfehlen oder stellen den verzweifelten Versuch dar,
etwas festzuhalten, was sich seiner Speicherung, Archivierung und Reproduktion
entzieht, letztlich entziehen muss.

Die »Wiederverzauberung der Welt« sowie eine »Verwandlung der an ihr
Beteiligten« ist für Erika Fischer-Lichte die große Geste der performativen Kunst:
»Es ist die Ereignishaftigkeit von Aufführungen, die sich in der leiblichen Ko-Prä-
senz von Akteuren und Zuschauern, in der performativen Hervorbringung von
Materialität, in der Emergenz von Bedeutung artikuliert und in Erscheinung tritt,
welche derartige Prozesse der Transformation ermöglicht und bewirkt.«[92]

Während Fischer-Lichte ihre Definition auf alle Aufführungen gleich welcher Art und welcher Epoche (von der Oper über das Theater zur Performance)
bezieht, erhebt Mersch die Kategorie des Performativen überhaupt zur Universalkategorie – universal, da »[j]edem Bild, jeder Schaffung eines Objekts, jedem Akt
oder jeder auch noch so unscheinbaren Handlung [...] bereits ein performativer
Zug zu[kommt].«[93] Und er schreibt weiter: »Das Performative gründet folglich in

der Lücke, die zwischen den Setzungen, ihren Ereignissen klafft: Es ent-springt dem Horizont ihres Risses.«[94]

Spätestens hier wird deutlich, dass das Performative in dieser Definition nicht mehr auf den Bereich der Kunst beschränkt wird oder diesen als ihren besonderen Ort anerkennt. Das Performative umspannt vielmehr die gesamte Existenz des menschlichen Seins. Damit ist jedoch die Nähe zu einem anderen Begriff von Performanz gegeben, dem Begriff von *doing gender*, wie er von Judith Butler in die Gender-Theorie eingeführt worden ist. Wie diese betont, gelangt der Körper erst durch seine Symbolisation als männlich und weiblich zu seiner Existenz. Auch Mersch betont, dass die Materie nur durch ihre Form in Erscheinung tritt. Das Performative wird hier ebenfalls als etwas bestimmt, das nur in seiner Transposition in Erscheinung treten kann. Mersch hat diese identitätskonstituierende Dimension jedoch nicht im Auge, sondern verbleibt im ästhetischen Feld der Kunst als Erfahrungsermöglichung.

Im Jahr 2000 publizierte *Texte zur Kunst* ein Schwerpunktheft zu *Performance*, um der Verbreitung des Begriffs des *Performativen* in Kunst und Kulturtheorien nachzuspüren. Eckhard Schumacher hat darin das Verhältnis von Performance (in der Kunst) und Performativität untersucht und dabei besonders den Live-Aspekt im Sinne von Präsenz und Authentizität in den Vordergrund gestellt.[95] Ein Charakteristikum, dem auch Fischer-Lichte und Mersch zustimmen würden. Bei diesem Live-Aspekt spielt nun jedoch vor allem Peggy Phelan eine große Rolle, die *grande dame* der Analyse von Performance-Kunst, die dieses Live-Moment anders als die beiden zuvor Genannten bestimmt. Phelan hat in *Unmarked*[96] eine Ontologie der Performance vorgelegt, in der die *Performance* keine Reproduktion zulässt, sondern ihre Existenz sich ausschließlich im Verschwinden manifestiert. Am Beispiel von Cindy Sherman, Robert Mapplethorpe und Mia Schor, am Beispiel der Filme PARIS IS BURNING von Jennie Livingston und THE MAN WHO ENVIED WOMEN von Yvonne Rainer sowie des Theaters von Tom Stoppard definiert Phelan *Performance* als das Bemühen, das Reale einzufangen und darzustellen. Dieses Reale, besonders mit der Psychoanalyse von Jacques Lacan verknüpft, entzieht sich jedoch jeder Symbolisation bzw. bildet umgekehrt ihr konstitutives Moment. *Performance Art* unternimmt, wie Phelan schreibt, den Versuch, das zu inszenieren, was sich zwischen Körper und Psychischem ereignet. In diesem Punkt ist ihre Argumentation der von Dieter Mersch durchaus ähnlich, der ja das Moment des Festhaltens, der medialen Aufzeichnung und Reproduktion immer schon als Tod der performativen Kunst betrachtet.[97]

VOM WISSEN DES HANDELNS

In der Diskussion um das Performative wird zwar ständig darauf verwiesen, dass es um das Nichtdiskursive, um das Ereignis und um die Erinnerung geht, doch interessanterweise ist nie die Rede vom Unbewussten. Dieses ist jedoch, ohne explizit benannt zu sein, mit dem Performativen und damit mit der körperlichen Bewegung gleichgesetzt.

Beim Theater, bei Kunst-Performances und ähnlichen Interventionen ist das Handeln ein intentionales, die Reden sind gelernt, die Abläufe einstudiert und geübt. Auch Events sind bis zu einem gewissen Grad geplante, gesteuerte Aktionen, auch wenn Unvorhergesehenes eintreten kann: Zuschauer können aufstehen und gehen, Schauspieler können aus der Rolle fallen, Aktionskünstler werden krank und die Ergriffenheit, die sich bei Olafur Eliassons Installationen einstellt, lässt sich nicht verordnen.

Alles, was sich dem Sagbaren entzieht, was sich nicht steuern lässt, wird nun dem Performativen überantwortet, womit dieses zum paradigmatischen Ort ideologischer Adressierung werden kann.

Slavoj Žižek hat in seinen Abhandlungen zur Ideologie und ihrer Einrichtung des Subjekts die Frage nach dem Wissen gestellt, also danach, wann wir wissen und was wir wissen, wenn wir tun. Warum handeln wir so, obwohl wir wissen, dass es anders besser ist? Auf welcher Seite operiert die Ideologie? Auf der des Wissens oder auf der des Tuns? Žižeks Antwort: Ideologie ist auf der Seite des Tuns zu veranschlagen. Indem wir tun, positionieren wir uns als Subjekte im Hinblick auf eine Nation, ein Geschlecht, eine ethnische Gruppierung.[98]

Performativität kann daher als jene Dimension begriffen werden, in der das Subjekt in seine Realität eingepasst wird. Denkt man hierbei an die klassischen Sprechakttheorie-Beispiele wie »Ich taufe dieses Schiff«, »Ich heirate dich«, so ist dies ganz offensichtlich. Doch eine künstlerische Praxis oder Intervention fordert für sich genau das Gegenteil. Sie möchte Wahrnehmungen, Bedeutungen und damit Realitäten verschieben, irritieren, aushebeln. Deshalb ist es notwendig, den Diskurs über das Performative zu differenzieren. Ein Verständnis von Performativität, das, wie Mersch schreibt, jeden Akt, jede Setzung auszeichnet, ist nicht produktiv, es klammert vielmehr jede Differenz aus. Performative Setzungen sind jedoch nie neutral, sondern ihre Kontexte produzieren ein *surplus*, das dem Performativen seine Unschuld nimmt.

Ich möchte deshalb einen anderen Weg vorschlagen und einen Blick von Außen auf das Feld des performativen Einsatzes werfen und stattdessen nach seiner Funktion fragen. Denn es ist nicht zu übersehen, dass sich gegenwärtig in vielen Bereichen massive Veränderungen abzuzeichnen beginnen. Gehirn- und Genforschung, Medien und Theorie arbeiten, wie hier vielfach ausgeführt, gemeinsam und gleichzeitig an einer Umgestaltung, bei der ein Moment sich unverhüllt als zentrales Anliegen zeigt: Das menschliche Bewusstsein und mit diesem die Frage nach seinen Emotionen und Affekten. Diese sollen transparent werden, um das Funktionieren von Mensch, Politik und Maschine kompatibler zu machen. Dazu gehört auch die Sehnsucht nach Sinnlichkeit (in Theorie und Kunst gleichermaßen), nach Authentizität in den Medien, Sicherheit in der Politik und Privatisierung (Ökonomisierung) des Sozialen. Nicht zufällig ist John Searle von der Sprechakttheorie zur Gehirnforschung übergetreten und fordert nun das Abdanken der Philosophie, die seiner Meinung nach die Entwicklungen der neurowissenschaftlichen Forschungen nur überflüssigerweise stört.

Ein Blick auf die performative Ausweitung, auf die aktuelle Fokussierung der performativen Momente in Theorie, Medien- und Kunstpraxen lässt daher den Verdacht aufkommen, dass diese möglicherweise als symptomatisch begriffen werden kann. Performativität als Symptom bedeutet dann die Funktion des Performativen als doppelte wahrzunehmen: als Ausdruck eines Entwicklungszwangs und gleichzeitig als ein Hinweis auf tiefere Schichten in Bewegung. Ich werde dieses symptomatische Lesen im letzten Kapitel nochmals aufgreifen, um zu demonstrieren, wie kontingente Verknotungen sich als unausweichliche – im Symptom – manifestieren.

Im Folgenden wird der Blick auf die Entwicklung des digitalen Raumes gelenkt, der sich im letzten Vierteljahrhundert flächendeckend ausgebreitet hat. Der Cyberspace hat den *affective turn* zwar nicht bedingt, jedoch maßgeblich verstärkt. Wie an früherer Stelle ausgeführt, unterhalten die digitalen Bilder aus verschiedenen Gründen eine enge Beziehung zum Affektiven. Rückschauend soll das besondere Verhältnis des Digitalen zur Sexualität aufgerollt werden, um im letzten Kapitel eine kritisch-spekulative Vorschau zu einer affektiven Sexualität zu unternehmen.

Im Jahr 2000 hat die *ars electronica* unter dem Motto *Next Sex* Künstler, Biologen und Theoretiker (aus Naturwissenschaften, Psychiatrie und Evolutionsforschung) eingeladen. Von der künstlichen Gebärmutter des Japaners Nobuya Unno über Randy Thornhills abstruse Theorie der evolutionär bedingten Vergewaltigung bis zur Antibabypille von Carl Djerassi spannte sich der Bogen, der den *Sex im Zeitalter seiner reproduktionstechnischen Überflüssigkeit* vorstellen sollte.

Next Sex, dies wurde schnell klar, begriff *sex* ausschließlich als Fortpflanzung, und die Herren der Schöpfung investieren oftmals ihre gesamte Lebenszeit, um diese in den Griff – sprich aus dem Mutterleib und ins Labor – zu bekommen. Doch gerade bei der künstlichen Befruchtung wird immer wieder unfreiwillig deutlich, dass über das konkrete Procedere hinaus noch mehr im Spiel ist. Die Frage, warum jemand Kinder haben will, warum jemand keine hat und andere abtreiben, warum Frauen und Männer alles nur technisch Mögliche unternehmen, um ein eigenes Kind zu bekommen – dies alles ist eingebettet in eine symbolisch-imaginäre Ordnung, durch die Sexualität überhaupt erst entsteht. Sexualität ist – von Freuds bis zu Lacans Definition – nie in Bedürfnisbefriedigung aufgegangen, sondern beinhaltet, um Sexualität zu sein, neben dem Bedürfnis immer die Dimension des Begehrens und die des Anspruchs.[1]

In der Formulierung von Jean Laplanche und Jean-Bertrand Pontalis heißt es hierzu: »The whole point is to show that human beings have lost their instincts, especially their sexual instinct and, more specifically still, their instinct to reproduce [...] drives and forms of behaviour are plastic, mobile and interchangeable. Above all, it foregrounds their [...] vicariousness, the ability of one drive to take place of another.«[2] Die Plastizität, Formbarkeit und die Anpassung an jede neue Bedingung, die Laplanche und Pontalis als charakteristisch für die sexuelle Dimension des Menschen postulieren, hat sich in den letzten Jahren in der digitalen Welt des Cyberspace aufs Neue inszenieren können. Die Kraft zur Aushebelung gesellschaftlicher Ordnungen, die der Digitalisierung zugesprochen wurde, hört sich inzwischen allerdings weniger apokalyptisch als noch vor ein paar Jahren an.

Paul Virilio hat für die Digitalisierung noch den Begriff der »tele-action« gebraucht, um damit die Ersetzung eines direkten Handelns durch ein »Handeln-
auf-Distanz« kulturpessimistisch zu definieren. In seiner Sichtweise wird dieses
Handeln, Kommunizieren und Fühlen auf Distanz *à la longue* zur völligen Desorientierung des Menschen führen:

>*To be* used to mean to be somewhere, to be situated, in the here and now,
but the situation of the essence of being is undermined by the instantaneity, the
immediacy, and the ubiquity which are characteristic of our epoch. […] From
now on, humankind will have to act in two worlds at once. This opens up extra-
ordinary possibilities, but at the same time we face the test of a tearing-up of the
being, with awkward consequences. We can rejoice in these new opportunities if
and only if we also are conscious of their dangers.«[3]

Heute spricht niemand mehr von Gefahren, sondern der Umstand, überall
gleichzeitig sein zu können, wird als neue Stufe in einer Medientheorie des globalen Bewusstseins wahrgenommen. Gehirn und Umwelt kommunizieren über
Signale, Mensch und Umwelt agieren und reagieren interaktiv, spontan, affektiv.

In Filmen wird seit langem durchgespielt, wie diese Signale die Haut des
Körpers poröser werden lassen sowie das Gehirn der anderen fotografieren und
aufzeichnen: Im Film STRANGE DAYS (1995) (Abb. 08-13) von Kathryn Bigelow
wird die Verbindung Mensch und Gehirn über ein *Squid* hergestellt. Was jemand
denkt und fühlt, wird von diesem Gerät aufgezeichnet, und ein anderer kann über
dieses *squid* die gespeicherten Gefühle (als »fühlbare« Bilder) abrufen. Die Wünsche und Sehnsüchte, Ängste und Glücksmomente anderer, gespeichert auf einem
Chip, machen diese fremden Gefühle zu eigenen. Auch David Cronenberg hat in
SCANNERS (1980), VIDEODROME (1982) und EXISTENZ (1999) (Abb. 14-21) die
hypothetischen Verbindungen von Mensch und Medien thematisiert – über
Kommunikationsdrähte (Telefonleitungen und telepathische Veranlagung), durch
Mediensignale und Fernsehbilder werden die Menschen in diesen Filmen aufge-
saugt, Realitäten und ihre Simulationen werden ununterscheidbar. Darüber hin-
aus verschwindet die Grenze zwischen Maschine und Mensch. Im Videoclip von
Chris Cunningham zu Björks Song *All is Full of Love* (1999) steht ein Cyborg im
Mittelpunkt, der sich in seiner Einsamkeit (s)einem Klon zuwendet. Auch künst-
liche Wesen (Maschinenwesen) l(i)eben zu zweit offenbar besser (Abb. 22-23).

In der Medienkunst der neunziger Jahre wurde die Warnung Virilios euphorisch zelebriert. Stahl Stenslie und Kirk Woolford haben die Variante »Mensch an
(Liebes-)Maschine über große Distanzen vernetzt« in ihrem Projekt *CyberSM*
(1993/94) vorgeführt. Zwei Personen – eine in Paris, die andere in Köln – ver-
kehrten distant-sexuell miteinander. Eingezwängt in Gummianzüge und angeschlossen an Computer wurden ihre Bewegungen, Regungen, Haut- und Herz-
frequenzen berechnet und übertragen, so dass es zu einer echten Simulation von
Erregung und zum Orgasmus kommen sollte (Abb. 24).

Eine andere Form der Entgrenzung inszeniert der Film DANDY DUST (1998) von Hans Scheirl. Obwohl es in dem Film weder um den *cyberspace* noch um die Figur des Cyborgs geht, handelt er ausschließlich von anderen Existenzen in anderen Räumen, monströsen Zwittergebilden, maschinell erweiterten Körpern, von einem Begehren ohne geschlechtliche Orientierung und perversen Lüsten. Diese Wesen haben, wie Rachel Armstrong schreibt, »einiges zu bieten. Sie stellen körperlich unter Beweis, daß es möglich ist, die Auslöschung, die Vernichtung oder die erdrückende Vereinnahmung durch den patriarchalischen, sozialen, technologischen und medizinischen Druck auf den Körper zu bekämpfen; man kann ihre Verfahren als Überlebenskunst bezeichnen.«[4]

Mensch und Maschine verbinden sich, um sich aufzusprengen oder sie verbinden sich, um in emotionale Tiefendimensionen vorzudringen, die ohne elektronische Unterstützung nicht erreichbar sind. Die Bewegung – hinaus und hinein – unterstreicht jedoch einen Aspekt, den alle hier angeführten Beispiele aus Film und Kunst absichtlich oder unbewusst ausspielen: das Nichtankommen bei sich im Anderen oder – *je ferner, desto näher.*[5] Ob dies technisch vorgeführt wird wie im *CyberSM*-Projekt oder mit Kamerafahrten, Schnitt und Sound ausgelotet – die elektronische Verstärkung führt immer wieder vor Augen, dass Stand- und Seinsort nicht ident sind, wie dies Derrick de Kerckhove behauptet hat.[6]

Auch außerhalb der künstlichen und filmischen Realitäten lässt sich in den letzten Jahren die spielerische Übernahme von Identitäten beobachten. Doch ist der hierfür verwendete Begriff einer »Metrosexualität«,[7] den Marjorie Garbner geprägt hat, irreführend und verwechselt »Rolle« und »Imperativ« bezüglich Sexualität und geschlechtlicher Identitäten. Wenn Medien, Musik und die Cyberwelt mit Uneindeutigkeiten, mit changierenden sexuellen Orientierungen, männlichen und weiblichen Mischungen operieren und eine *queere* Lebensfreude suggerieren, verkennen sie ihren eigenen Part, *imaginäre settings* zu produzieren, die dieses Spiel mit sexuellen Identitäten begehrlich macht.

Damit wird deutlich, dass Sexualität im Sinne eines vorgängigen Sexuellen (also vor einer bewussten, von einem Ich kontrollierbaren Organisation) keine humane Einrichtung ist, sondern, wie es Charles Shepherdson bezeichnet, ein Imperativ, der sich durch Freuds Unterscheidung von Trieb und Instinkt ergibt. Diesen imperativen Charakter zu unterstreichen, bedeutet, auf der strukturellen Unvermeidbarkeit von Repräsentation zu insistieren, die Sexualität auszeichnet. Dies ist alles andere als eine Rückkehr zu einer körperlichen Natur oder natürlichen Körperlichkeit, sondern vielmehr ein Hinweis darauf, dass Sexualität in der psychoanalytischen Fassung weder *sex* noch *gender* bezeichnet, den Körper weder als biologische Tatsache noch als soziales Konstrukt, sondern Sexualität als konstitutiv denaturalisiert, »organized by the image and the word«,[8] begreift. Gender kann jedoch als Rolle verstanden werden, da sie aus Regeln, Normen, Ritualen, ihren Überschreitungen und ständigen Wiederholungen besteht. Das heißt, die euphorische Eroberung des *cyberspace* als Spielfeld für Gender-Rollen hat immer schon den Imperativ des Sexuellen ausklammern müssen, damit das Spiel in Gang kommen kann.

UNBEWUSSTE SEXUALITÄT UND VIRTUELLES GESCHLECHT

Ich habe Judith Butlers *Unbehagen der Geschlechter* von Anfang an mit Haraways *Manifest für Cyborgs* in Verbindung gesetzt und versucht, beide Ansätze, trotz gravierender Differenzen, zueinander in Beziehung zu bringen. Doch beide Theoretikerinnen waren an einer gegenseitigen Rezeption nie interessiert, und die euphorische Rezeption der frühen neunziger Jahre hat nur noch mehr dazu beigetragen, das Konzept der Cyborg und dasjenige des »doing gender« in ihren grundsätzlichen Unterschiedlichkeiten systematisch zu verkennen. Während Butler das Unbewusste von Identitäten politisch stark machen wollte, hat Haraway diesen Begriff insgesamt abgelehnt und sich statt dessen für ein Handeln ausgesprochen, das seine Subjekte als a priori politische setzt. Trotzdem wäre es interessant gewesen, in der Hochphase der Gender- und Cyborg-Debatte die beiden miteinander zu verquicken, anstatt sie mehr und mehr in getrennte Richtungen zu entwickeln. Interessant deshalb, weil die Cyborgs in der Literatur, im Film sowie in der Computerforschung immer daran arbeiten, Mensch zu werden. Die Cyborgs müssen etwas erlernen, was das menschliche Subjekt nicht hat und nicht weiß. Jene unbewusste Dimension, die das *doing* von *gender* anleitet, ohne dass *gender* weiß, wie ihm geschieht. Doch die Theorien und Erfinder der Cyberwelten haben sich von Beginn an in eine »postgender world«[9] verabschiedet, um auf eine Politik zu reagieren, die *gender identities* längst als überholt zu betrachten begonnen hat. Dabei hätte die kybernetische Basis der Cyborgs einen direkten Draht zum Unbewussten des Subjekts ermöglichen können. Doch auch dies haben die kybernetischen Medientheorien und die sich an Lacan abarbeitenden Gendertheorien sowie die mit Haraway operierenden Technikwissenschaften längst vergessen.

Ich spiele hier auf das Verhältnis von Lacan und der Kybernetik an, welches durchaus Verbindungen zwischen beiden Terrains zugelassen hat. Das Unbewusste, jener weder biologische noch mathematische, weder metaphysische, jedoch sprachlich sich mitproduzierende Zu-Satz, der, wie Annette Bitsch es formuliert, »sich nur in die Black Boxes der Kybernetik einführen lässt«, und welches Lacan »staunend, ausgeschlafen, fasziniert, mit den kybernetischen Maschinen kurz-(schließt)«.[10] Ein großer Abstand liegt zwischen der kybernetischen Schaltung und der heute betriebenen neurobiologischen Repräsentation des Unbewussten durch visuelle Lokalisierungsverfahren im Gehirn. Aber dieser Schritt ist auch parallel zu der Verabschiedung von Freud, Lacan und Foucault durch Haraway zu sehen. Psychoanalyse und die *Geburt der Klinik*[11] konnten in ihren Augen den neuen Anforderungen nicht gerecht werden bzw. verfehlten die aktuelle Politik und Ökonomie. Stattdessen forderte Haraway die Frauen auf, cyberpolitisch und -theoretisch ein Hybridwesen zu entwickeln, das als Denkmodell den postmodernen Überlebensanforderungen gewachsen sein sollte – als ein Oberflächenwesen, ohne seelischen Tiefgang konzipiert, verweigert es sich der alten, psychoanalytischen Geschichte von Papa und Mama. Seine Identität trägt weder die Kerben von Familientragödien noch die Narben verdrängter Sehnsüchte. Weder Traditionen noch Normen, weder geschlechtliche Identitäten noch klassenspezifische Grenzen oder unterschiedliche Hautfarben sind seine essentialistischen Identitätssetzungen. Vielmehr sind sie Markierungen mit offenen Optionen. In diesem Zusammenhang spricht Haraway von einer »postgender world«, was bedeutet, dass *gender* als Kategorie mit neuen Semantiken aufgeladen werden wird. Geschlechtliche Identitäten bilden keine Ausgangsbasen mehr, sondern sind Markierungen, die je nach Kontext gebraucht werden oder auch nicht und eine Absage an herkömmliche *gender*-Definitionen bedeuten – eine Absage an eine Heteronormativität, an eine genitale Sexualität sowie an die Bipolarität der Geschlechter.

Astrid Deuber-Mankowsky hat diese Situation im Hinblick auf Computerspiele untersucht und auf die dadurch entstehende paradoxe Situation aufmerksam gemacht: »Wir sehen uns in der Folge mit der paradoxen Situation konfrontiert, dass wir mit dem Computer ein Medium in Form einer virtuellen Maschine vor uns haben, die uns nur vermittelt über Zeichensymbole zugänglich ist, ein Medium für das die Geschlechtszugehörigkeit seiner Benutzer vollkommen bedeutungslos ist, das jedoch zugleich als Wunschmaschine funktioniert und als solche Wunschmaschine – ähnlich wie die erotische Begegnung – eben jene Medialität zu unterlaufen, bzw. zu suspendieren verspricht, die Kommunikation und Interaktion erst ermöglicht. So, als ob auf der Ebene des reinen Anscheins ein Verlangen nach einem unmittelbaren Kontakt im Spiel wäre, das letztlich nur das digitale Signal zu erfüllen imstande wäre«.[12]

Diese Konstellation verweist selbstredend auf den Mythos von Narziss, der, um sich besser sehen zu können, immer mehr übers Wasser beugt, bis sich (Spiegel-)Bild und Wasseroberfläche schließen. Computerspiele, Chatrooms und andere Computer-Interaktionen operieren auf der sicheren Basis, dass die imaginäre Kraft funktioniert, solange das Gerät eingeschaltet und die Verbindung zum anderen besteht.

Für die Nachfolgerinnen von Donna Haraway, Zoë Sofoulis und Sadie Plant,[13] war in erster Linie die Utopie einer neuen Zone, in den Worten von Sofoulis, einer noch »unbenannten Zone«,[14] attraktiv. Diese wurde zunächst einmal als genuin weibliche deklariert, denn Frauen als Nicht-Subjekte einer langen patriarchalen Gesellschaft sind als erste weibliche Cyborgs prädestiniert, die neuen Territorien zu bewohnen. Dann musste jedoch in einem weiteren Schritt eingesehen werden, dass, sollte *Das Manifest für Cyborgs* ernst gemeint sein, »weiblich« kein Selektionskriterium darstellen konnte. Also plädierte Sadie Plant für Mikroorganismen, für Wolken, Zellen, Bakterien, für alles, was noch keinen kulturell anerkannten Status hatte.[15] Diese sollten die eigentlichen Bewohner des Cyberspace werden und von hier aus die anderen Welten subversiv zersetzen. Männlich und weiblich würden dann keine Einheiten mehr bilden; Tiere, Maschinen und Menschen keine oppositionellen, sondern nur noch graduelle Unterschiede aufweisen.[16] Hier sind bereits erste Anzeichen wahrzunehmen, die später geschlossen gegen Butlers *Unbehagen der Geschlechter* im Namen von Gilles Deleuze und Félix Guattari verwendet werden, um mit deren »Intensitäten« den Datenstrom des Netzes von seiner Last der Geschichte, auch der seiner sexuellen, zu befreien. Am Ende ihrer Untersuchung zu den Computer-Spielen schreibt Deuber-Mankowsky, dass sowohl die akademischen Diskurse des Cyberfeminismus als auch die Realität der Spiele und ihrer Spieler zeigt, »dass im Moment eine tiefgehende Veränderung in Bezug auf das Verhältnis der Geschlechter im Gange ist, die ebenso weit reicht, wie die Lösung der Reproduktion von der Sexualität vor hundert Jahren«.[17] Doch vielleicht ist diese Diagnose noch zu nahe an den Diskursen, noch zu nahe an den Phänomenen selbst, um deren Auf- und Preisgaben aus entsprechender Distanz wahrnehmen zu können.

Claudia Reiches provokante Formel eines *Digitalen Feminismus*[18] meint, dass »Frau«, »Sprache« und »digitales Medium« sich ausschließlich in ihrer radikalen Differenz generieren, womit sie sich gegen eine literale Umsetzung bzw. Gleichsetzung von Cyberfeminismus mit der Lacanschen Formel des nicht existierenden Geschlechterverhältnisses ausspricht. Der basale Gegensatz besteht zwischen dem digitalen Grundmodus 0:1, als Präsenz:Absenz übersetzt, der im Unbewussten keine Rolle spielt. Das heißt, der *cyberspace* verkörpert dieses Unbewusste nicht, sondern ist eine weitere Bühne seiner Interventionen. Dennoch hat sich in der Diskussion über posthumane Cyberidentitäten ein Missverständnis bezüglich virtueller Geschlechter durchgesetzt. Die von der Psychoanalyse definierte Mobilität der Triebe, die Austauschbarkeit ihrer Objekte, ein Begehren, das nie stillbar ist, werden im Netz als Gendertausch und im Phantasma des körperlich Machbaren, mithilfe plastischer Chirurgie und Hormonen, auf Hochtouren gebracht. In Judith Butlers *Unbehagen der Geschlechter* ist von einem Rollentausch nicht die Rede. Das Unbehagen (der Geschlechter) verweist auf den Umstand, dass der Körper immer vom Geschlecht durchkreuzt sein muss, dass also jede Morphologie immer auch eine imaginäre Dimension aufweist. Diese ist im *gender swapping* des Cyberhypes allerdings auf der Strecke geblieben. Haraways Deklaration einer »postgender world« als einer Welt, in der Identitäten multipel sind, hat vor allem Sexualität als basale Kategorie des Humanen ausgeklammert. Mit Konsequenzen, die sich heute in der Fokussierung auf den Affekt als primordiales Motivationssystem des Menschen langsam abzuzeichnen beginnen. Die Analyse des »virtuellen Geschlechts« von Deuber-Mankowsky belegt diese doppelte Entwicklung. *Gender*, als kontingente Markierung abgewertet, produziert sich nämlich ständig als Nebeneffekt mit, um auf das Reale zu verweisen, das sich sowohl dem Spiel als auch seinen Spielern entzieht.

METAMORPHOTISCHE BEWEGUNGEN

Rosi Braidotti ist in *Metamorphosis*[19] auf diese durchaus ambivalenten Entwicklungen eingegangen. Selbst eine Repräsentantin nomadischer Cyborg-Theorien, hat sie sich auf die Seite von Deleuze und Guattari geschlagen, um mit diesen zu fragen, wie es denn möglich sein kann, ein Unbewusstes nicht abzulehnen oder zu ignorieren, sondern dieses seiner ödipalisierten Umklammerung zu entreißen. Ihr Vorschlag lautet: »[B]ecoming-animal: the cyborg, the coyote, the trickster, the onco-mouse produce alternative structures of otherness«.[20] Doch wie schauen diese Alternativen aus? Wie sieht so eine Onkomaus aus? Die auch in den Kulturwissenschaften populär gewordene *Harvard Onkomaus* wurde 1988 an der Harvard University patentiert und sollte in der Erforschung der Krebsentstehung eingesetzt werden. Sie ist ein transgenes Tier, in dessen Genom ein menschliches Onkogen eingefügt wurde.

In ihrer Liste von Optionen für »Etwas-Anderes-Werden« haben Deleuze und Guattari dem »Tier-Werden« einen prominenten Status zugesprochen. Jedoch ist anzuzweifeln, ob sie dabei an eine Onkomaus gedacht haben. Vielmehr ist davon auszugehen, dass sie dieses Tier-Werden im Sinne von Franz Kafkas *Verwandlung* gedacht haben: aufzuwachen und nicht mehr auf seine zwei Beine zu kommen, sondern stattdessen zappelnd auf dem gepanzerten Rücken zu liegen. Oder sie hatten einen Robinson Crusoe vor Augen, der mehr und mehr zum Geliebten seiner Insel mutiert? Doch haben sie damit vor allem jenes Moment in den Vordergrund gerückt, das sich im Humanen selbst sperrt, sich gegen sein Aufgehen in diesem verwehrt. Nämlich jener ahumane, maschinische Kern, den Rosi Braidotti nun jedoch mit *zoë* im Gegensatz zu *bios* besetzen wird. Im Unterschied zu Agambens Fassung ist das »nackte Leben« für Braidotti etwas, das sie wieder einholen und was sie lieben, dem sie eine verloren gegangene Aufmerksamkeit zukommen lassen möchte. Damit transformiert sie den ahumanen, aus der symbolischen Ordnung exkommunizierten Teil, in eine kollektive weibliche Subjektivität: »What attracts me to *zoë* is the part of me that has long become disenchanted with and disengaged from the anthropocentrism that is built into humanistic thought. That in me which no longer identifies under the dominant categories of subjectivity, and which is not yet completely out of the cage of identity, that re-bellious and impatient part, runs with *zoë*.«[21]

Was Rosi Braidotti wieder zurückholen möchte, ist jener Anteil ihrer sexu-ellen Identität, der im phallogozentrischen Diskurs des Humanismus ausgeklam-mert worden ist. Das Weibliche als das Andere ist daher in Braidottis Gleichung Agambens »nacktes Leben«: »In the political economy of phallogocentrism and of its anthropocentric humanism, which predicates the sovereignty of Sameness, my sex fell on the side of Otherness, understood as pejorative difference, or as being worth-less-than.«[22]

Daher die Affinität des Weiblichen mit dem Tier, den Verrückten, dem Fremden, usw. Damit ist Agambens Begriffspaar in einen anderen Rahmen ge-rückt worden. Das »nackte Leben« wird mit dem Weiblichen und mit dem Nicht-menschlichen gleichgesetzt, während es bei Agamben jenes politische Moment definiert, das über Leben bestimmt, das innerhalb einer Gesellschaft seinen nicht-mehr-gesellschaftlichen Ort markiert. Das »nackte Leben« ist nicht das ausgeklam-merte, wilde, unzivilisierte, bedrohliche Andere, sondern jener Teil des mensch-lichen Daseins, dem die souveräne Macht gegenübertritt.

In Braidottis Definition vermischen sich das nackte Leben und Sexualität, während Sexualität weder in der Argumentation von Agamben noch von Sloter-dijk eine explizite Erwähnung findet. Doch Slavoj Žižeks Kritik an der abendlän-dischen Philosophie, Sexualität immer nur an der Oberfläche gedacht zu haben, könnte hier eine Art *missing link* bilden. Philosophie hat das Subjekt nicht als se-xuelles begriffen, sondern »sexualization only occurs at the contingent, empirical level, whereas psychoanalysis promulgates sexuation into a kind of formal, a priori, condition of the very emergence of the subject.«[23] Kann diese Definition von Se-xualität die Unterscheidung von souveräner Macht und nacktem Leben nochmals anders verdeutlichen? Nämlich als jene Körpergrenze, die dem Körper nicht eigen ist, sich in diesen jedoch trotzdem einschreibt?

Als Beleg hierfür soll das Beispiel aufgegriffen werden, das auch Agamben im *Homo Sacer* zitiert hat: *Les cent vingt journées de Sodome* von de Sade, die Pier Paolo Pasolini für seinen letzten Film DIE 120 TAGE VON SODOM als Vorlage dienten. Nach Agamben zeigt sich hier die Gegenüberstellung von Souverän und nacktem Leben bis ins letzte Detail – Verdauung, Exkremente, Genitalien, jeder Aspekt des Körpers, auch sein Inneres, unterliegt dem Zugriff der Herren. »Die Aktualität von de Sade besteht nicht darin«, schreibt Agamben, »daß er die unpolitische Vor-herrschaft der Sexualität in unserer unpolitischen Zeit angekündigt hat; im Ge-genteil, seine Modernität besteht in der unvergleichlichen Zurschaustellung der absolut politischen (das heißt ›biopolitischen‹) Bedeutung der Sexualität und des physiologischen Lebens selbst. Ebenso wie in den Konzentrationslagern unseres Jahrhunderts hat der Totalitarismus der Organisation des Lebens im Schloß Silling mit seiner minutiösen Reglementierung, die keinen Aspekt des physiologischen

Lebens [...] außer acht läßt, seine Wurzeln in der Tatsache, daß hier zum ersten Mal eine normale und kollektive (mithin politische) Organisation des menschlichen Lebens gedacht worden ist, die einzig und allein auf dem nackten Leben gründet.«[24]

Sloterdijk hat in *Regeln für den Menschenpark* argumentiert, dass es immer diejenigen gab, die züchteten, und die, die gezüchtet wurden. Žižeks Argument geht jedoch weiter, wenn er schreibt, die Sexuierung bildet die nachträgliche Voraussetzung für das Humane. Um aus dem Stand des Humanen heraus gekippt zu werden, verläuft der Weg über das Innerste und Intimste (des Körpers), er verläuft über die Löschung des Sexuellen und dessen Aufgehen in »nacktes Leben«. Der Weg zur Auslöschung des Humanen führt über die Löschung des Sexuellen, wodurch Reales und Realität sich schließen.

Braidottis Wunsch nun, *zoë* wieder rückzuholen, nähert sich stattdessen zunehmend der Rückgewinnung des Affekts an. Denn der Affekt in der Bestimmung von Brian Massumi ist jenes Moment zwischen »Noch nicht« und »Nicht mehr«, er ist jener asoziale Teil, der immer außen vor bleibt, denn einmal eingeholt von einem Ich oder Bewusstsein, wird er gewesen sein. Doch auch andere Affekt-Bestimmungen lassen den Verdacht entstehen, Braidotti wolle mit ihrem Begriff von *zoë* das Unbewusste als körperlichen Teil einholen. Dies ist eine ähnliche Bewegung wie die, die Hayles unternommen hat, als sie den Penis-Verlust im Film DIE FLIEGE als Übergang des Protagonisten in ein posthumanes Stadium interpretiert und ohne dass dies auffällt wieder in die Falle der Kastration getappt ist. An diesem Punkt setzt Žižek mit seiner Definition der sexuellen Differenz als dem Realen zugehörend ein, um sie als Differenz zwischen Mensch, Maschine und Tier zu bestimmen. So ist der Turing-Test, schreibt er, weniger ein Test zwischen Mensch und Maschine als einer zwischen Mann und Frau. Während die erfolgreiche Imitation der Antworten einer Frau durch einen Mann (oder umgekehrt) gar nichts beweise, da die Geschlechtsidentität nicht von Symbolsequenzen abhängt, beweise dieselbe erfolgreiche Imitation des Menschen durch eine Maschine, dass diese Maschine denkt, denn Denken sei letztlich nichts anderes als die richtige Sequenzierung von Symbolen. Aber was, fragt Žižek weiter, wenn die Lösung dieses Rätsels wesentlich einfacher und radikaler ist? Was, wenn die sexuelle Differenz nicht einfach ein biologisches Faktum ist, sondern das Reale eines Antagonismus, wodurch sich das Humane letztlich definiert? So dass man einen Menschen, wenn die sexuelle Differenz nicht mehr existiert, tatsächlich nicht mehr von einer Maschine unterscheiden kann? Sexuelle Differenz darf dabei nicht als der einfache Unterschied zwischen Frau und Mann verstanden werden, sondern als die Markierung einer »Verfehlung« – männlich und weiblich stehen in einem schiefen Verhältnis zueinander. »Sexuelle Differenz ist nicht der letzte Referent, der die unendliche Drift der Symbolisation limitiert, insoweit sie allen anderen Polaritäten zugrunde liegt und ihre »tiefere‹ Bedeutung darstellt, [...]

sondern im Gegenteil dasjenige, welches das diskursive Universum ›krümmt‹, uns an der Gründung seiner Formationen in der ›harten Realität‹ hindert – was bedeutet, daß jede *Symbolisation* der sexuellen Differenz bezüglich ihrer selbst für immer instabil und verschoben bleibt.«[25]

SCHNITTE

Als 1994 das cyberfeministische Manifest in Australien von der Künstlerinnengruppe VNS Matrix[26] verfasst wurde, hatte die französische Performance-Künstlerin Orlan bereits die ersten spektakulären Operationen vorgeführt. In *La Réincarnation de Sainte Orlan* und in der siebten Operation, *Ceci est mon corps ... ceci est mon logiciel: Omniprésence*, ließ sie ihr Gesicht nach klassischen Vorbildern der Kunstgeschichte remodulieren. Teile ihres Gesichts wurden aufgeschnitten und zahlreiche Implantate eingesetzt, um ein neues Gesicht entstehen zu lassen. Während dieses Vorgangs zitierte sie Passagen aus dem Werk des französischen Psychoanalytikers Jacques Lacan, um ihr Tun in seiner existenziellen Dimension nachvollziehbar zu machen. Das Ich ist nichts als ein Bild, dazu noch ein trügerisches, das wir immer verkennen, weshalb wir uns nie wahrnehmen, wie wir wirklich sind, sondern wie wir gesehen werden möchten. Nochmals anders formuliert: Die Haut ist alles, was wir haben, darunter befindet sich nichts, kein Ich, keine Seele, keine Wahrheit. Doch selbst diese Haut ist nicht einzigartig, sondern form- und veränderbar. In den Worten der französischen Psychoanalytikerin Eugénie Lémoine-Luccioni:

»Skin is deceiving – in life, one only has one skin – there is a bad exchange in human relations because one never is what one has. I have the skin of an angel but I am a jackal, the skin of a crocodile but I am a poodle, the skin of a black person, but I am white. the skin of a woman, but I am a man, I never have the skin of what I am. There is no exception to this rule because I am never what I have.«[27]

Orlan hat mit ihrer Schnitt-Performance, ihren *body cuts*, in der Kunstszene inszeniert, was heute täglich im Fernsehen verfolgt werden kann: *Makeover*-Shows, *Nip-Tuck*-Serien, Beratungsstunden bei Schönheitschirurgen und -therapeuten. Was hier mit der Manipulierbarkeit des Körpers (im Netz, in der Theorie) gemeint war, hat hier seine Eins-zu-eins-Übersetzung erfahren und dabei die Null ignoriert, die im Eins-zu-Null mit im Spiel war. Der Schnitt bringt nichts zutage, hat Orlan drastisch gezeigt, sondern verursacht, wie viele Zuschauer der Operationen von Orlan bestätigen können, Übelkeit, Ekel und Entsetzen. Etwas ist aus den Fugen geraten, das dem Entsetzen Gregor Samsas in Kafkas Erzählung zur Seite gestellt werden kann, wenn Größenverhältnisse, Standpunkte und Blickrichtungen nicht mehr konvergieren, sondern ihren eigenen Weg gehen und ana-morphotische Züge angenommen haben.[28]

Anders verhält es sich im Fall von STRANGE DAYS. Wenn Lenny seinen Chip einschiebt und unmittelbar darauf als Mädchen Opfer einer Vergewaltigung mit tödlichem Ausgang wird, sind die Zuckungen und Windungen seines Körpers und sein Gestammel nicht Ausdruck der Überraschung, in einem »anderen Film« gelandet zu sein, sondern Hinweis für sein Überwältigtwerden im Bild als Bild. Auch die Überraschung von Lennys Kunde, der sich plötzlich durch einen Chip als 18-jährige Frau unter der Dusche wiederfindet, ist darauf zurückzuführen, dass die Grenzen zwischen unterschiedlichen Realitäten für Augenblicke nicht mehr wahrnehmbar sind: Der andere Körper wird am eigenen Körper und an dessen Bewegungen erlebt, er ist fremd und vertraut zugleich, was das Ganze so unheim-lich[29] macht. Auch den Besuchern von Stahl Stenslies *Erotogod* soll eine derartige Verwirrung passieren. Nach *CyberSM* hat Stahl Stenslie weitere *interfaces* entwi-ckelt, um die Taktilität der Besucherkörper zu erweitern. Bei *Erotogod* sitzt man auf einer Art Pferdesattel, eingewickelt in einen Anzug, der an entsprechenden Stellen des Körpers markiert ist, an denen sich Taktilität, je nach Erregungspoten-zial der Worte, ereignen kann. »Erotogod prints new words as sensations on the body«, so Stahl Stenslie in der Beschreibung des Projekts.

In den zitierten Beispielen führen unterschiedliche Schnitt-Techniken zur Inskription – von Worten, Bildern, Gefühlen – in den Körper und rufen dadurch Sensationen hervor, die diesen als anderen im eigenen erfahrbar machen. Es findet eine Selbst-Verfremdung im wörtlichen Sinne statt.

Die slowenische Kulturwissenschaftlerin Renata Salecl hat vor einigen Jahren mit provozierenden Fragen auf eine andere, radikale Verbindung von *Body Art* und Klitorisbeschneidung aufmerksam gemacht:[30] Warum, fragt sie, ist im Westen etwas Kunst, was in Afrika grauenhafte Körperverstümmelung ist? Warum sind Orlans Schnitte Kunst, und warum verursachen die Frauen, die die Beschneidun-gen an ihren Töchtern und Enkelinnen vornehmen, Körperverletzungen? Ihre Antwort: Weil andere Gesetze die jeweiligen Rituale oder Praxen bestimmen. Bestimmt ein Gesetz in Afrika die Beschneidung von Mädchen, um diese gebär-freudiger, treuer und schöner zu machen, so führen andere symbolische Verhält-nisse zu den Praxen von *Body Art* und Schönheitsoperationen. Doch sind diese wirklich vergleichbar, sind die Kunst-Schnitte immer Körper-Einschnitte und diese immer auch sexuelle Schnitte?

Klitorisbeschneidung wird immer mehr zu einem Problem westlicher Kul-turen, betont Salecl, und kann nicht mehr länger nach Afrika verbannt werden. Beide Schnitt-Praxen, *Body Art* und Klitorisbeschneidung, lassen vielmehr, so Sa-lecl weiter, ein Phänomen postmoderner Gesellschaften besonders hervortreten. Dieses Phänomen besteht darin, dass der große Andere (das Gesetz, die symboli-sche Ordnung) in sich zusammengebrochen ist und seine Autorität eingebüßt hat.

Dem Wort ist seine Überzeugung abhanden gekommen, und das Vertrauen in das Gesetz ist verloren gegangen, wodurch das Visuelle seine große Anziehungskraft gewinnen konnte. Nur das, was sichtbar ist, kann überzeugen: Orlans aufgeschnittenes Gesicht ebenso wie Reality-TV, Doku-Soaps, Talkshows und andere Fernseh-Formate, in denen das Herz ausgeschüttet und Emotionen hemmungslos vorgeführt werden. Folglich bringt die Implosion der symbolischen Ordnung die Schnitte als literale, materielle, physische wieder gewaltsam in die Gesellschaft zurück. Ob dies Körperverletzungen unter Jugendlichen, gegen Andershäutige sind oder Schönheitsoperationen sowie Körper-Kunst-Praxen, die nicht nur schneiden, sondern andere Tabus und Körpergrenzen ständig verletzen.

GRENZZIEHUNGEN

Anfang der neunziger Jahre führt Slavoj Žižek den Begriff des »stellvertretenden Genießens« ein, um damit auf ein Phänomen aufmerksam zu machen, dem in einer Mediengesellschaft eine offenbar wichtige Funktion zukommt. Bereits der Chor im Theater der griechischen Antike hatte die Aufgabe, anstelle des Publikums zu reagieren, ähnlich kann man die Klageweiber begreifen, die anstelle der Angehörigen trauern, und im Fernsehen wurde das Dosen-Lachen *(canned laughter)* stellvertretend für das Lachen der Zuschauer installiert. In allen Fällen, so Žižek, lassen wir uns vertreten und beziehen hieraus unseren Genuss.[31] Nur wenige Jahre später beschreibt Žižek jedoch ein neues Szenario. Die Beziehung zwischen User und Computer bewirkt in seinen Augen etwas völlig anderes. Diese Beziehung kann nämlich einen Zustand vor jeder Sexuierung des Subjekts herbeiführen, einen Zustand vor jeder sexuellen Differenzierung, der damit reines Genießen – pure Autoerotik – ist.[32] Nur drei Jahre später ist in der *Pest der Phantasmen* allerdings schon wieder die Rede von Gegenkräften, die diesen grenzenlosen Genuss-Zustand einzudämmen versuchen. An erster Stelle verbietet sich das Subjekt selbst diesen Genuss, indem es mit anorektischem Verhalten auf die Überfülle des Netzangebots reagiert, wie Žižek beobachten kann: »Ist deshalb eine der möglichen Reaktionen auf das ungehemmte Füllen der Leerstellen im Cyberspace nicht eine Informationsanorexie, die verzweifelte Zurückweisung von Informationen, insoweit sie die Präsenz des Realen verschließen?«[33]

Ein ähnliches Paradox beschreibt Paul Verhaeghe als grundlegend für eine postindustrielle Gesellschaft. Diese gibt vor, alles zu erlauben und zwingt gleichzeitig den Einzelnen, alles zu sein, alles zu haben, alles zu genießen. Doch statt grenzenlosem Glück breiten sich Langeweile, Müdigkeit und Depressionen aus. Immer weniger Menschen können sich auf jemanden oder etwas einlassen. Stattdessen lässt sich, wie Verhaege ausführt, eine hysterische Suche nach neuen Verboten, neuen Führern, neuen Regeln und Ritualen konstatieren. Das heißt, die große Freiheit, das schrankenlose Genießen, Kommunikation und sexuelle Kontakte mit jedem und zu jeder Zeit führen in eine spannungslose Leere. Grenzziehungen, Einschränkungen, Gebote und Gesetze sind offensichtlich nötig, um jene Kraft am Leben zu erhalten, die die Psychoanalyse zu Beginn des 20. Jahrhunderts als Sexual- und Todestrieb bezeichnet hat, und die seit Jacques Lacan als Begehren das Subjekt vor sich hertreibt. Bei Kant und de Sade, bei Bataille und Lacan braucht das Begehren den kategorischen Imperativ (das moralische Gesetz), um als Begehren in Erscheinung zu treten.[34]

Auf dieser Folie wird das Argument von Tim Dean, dass Lacans Theorie des Begehrens weitaus radikaler sei als die nomadische Befreiung, wie sie von Deleuze und Guattari vertreten wird, nachvollziehbar. Lacans Depersonalisierung des Begehrens und seine Verortung im Realen rüttele weitaus radikaler, so Dean, als der *Anti-Ödipus* an jeder Sozialität. Deleuze und Guattari hielten eine alte Repressionshypothese aufrecht, wenn sie Repräsentation als Unterdrückung begriffen, deren Sedimentierungen immer nur negativ gedacht werden könnten. Anstatt die symbolische Ordnung als Medialisierung und somit die Artikulation ermöglichend zu begreifen, werde sie verworfen. Das Problem an ihrem Ansatz, so Dean, »appears as soon as they propose liberating desire – conceptually and in reality.«[35] Nicht nur, dass sich die Primärkräfte ohne jede Repräsentation und Regulation in der Gesellschaft entfalten sollen, auch die von Deleuze und Guattari zelebrierte Schizophrenie als utopischer Ausdruck sozialer und psychischer Prozesse erscheint heute eher naiv als progressiv.

VIRALE WESEN

Trotz alledem stehen Deleuze und Guattari heute Pate für die Befreiung des Subjekts, des Humanen, des Tieres, der Gesellschaft im Namen eines Begehrens, dass die Körper affiziert und im Werden vorantreibt. Wie Rosi Braidotti greifen viele auf die beiden Philosophen des »maschinischen Begehrens« zurück und übersehen oder ignorieren die Kluft, die sich zwischen Philosophie/Theorie und Praxis/Politik notwendigerweise auftun muss.

Bereits 1994 hat sich Elizabeth Grosz über die Vorzüge der Deleuzeschen Philosophie für eine feministische Analyse geäußert. In dieser sind Psychisches und Soziales einander nicht entgegengesetzt, es gibt dort keine Verdoppelung des Realen durch Repräsentation, also keine Vermittlung bzw. Produktion von Realität durch die symbolische Ordnung. Subjekt-Objekt-Relationen sind in Intensitäten und Mikroprozesse aufgelöst, darüber hinaus verweigert sich der Deleuzesche Ansatz einem explanatorischen Paradigma, welches Kausalitätsbeziehungen installiert. Wenn Deleuze und Guattari bezüglich des sexuell markierten Körpers auch eigentümlich blind gewesen sind, kann ihr Ansatz dennoch für die Verbindung von sexuiertem Körper und entsprechender Subjektivität geöffnet werden. Zentrale Begrifflichkeiten, wie sie Grosz hierfür ausführt, sind Flüssigkeit, Ströme, Dehnbarkeit und Unabgeschlossenheit.

»The fluidity and indeterminacy of female body parts, most notably the breasts but no less the female sexual organs, are confined, constrained, solidified, through more or less temporary or permanent means of solidification by clothing or, at the limit, by surgery. This indeterminacy is again not a fact of nature but a function of the modes of representation that privilege the solid and the determinate over the fluid.«[36]

Vor diesem Hintergrund können die Netzprojekte der australischen Künstlerin Melinda Rackham als Beispiele für Agenten als »Körper-ohne-Organe« vorgestellt werden. Rackham produziert digitale Lebewesen, mit deren Hilfe sie Bewegungen, Wanderungen, Übertragungen, Affektionen, Liebeszustände, virale Symbiosen und Transformationen aller Art darstellt: pulsierende, leuchtende, seesternähnliche Gebilde, die ein Glitzern und Flackern wie in einem Aquarium erzeugen. Im Projekt *empyrean* (Abb. 27-28) geht es um ein Paralleluniversum, das eine Arena jenseits von Raum und Zeit ist, in der sich eine große Sehnsucht nach Potenzialitäten ausdrückt, eine Welt von Brüchen und Intervallen, in der die Besucher als Avatare unterwegs sind. *Carrier* (Abb. 25-26) hingegen visualisiert eine symbiotische Ökologie, die durch die Liebesgeschichte zwischen einem User und einer Userin über den Virus Hepatitis C entsteht. Diese virale Liebesgeschichte wird von Yvonne Volkart genau in jenen Termini beschrieben, wie sie Elizabeth Grosz für einen Deleuzeschen Feminismus benannt hat:

»The body as a dynamic flow of information, as a molecule, a virus, an intelligent agent, as a fluid gender outside the gender dichotomy, but one that nonetheless seems to tend towards being feminine – this is also the concept of body and subject that Melinda Rackham presents in [carrier], a Network created in 1999. The virus is called ›sHe‹, i.e. it is a being that is both genders at once and yet possibly more universally feminine, because the ›s‹ that denotes femininity is contained in the word ›sHe‹ and pronounced, while the capital ›H‹ remains silent. The fact that it tends towards a ›she‹ is also shown in the feminine personal pronouns that follow, such as her swarming consciousness.«[37]

Außerdem kann man in der Verweigerung des *She* und dem Andocken des *s* auf dem *He* auch eine Anspielung auf Haraways weiblichen Cyborg sehen, die sich weigert, eine Frau zu werden und stattdessen in einer Uneindeutigkeit mit leichter Tendenz zum Mädchen verharrt.

Brian Massumi hat einmal vorgeschlagen, den »Körper-ohne-Organe« als einen Körper zu denken, der sich außerhalb jeder Determination befindet, als einen Körper, der den Standpunkt des Virtuellen, des Potenziellen einnimmt.[38] Wenn wir diesen »organlosen« Körper nun jedoch mit »organisationslosem« Körper übersetzen, kommen wir dem, was Deleuze und Guattari sich darunter vorstellen, näher. Es handelt sich um einen Körper, der gleichzeitig neben dem organisierten (fixierten, eingeteilten, unterteilten) Körper existiert, der die Organisation des einen Körpers zu unterwandern droht bzw. im Fall von Wahnsinn, Drogen und Krankheit tatsächlich subvertiert, oder wie in den Filmen von David Cronenberg, in SHIVERS (1975) und NAKED LUNCH (1991) die Körper aufsprengt – mal leise und unauffällig, mal dröhnend laut und den Wirtskörper tötend.

In dieser Lesart entlarven sich die Agenten von Melinda Rackham nicht als Übersetzungen dieses »Körpers-ohne-Organe«, sondern als Wesen, die bereits in Richtung *abstract sex* tendieren.

Luciana Parisi hat *Abstract Sex* als umfassende Demontage von Philosophie und Bio-Technologie mit tiefgreifenden Mutationen des Begehrens angelegt. *Sex* wird dabei auf drei Ebenen verhandelt: auf einer biophysischen, einer biokulturellen und auf einer biodigitalen. Über Millionen von Jahren hinweg hat sich, so die Autorin, eine biodigitale Ebene herausgebildet, auf der *sex* heute nur mehr im Klonen und als *cybersex* stattfindet. Parisi verweigert sich sowohl den Klagen über das Verschwinden einer natürlichen Sexualität als auch dem Zelebrieren von virtuellem *sex* und schlägt stattdessen einen dritten Weg vor, der die aktuellste Stufe, also die biodigitale, mit einer alten Entwicklungsstufe, der biophysischen, verbindet: »[L]inking these mutations to microcellular processes of information transmission that involve the unnatural mixtures of bodies and sexes«.[39] Ich werde im nächsten Kapitel auf die Konsequenzen dieser Fassung von Sexualität als affektive Ansteckung (»affective contagion«) genauer eingehen.

Wenn die Cybernauten den nomadischen Subjekten der Philosophie von Gilles Deleuze gleichgesetzt werden, wenn die Deleuzeschen Fluchtlinien als Netzkanäle und das Netz als das Reale Lacans begriffen wird, sind spezifische Differenzen untergegangen, die mitverantwortlich für die oben angesprochene spannungslose Leere sind. In der Entwicklung vom *cybersex* zum *abstract sex* manifestiert sich eine Dekomposition, die weniger die Subjekte und ihre realen Körper betrifft als vielmehr das Denken dieser Sexualität als etwas, was nichts (mehr) mit dem Anderen zu tun hat. »Sex is a genetic mixing in organisms that operates at a variety of levels; it occurs in some organisms at more than one level simultaneously.«[40]

Die vorangegangenen Kapitel haben sich auf spezifische Verschiebungen, Auslassungen und Gleichsetzungen im »Entwurf des Humanen« konzentriert. Diese, so die These, stimmen darin überein, das Humane aus der Umklammerung der Psychoanalyse sowie ihrer spezifischen sprachlichen Fassung des Subjekts befreien zu wollen. An dieser Reformulierung sind, wie wir vor- und rückschauend gesehen haben, sehr unterschiedliche Wissensdisziplinen (Neurologie, Biologie, Philosophie, Medien- und Kulturtheorien) und heterogene Handlungsfelder (von der Politik über die Ökonomie zu den Universitäten und der Netzwelt) beteiligt. Im Folgenden wird eine spezifische Debatte vorgestellt, die noch tiefer (oder tiefsitzender) ansetzt, um das Subjekt des Humanen im Kern auszuhebeln. Die Dimension des Unbewussten sowie diejenige der Sexualität bilden hierbei die Eckpfeiler, an denen sich die genannten Reformulierungsbemühungen reiben, um am Ende vor einer möglichen Löschung des Sexuellen zu stehen.

TRANSITIONEN

Die feministische Philosophin Rosi Braidotti fordert heute die Aufgabe eines anthropozentrischen Denkens, in dem das Begehren und das Leben ausschließlich subjektzentriert gefasst werden. In Anlehnung an Gilles Deleuzes »Nomadologie« will sie das »Leben als Subjekt« begreifen und vertritt somit eine Argumentationslinie, die eine dynamische Sicht auf Natur, Leben und Mensch einfordert. Alle psychoanalytischen, sprach- und strukturorientierten Ansätze werden als nicht mehr adäquat abgelehnt. »What if the subject is ›trans‹, or in transit, that is to say no longer one, whole, unified and in control, but rather fluid, in process and hybrid? What are the ethical and political implications of a non-unitary vision of the human subject?«[1]

Die britische Kulturwissenschaftlerin Luciana Parisi übersetzt die Forderung von Braidotti in ein radikales Modell, wobei sie eine Definition von Sexualität *(abstract sex)* entwickelt, indem sie die Deleuzeschen Termini mit einem molekularbiologischen Ansatz (nämlich der Endosymbiontentheorie von Lynn Margulies[2]) verknüpft. Sex hat in dieser Perspektive weder mit *gender* noch mit Körpern im eigentlichen Sinne mehr zu tun, sondern ist eine Frage des Austausches, der Kombination und Neugestaltung auf unterschiedlichen Ebenen von Leben – anorganisch, organisch, klimatisch, geologisch, etc.[3]

Die Konsequenzen dieser beiden Ansätze, Braidottis Verständnis vom »Begehren« und der Auffassung von »Sexualität« bei Parisi, sollen hier aufgezeigt werden. Die Psychoanalyse, die von beiden Autorinnen – wie von so vielen anderen auch – einer umfassenden Kritik unterzogen wird, unternimmt jedoch ebenfalls erste Schritte in Richtung Neurobiologie, um mit der von Freud angeblich immer schon gewünschten biologischen Rückführung seiner Lehre wieder Boden unter den Füßen zu gewinnen.

Auch innerhalb der Medien-, Kunst- und Kulturwissenschaften hat sich die Fragestellung von der phantasmatischen Identifikation des Zuschauers mit den visuellen Vorbildern abgewandt und konzentriert sich heute auffällig auf die affektive Bild-Zuschauer-Beziehung, in der die audiovisuellen Signale und körperlichen Reaktionen (wieder) gemessen werden. Die Emotionen, die jeweils mit im Spiel sind, werden Bildsequenz für Bildsequenz überprüft, woraufhin ausgeführt wird, welche Bilder und welche Töne welche Emotionen auszulösen imstande seien.[4] Diese Entwicklung ist auch durch den *pictorial turn*[5] angeregt worden, der die Diskussion um eine neue Wissenschaft der Bilder entfacht hat, die die Frage untersuchen soll, was denn Bilder in einem »postmedialen« Zeitalter sind.[6] Denn die Bilder sind heute, so der Tenor der Diskussion, streng genommen keine Bilder mehr, sondern algorithmische Produktionen, deren Oberfläche zwar immer (noch) lesbar, deren Basis jedoch keine visuelle (mehr) ist.[7]

Diesen oberflächlichen Verschiebungen liegt eine oftmals implizite Annahme zugrunde, die die Entwicklung hin zu einer posthumanen (bzw. transhumanen) Gesellschaftsordnung, die heute in Gestalt der postindustriellen Gesellschaftsformation bereits erste Signale aussendet, als die übergeordnete begreift.[8] Innerhalb dieser Verschiebungen und Verlagerungen ist die Figur des *anthropos*, wie wir ihr begegnet sind, ins Schwanken geraten, ja ihr vielfach beschworenes Ende gilt bereits als unausweichlich. Die Moderne mit ihren ideologischen Staatsapparaten ist endgültig vorbei, die postmoderne Ära kann nachträglich als letzte Phase ihrer Aushöhlung gesehen werden. In dieser »postideologischen Zeit«, wie sie u.a. von Brian Massumi bezeichnet wird, ist der Affekt dasjenige, was zur Disposition steht. Das Affektive wird als jene Dimension adressiert, in der die ideologische Zurichtung greift. »It seems to me that alternative political action does not have to fight against the idea that power has become affective, but rather has to learn to function itself on that same level – meet affective modulation with affective modulation. That requires, in some ways, a performative, theatrical or aesthetic approach to politics.«[9]

Dem entsprechen auf den ersten Blick die beobachtbaren Entwicklungen in Politik, Kunst und Medien. Nicht das Was, sondern das Wie steht im Vordergrund, und auch nicht die Repräsentationskritik (beispielsweise in der Kunst), sondern das Ereignis (Event), die Kopräsenz und der Erfahrungsraum.

Was haben nun aber die digitalen Bilder mit dem Affektiven gemein? Warum drängt sich der Eindruck auf, dass die neue technische Produktion der Bilder (und Medien insgesamt) mit der hier immer wieder angesprochenen affektiven Disposition in engster Verbindung steht? Zu diesem Verhältnis lässt sich zunächst Folgendes sagen. Beide werden von dem ähnlichen Begehren getrieben, einen unmittelbaren, nicht-mediatisierten Zugang zum Gehirn bzw. zum Organismus herzustellen. Dies scheint auf den ersten Blick ein harmloses Unterfangen zu sein, doch die Implikationen, die in diesem Wunsch angelegt sind, haben weit reichende Auswirkungen.

Stefan Rieger hat dieses Begehren in seiner *Kybernetischen Anthropologie* deutlich benannt, wenn er meint, dass kybernetischen Maschinen als oberstes Ziel eine Art Unbewusstes eingepflanzt werden müsse, damit sie jene Kompetenz erhielten, die das menschliche Gehirn und Wahrnehmungssystem auszeichne – übersehen und überhören zu können. Denn übereinstimmend werde festgestellt, so Rieger weiter, »dass menschliche Effizienz im Übersehen und Überhören begründet liegt, also immer dort stattfindet, wo das Bewusstsein nicht ist oder noch nicht ist«.[10] Das Unbewusste wird hier als etwas dargestellt, das effektiver arbeitet als sein Gegenüber, das Bewusstsein. Auch wenn sich in dieser Zuschreibung ein – im Hinblick auf seine psychoanalytische Definition – »falsches« Verständnis vom Unbewussten ausdrückt, macht sie deutlich, in welche Richtung sowohl die Maschinen als auch die Menschen untersucht, erforscht und manipuliert werden sollen. Als Automaten, die, ohne zu wissen, richtig reagieren, weil ihre Spontaneität mit ihrer Umwelt direkt kommuniziert. Der gegenwärtige Stellenwert des Affekts lässt sich mit der Bedeutung des Unbewussten in der kybernetischen Forschung mehrfach vergleichen. Zum einen wird sowohl im Unbewussten als auch im Affekt nach einer Wahrheit nicht mehr des Menschen, sondern des Körpers gesucht, die über dessen Bewusstsein hinausgeht. Und zum anderen bietet die Bauweise des Digitalen einen Vergleich mit dem System des Bewussten an. Das heißt, die vier Pole – Bewusstsein, Unbewusstes, Digitales und Affekt – sind unterschiedlich verstrebt. Stand bislang der Affekt und die Beziehung zwischen diesem und dem Digitalen im Vordergrund, soll im Folgenden auch Sexualität als intrinsisch mit dem Affektiven verknüpfte eingeführt werden. Schon mehrfach habe ich darauf hingewiesen, dass der Affekt Sexualität mehr und mehr verdrängt, dass also überall dort, wo insbesondere ab der zweiten Hälfte des 19. Jahrhunderts das Sexuelle und seine Symptome ihren Ort hatten, sich heute das Affektive ausbreitet.

J.G. Ballard, Autor zahlreicher Science-Fiction-Romane, in denen die menschliche Sexualität und ihre Veränderung im Mittelpunkt steht, hat bereits 1973 in seinem Buch *Crash*[11] geschrieben, dass die Technik die Sexualität aushöhlen wird. Erotische Erregung entsteht nur mehr, wo der menschliche Körper kaputt, verletzt, versehrt ist. Sex und Erotik lassen sich nur mehr durch maschinelle Apparaturen in eine gewalttätige Logik einbinden. Matt Smith hat in seiner Dok-

torarbeit das Werk Ballards als sich fortschreibende Geschichte des affektiven To-
des bezeichnet. Am Ende des 20. Jahrhunderts steht, wie es Ballard sieht, der Tod
der Emotionen und der Triumph der Imaginationen. Sex, Paranoia, Voyeurismus,
Selbstekel – all diese Krankheiten des vorigen Jahrhunderts – kulminieren jedoch
heute im »death of affect« als der entsetzlichsten Stufe dieser Entwicklung.[12] Diesen Ausdruck entlehnt Smith Anthony Vidlers *Unbehagen in der modernen Architektur*,[13] um Ballards Analyse des ausgehenden 20. Jahrhunderts zu charakterisieren.
Für mich ist diese Zusammenfassung insofern interessant, als sie meine These von
der Substitution der Sexualität durch den Affekt nicht nur bestätigt, sondern bereits vorformuliert vorträgt: Sexualität ist Affekt bzw. vor dem Tod des Affekts ist
die Sexualität längst untergegangen.

VOM UNBEWUSSTEN ZUM BEGEHREN

»Es lebe der radikale Konstruktivismus des Unbewussten.«[14] Mit diesem Ausruf treten Clausberg und Weiller gegen eine ausschließlich funktional verstan-
dene, bildgebende Verfahrensweise an, um zu konstatieren, dass Bilder mehr sind
als neurobiologische Befunde. Antonio Damasio hat die Rede von inneren, men-
talen Bildern wieder eingeführt, um das Wesen des Bewusstseins zu erklären. Bereits Bergson hatte vom Körper als innerem Bild gesprochen und damit an eine
Tradition angeschlossen, der auch Forscher wie z.B. Ernst Mach mit seiner *Emp-
findungslehre*[15] angehören. Das Bewusstsein war also schon lange suspekt, bevor es
Sigmund Freud beinahe widerwillig in sein Konzept des psychischen Apparats
einführt. Dem Unbewussten hingegen spricht Freud ein dynamisches Potenzial
zu, das das Individuum übersteigt, ohne jedoch in einem »kollektiven« Unbewussten aufzugehen. Vielmehr bezeichnet der Begriff bei Freud »das, von dem [das
Subjekt] nicht wissen will und das trotzdem seine Wirkung entfaltet. Unbewußtes
tritt jenseits der bewußten Intentionen des Subjekts in Erscheinung und durchkreuzt diese.«[16]

Heute wird dieser dynamische Aspekt in der Gehirnforschung völlig ignoriert und stattdessen die Deskription anatomischer Verhältnisse propagiert. Historisch wurde erstmals im 19. Jahrhundert ein Unbewusstes anerkannt, das einen
»wissenschaftlich-empirischen Status beansprucht«.[17] Damit beginnt auch die Zeit
seiner begrifflich-systematischen Ausdifferenzierung in der Physiologie und
Philosophie. Heute erleben wir eine erneute Territorialbestimmung, wobei die
Neurobiologie und die posthumanen Entwürfe sein Ende postulieren.

In den Diskussionen um den Affekt, das Gefühl, die Empfindung spielt das
Unbewusste eine geringere Rolle als das Bewusstsein, denn die basale Frage lautet:
Wie werden aus den körperlichen Vorgängen bewusste, seelische, psychische, wie

entwickelt sich also aus der Materie etwas Mentales? Zentral ist hierbei die Frage des Übergangs, der Übersetzung, die Frage nach der Zone, in der die Übersetzung geschieht. Bei Freud finden wir den Begriff der Schwelle in Bezug auf sein Triebkonzept. Dieser Schwellenbegriff lässt sich jedoch allgemein zwischen Unbewusstem und Bewusstsein einbauen, wie Mai Wegener in ihrer Begriffsgeschichte des Unbewussten aufgezeigt hat. Eine zentrale Stellung nimmt hierbei Gustav Theodor Fechners *Psychophysik* (1860) ein, in der dieser eine »psychophysische Schwelle«[18] bestimmt, die am Eintritt der Empfindungen ins Bewusstsein steht. Damit werden unbewusste Empfindungen und Vorstellungen anerkannt – als »letztlich […] quantifizierbare Verhältnisse«.[19] Diese Verhältnisse sind heute als biologische wieder von Interesse, die, im Verbund mit den neuen technischen Aufzeichnungsverfahren, weitaus größere Einblicke ermöglichen sollen als Fechner es je zu träumen gewagt hätte. Hier ist schon abzusehen, wie groß der Schnitt ist, den Sigmund Freud mit seinem psychophysischen Arrangement ziehen wird. Doch auch in Bezug auf ästhetische Wahrnehmungen sind Fechners Ausführungen heute wieder sehr aktuell. Seine *Vorschule der Ästhetik* (1871) begründet die ästhetische Wahrnehmung als auf unbewussten Assoziationen beruhend. Dies greift auf Hermann von Helmholtz zurück, der in seiner *Physiologischen Optik* (1867) die Annahme formuliert, dass es die unbewusste Wahrnehmung ist, die unser ästhetisches Empfinden maßgeblich bestimmt.[20] Mit Nietzsche taucht jedoch erstmals die Vorstellung eines durch die Sprache induzierten Unbewussten auf, was, wie Mai Wegener schreibt, zu seiner Forderung nach einer »Zeichensprache« führt, »die zum ›Bewußtmachen des Unbewußten‹ taugt«.[21] Wenn Nietzsche meint, dass das Unbewusste deshalb als dunkel und nicht zugänglich erscheine, weil das Bewusstsein es nicht wahrnehmen oder verstehen könne, leitet er zwei Wege des Denkens ein: einmal die Erschließungsarbeit der Psychoanalyse und zum anderen die Feier des Unbewussten als positive Kraft, wie dies die Vertreter der surrealistischen Bewegung unternommen haben. Vieles davon klingt später auch bei Deleuze und Guattari an, wenn diese ihre Wunschmaschinen und Fluchtlinien erklären werden.

Freud entwickelt eine »Praxis des Unbewussten«,[22] die sich sowohl in ihrer Vorgehensweise als auch in ihren theoretischen Begriffsbildungen radikal von allem bis dahin Diskutierten unterscheidet. Das Unbewusste »zeigt« sich in Symptomen, dessen Sprache als ein Rebus, ein Bilderrätsel, aufgelöst werden muss. In der Sprache selbst teilt sich das Unbewusste mit, was sich zuhörend und assoziativ verbindend erschließt. In den Träumen wird die Geschichte des Subjekts mithilfe verschiedener Mechanismen (wie Rücksicht auf Darstellbarkeit, Verschiebung, Verdichtung und sekundäre Bearbeitung) erzählt, eine Geschichte, in der der/die Träumende Gast, Protagonist, Beobachter, Rhythmus, Farbe, Musik, Spektakel, alles zusammen oder absent ist. In der *Traumdeutung* analysierte Freud die Gesetze des Unbewussten. Die das Unbewusste bestimmenden Primärprozesse zeigen sich nie in ihrer wahren Natur, sondern sind immer Kompromissbildungen, die durch die Einwirkung der Zensur (des Über-Ich sowie des Ich) auf Wunsch und Trieb-befriedigung entstehen. Das Unbewusste selbst kennt keine Negation, keinen Wi-derspruch, keine Zeit. Im Verlauf der Entwicklung des Säuglings zum Kind und zum Erwachsenen wird es durch traumatische Befriedigungs- und Schmerzerleb-nisse geprägt, wobei die Entdeckung des Geschlechtsunterschieds eine dieser nie mehr lösbaren Markierungen sein wird.[23]

Eben deshalb kann Joan Copjec insistierend fragen – »What is a body?« – und darauf beharren, dass trotz der vielen Definitionen des Körpers, die alle zu belegen versuchen, dass der Körper »von Gewicht« (Judith Butler) ist, nicht klar gemacht worden ist, dass wir einen Körper haben, der anderen Gesetzen gehorcht als den uns zugänglichen. Und sie fragt deshalb weiter: »Why do we find ourselves con-stantly overeating or starving ourselves, cutting up other bodies into little pieces or prostrating ourselves at another's feet? In other words, why, even in their ›basic‹ pursuits of nourishment and sex, are human bodies given to compulsion, inhibi-tion, sadism, idealization? Animals have bodies, too, but not such exotic pleasures, such perverse tastes. Their instincts, like our drives, are a kind of nonconscious knowledge of what they must do.«[24]

Doch was ist dieses unbewusste Wissen der Triebe, das uns veranlasst zu tun, ohne dass wir wissen, was (dass) wir tun?

Jacques Lacan hat dieses unbewusste Wissen als Begehren bestimmt, das sich mit und durch die Sprache artikuliert. Ein Begehren, das sich, wie der Wunsch bei Freud, über das Sexuelle hinaus bewegt, um im Begriff der »jouissance« eine nicht mehr sexuelle Dimension[25] zu markieren. Zwei markante Einschnitte zeich-nen die Lacansche Neufassung der psychoanalytischen Lehre aus: Die Zentralität des Symbolischen sowie seine Verortung des Begehrens im Begehren des Ande-ren. Dieses Begehren wird darüber hinaus als Anderes im (als) Mangel erfahren. Die Realität des Unbewussten ist für Lacan eine sexuelle, das heißt, die Entwick-lung des menschlichen Subjekts verläuft zwischen Verkennung (des Ich) und Ver-fehlung (des Seins).[26] Andere, wie Deleuze und Guattari, haben gegen diese dramatische Dimension des Subjekts angeschrieben und stattdessen ins Zentrum ihrer Theorien ein Werden gesetzt, durch welches sich die Lacansche Seins-verfehlung positiv in eine Seinsüberfülle verkehrt, die das Subjekt antreibt.

Während Freud bekanntlich das Medium seiner Zeit, den Film, nicht in seine Arbeit miteinbezogen hat, ist das Visuelle bei Lacan schon sehr früh in seiner Theorie des »Spiegelstadiums« als auch in seiner »Blick-Auge-Theorie«[27] mit-gedacht. Ich spreche hier absichtlich vom Visuellen und nicht von den Medien, da Lacan definitiv keinen medientheoretischen oder bildwissenschaftlichen Ansatz anbietet. Vielmehr verweigert sich seine Theorie der Spaltung von Sehen und Blick einer kohärenten These einer im Feld des Visuellen verortbaren Lust. Das Lacansche Begehren nach einer Lust (*jouissance* = Ekstase im Unterschied zum

Vergnügen), die sich jenseits der symbolischen Ordnung ereignet, findet deshalb am kybernetisch definierten Unbewussten eine spezifische Anknüpfungsstelle. Lacan war von der algorithmischen Konstruktion dieses »Realen« derart angetan, dass er seine Theorie des unbewussten Begehrens immer stärker mathematisierte, um in Gleichungen und Formeln dessen Funktionieren zu veranschaulichen. Die Anwendung der Kybernetik auf die Psychoanalyse folgte dabei einem der Kybernetik inhärenten Programm: der »Black Box«, wie Annette Bitsch dargelegt hat. Lacan habe von der Kybernetik und ihren Untersuchungsobjekten profitiert, denn diese gehörten, wie in der Psychoanalyse das Unbewusste, dem Bereich des Realen an. »Sie können nur in ihren funktionalen und operationalen Zusammenhängen, Interaktionen und Effekten untersucht werden: Black Box.«[28] Und weiter: »Lacan gewinnt, er profitiert fröhlich-kybernetisch von der Tatsache, daß die Urszene der Psychoanalyse die Zeugenschaft eines Verlusts ist, des Verlusts der Wahrheit, des Objekts, des Verlusts des Seins, metaphysisch wie materialistisch.«[29] Aus einem »mythisch-vorsprachlichen Subjekt, das Sein S«, wird in Korrelation mit den reellen Zahlen ein »geklüftete[s] und diskretisierte[s] S das Subjekt der Sprache, das subjektive Sein«.[30]

Die Spaltung des Subjekts durch die Sprache lässt sich in ein Mediales überführen, um im Kern (als Wahrheit des Subjekts) auf eine Technik zu stoßen, die dem Regelkreis des Symbolischen ihre Wirkung verdankt. Doch sollte in dieser Zentrierung auf Sprache und Matheme nicht übersehen werden, wie sehr der Körper als Organismus, als Reales, in Lacans Theorie ernst genommen wird. Mit diesem als dem Anderen des Subjekts beschäftigt sich Lacan besonders seit seinem *Seminar XI*: Er verschiebt seine Konzentration vom Signifikanten und dem Begehren auf das Reale und die *jouissance*. In dieser Verschiebung macht Lacan deutlich, wie die Begriffe des Unbewussten, des Realen und des Körpers (als Organismus) austauschbar sind. Eine neue Opposition taucht hierbei auf – diejenige zwischen dem genießenden Organismus und dem sexuell markierten Körper, der sich mit seinem phallischen Genießen gegen den Genuss des Organismus wehrt.

»The Real of the organism functions as a cause, in the sense that it contains a primordial loss which precedes the loss involved in the chain of signifiers. […] It is the loss of eternal life, which paradoxically enough is lost at the moment of birth as a sexed being.«[31]

Das heißt, in die Sexualität ist immer der Verlust einer Einheit eingeschrieben, die asexuell war. Mit der Sexualität als der Geburt eines geschlechtlichen Subjekts wird der Körper als Organismus verloren und ein Begehren gewonnen, das den Körper im Begehren des Anderen wieder auftauchen und im Orgasmus für Momente die Spaltung verschwinden lässt:

»Orgasm is the only conceivable way in which this gap can be closed: a stitching up *(suture du sujet)* by which the subject joins his own body for a moment along with the body of another.«[32] Unmittelbar danach ist der Spalt wieder installiert und eine Traurigkeit *(la petite mort)* stellt sich ein: »What comes before and after this teaches us something about *affect* (Hervorhebung M.-L. A.). Before, there is desire and anxiety because the subject has to disappear from the scene. Afterwards, there is sadness because the union with the object disappears.«[33]

Der radikale Schnitt zwischen Subjekt und Körper tritt hier deutlich zutage. Affekte, wie die hier erwähnten, haben jedoch wenig mit den Affekten und Emotionen aus den vorangegangenen Kapiteln zu tun, sondern sind Inskriptionen der ersten Anderen, der Mutter und ihrer »lalangue«,[34] die in den Körper des Kindes Spuren einzieht, die sprachlich nicht mehr eingeholt werden können. Lacan hat diese Affekte wahrgenommen und angesprochen, jedoch davor gewarnt, sie mit dem Realen des Subjekts zu verwechseln: »[E]s geht hier nicht darum, die Wichtigkeit der Affekte zu leugnen. Aber es geht darum, daß diese nicht mit der Substanz dessen verwechselt werden, was wir im *Real-Ich* suchen, jenseits der signifikanten Artikulation, wie wir, wir Artisten des analytischen Sprechens, sie zu handhaben wissen.«[35]

In *The Transmission of Affect* hat Teresa Brennan das Verhältnis von Affekt und Sprache untersucht und beide als miteinander – im Idealfall – Kommunizierende vorgestellt. Allerdings in großem Gegensatz zu Lacan, denn dieser gesteht dem Körper keine Sprache zu. Weder spricht der biologische noch der hormonelle oder der genetische Code. Vielmehr besteht zwischen Sprache und Kommunikation als Informationsübertragung eine unüberbrückbare Differenz, die beide jeweils anderen Ordnungen zuteilt. Die Tatsache, dass Lacan die Kybernetik und ihre Regelsysteme attraktiv gefunden hat, um die radikale Andersheit des Körpers zum Subjekt zu unterstreichen, sollte einen nicht übersehen lassen, dass er immer gegen die Sprache als Kommunikation aufgetreten ist. Brennan hingegen unternimmt einen Versuch der Heilung, der *suture*, um die Sprache, die nach ihren Ausführungen sich aus dem Körper entwickelt und dann als getrennter Code fungiert, in einen harmonischen Gleichschritt mit den genannten Körpercodes zu bringen. Am Schluss ihres Buches wird sie Wittgenstein in abgewandelter Form zitieren: »Of that we cannot speak, thereof we must learn.«[36] Im Mittelpunkt ihrer Theorie steht also eine Art Reedukationsprogramm, das die Sinne, die Gene, Hormone und die menschliche Sprache einander wieder näher bringen soll, sodass sich die Sprachen des Körpers und die menschliche Kommunikation verstehen können.

Lacans Fassung ist von diesem Harmoniestreben weit entfernt. Sprache ist für ihn inhuman (also keine menschliche Einrichtung), wodurch sie zunächst den anderen Codes näher zu stehen scheint. Doch die biologischen, physikalischen, neurologischen Codes unterscheiden sich in ihrem Wesen als Informationsüberträger völlig von der Sprache als Artikulation. Lacan postuliert vielmehr mit jedem Entwicklungsschritt des menschlichen Lebens eine Öffnung und eine Schließung, in der eine Entfremdung produziert wird, die in der Sprache aufgefangen wird. Er spricht in diesem Zusammenhang von »Aphanisis«, also einem Verschwinden und zwar dem »*fading*«, wie er es auch nennt, des Subjekts. Für Lacan taucht das Subjekt zuerst im Anderen auf, »sofern nämlich der erste Signifikant, der einzige Signifikant ∫ le signifiant unaire, auf dem Feld des Anderen auftaucht und das Subjekt für einen anderen Signifikanten repräsentiert, der wiederum die Aphanisis des Subjekts bewirkt.«[37] Das heißt, das Subjekt ist ein durch die Sprache, durch die Repräsentation, derart radikal geteiltes, dass es immer dort, »wenn das Subjekt irgendwo als Sinn auftaucht, […] [es sich] anderswo als *fading*, als ein Schwinden [manifestiert]«.[38] Das Begehren ortet Lacan nun in diesem »Intervall zwischen den zwei Signifikanten« und führt seine Einführung auf das Begehren des ersten Anderen, auf die Mutter, zurück, die, wie an früherer Stelle bereits angedeutet, mit ihrer »lalangue« dem Kind etwas »jenseits oder diesseits von […], was sie sagt, mitteilt, […], indem also ihr Begehren ein unbekanntes ist«.[39] Paul Verhaeghe hat diese Öffnungen und Schließungen mit einer jeweils spezifischen körperlichen Entwicklung/Hervorbringung folgendermaßen beschrieben: »Advent of the living – the opening and closing of life at birth«. Durch diese Öffnung und Schließung wird die Differenz zwischen dem ewigem und dem individuellem Leben eingeführt, mit der Geburt wird das ewige Leben beendet und das individuelle setzt ein. Danach kommt es zur Entwicklung oder zur Ankunft des Ich (»Advent of the I«), wodurch sich der Körper als eigener Körper eröffnet und als Körper vom Körper der Mutter trennt (»the opening and closing of the body«). Mit dieser Öffnung und Schließung wird der Körper als Ich im Spiegelstadium wahrgenommen und im selben Moment verkannt. Erst mit dem Eintritt oder der Aufnahme in die symbolische Ordnung kommt das Subjekt an (»Advent of the subject), das sich, wie zuvor bei Lacan formuliert, als Öffnung und Schließung der Signifikanten ereignet (»the opening and closing of signifiers«). Durch die Aufnahme in die symbolische Ordnung erfolgt die Zuweisung von *gender*, also der geschlechtlichen Identitäten oder besser der geschlechtlichen Positionierungen (»advent of gender«).[40]

In dieser Entwicklung werden die unterschiedlichen Beziehungen von Ich und Körper sowie Subjekt und Körper deutlich. Der Ort des Subjekts ist die Sprache, während das Ich am Körper »wohnt« (bzw. sich aus dem berühmten Freudschen »Hautsack« herausentwickelt).[41] Durch die Primärtriebe wird die Grenze zwischen *zoë* und *bios* gezogen, zwischen individuellem und ewigem Leben. Im Laufe des Spiegelstadiums entwickelt sich ein *sex*-loses, *gender*-freies Ich, das auf einer ersten Entfremdung aufbaut: der Riss zwischen Sein und einem sprechenden Sein wird auf Kosten des Verschwindens des Subjekts verdeckt. Die Sekundär- oder Partialtriebe (der phallische Trieb) leiten einen weiteren Subjektivierungsschub ein, der die Ordnung der Geschlechter inthronisiert und gleichzeitig mit dieser »Schließung« das Objekt *a* installiert, das auf die Kluft zwischen Ich und Subjekt verweist: »Das klein *a* kommt nie über die Kluft hinaus. […] Das *a* prä-

sentiert sich auf dem Feld der Täuschung der narzißtischen Funktion des Begehrens sozusagen als ein unverschlingbares Objekt, das dem Signifikanten im Halse
stecken bleibt.«[42] Die Tragödie, an der Lacan festgehalten hat, besteht im ständigen Versuch des individuellen Lebens, sich mit dem ewigen (Leben) wieder zu
vereinen (Freuds Lebens- und Todestrieb), weshalb die Sexualität des Menschen
einer anderen Ordnung als die tierische Fortpflanzung angehört. In und mit ihr
wiederholt sich beim Menschen das Trauma des Schnitts (der Separation und
Alienation).

An früherer Stelle habe ich Renata Salecl zitiert, die das Thema des Schnitts
mit der Klitorisbeschneidung und *Body Art* in Zusammenhang gebracht hat, um
aufzuzeigen, dass die symbolische Ordnung, das Gesetz, die Sprache an Kraft und
Einfluss verloren hat. Statt des Wortes, das den Schnitt herbeiführt, kommt es deshalb zum realen Schnitt, um mit diesem Einschnitt in den Körper diesen in eine
(hierarchische) Ordnung zu stellen. Paul Verhaeghe konstatiert Ähnliches, doch
bringt er dies explizit mit dem Aufschwung der (Neuro-)Biologie als hegemoni-
aler Wissensproduktion in Verbindung, wodurch die Butlersche *sex-gender*-Split-
tung in einfache, bipolare Frau-Mann-Verhältnisse rückübersetzt wird: »Today
we are facing a strange backlash towards sex and gender, man and woman. The
paradoxical scattering of gender identity by Butler has recently led to a return to
the classic, safe male/female opposition within the biology of sex. Today in
biology, genetics, brain studies voices are heard everywhere defending this binary
opposition.«[43]

Keine Körperschnitte, sondern unterschiedliche Gehirnsignale, affektive Reaktionen und Hormonhaushalte werden angeführt, um die Geschlechterteilung
aufrechtzuerhalten. Auch Deleuze hat dieses Drama des biologischen Lebens beschrieben, jedoch nicht als Tragödie, sondern als Lustspiel, in dem die Protagonisten vom Maschinischen (wie der Sprache, den Medien) angetrieben werden.
Jedoch erfahren sich die Individuen in dieser Sehweise durch die sie überbordende
Überfülle und eben nicht durch den Mangel am Sein.

Man könnte nun auf den ersten Blick meinen, dass sich gerade dieses Maschinische mit dem Sprach-Subjekt der Psychoanalyse verbinden lassen würde
und zwar, wie schon mehrfach angedeutet, auf der Ebene der Affekte, die in der
Philosophie Deleuzes die Position der »Partialobjekte«[44] einnehmen. Slavoj Žižek
hat diesen Vergleich in seinem Band *Körperlose Organe* aufgestellt. Affekte gehören, wie wir ja auch in der Diskussion von Hansens Kritik am Affektbegriff
Deleuzes lesen konnten, nicht zu einem bestimmten Subjekt, sondern sind einer
prä-individuellen Ebene zuzuordnen. Sie sind »frei flottierende Intensitäten«, die
»*unterhalb* der Intersubjektivität zirkulieren«.[45] Sie gehören dem Virtuellen (im Gegensatz zum Aktuellen) an und emergieren nur als Blockade, als Entität, als molare
Verfestigung. Žižek versucht, Deleuze an dieser Stelle nachzuweisen, dass er mit
dieser Definition einer empiriokritischen Haltung gefährlich nahe gekommen ist

– »der Fluß der Gefühle [geht] dem Subjekt voraus[…]«.[46] Deleuze ist in seinen Augen dennoch kein Anhänger eines psychophysischen Parallelismus, vielmehr kreuzen sich in seinem Denken die Logik des Sinns und die des Werdens, indem aus dem Immateriellen die Produktion von Seiendem emergiere.[47] Diese Emergenz geschieht ohne Negativität, alles strebt nach vollständiger Aktualisierung, die nur von außen gebremst, verhindert und umgeleitet werden kann. (In Spinozas Fassung der Affektion des Körpers wird dieser immer nur durch andere Körper affiziert, wodurch sich seine aktuelle Form herausbildet, die sich durch jede weitere Affektion erneuert.) Der affektive, noch nicht individualisierte, Körper wird also von außen affiziert, bearbeitet und moduliert. In der psychoanalytischen Auffassung wird dieses affirmative Streben nach Leben deutlich anders interpretiert. Auch wenn der Lebenstrieb (oder die Libido) den Organismus am Leben erhält, ist das Leben immer auf den Tod gerichtet bzw. in Abgrenzung zum ewigen (biologischen) Sein definiert. In diesem Dazwischen operiert Sexualität als Erhalt und Verlust, als Begehren nach einer unmöglichen Lust, da diese die Löschung bedeutet. Freud spricht der Sexualität die Funktion zu, einen *impasse*, eine Blockade zu bilden, durch die der Körper und die symbolische Ordnung sich nicht kreuzen oder Schnittmengen bilden. Nach Žižek stellt die Sexualität eine »inhärente Sackgasse«[48] dar, denn »[d]ie Sexualität ist der einzige Trieb, der an sich behindert und pervertiert ist, indem er ungenügend und zugleich exzessiv ist.«[49] Sexualität kann demnach als »Ko-Sinn« fungieren, der sich jeder (neutralen, wörtlichen) Bedeutung andocken kann, weil sie (die Sexualität) selbst bedeutungsleer ist.[50]

Die Sprache generiert auf der Oberfläche des Körpers ein sexuelles Subjekt, wodurch sich dieser in ein Körper-Wissen und eine Körper-Lust spaltet. Dem zweiten Körper, jenem der Lust, wendet sich die Psychoanalyse als einem radikal nicht-animalischen, nicht-biologischen, sondern als einem »Konglomerat erogener Zonen«[51] zu. Stellt man dieses »Konglomerat erogener Zonen« dem »Körper-ohne-Organe« von Deleuze und Guattari jedoch zur Seite, müssen die beteiligten Begriffe des Unbewussten bzw. des Virtuellen mit berücksichtigt werden, um nachvollziehbar zu machen, wo die entscheidende Differenz situiert ist. Affekte und Partialobjekte sind schon in Žižeks Vergleich als jene inhumanen Anhängsel des Körpers benannt worden, die dessen Eigengesetzlichkeit signalisieren. Beide Körperfassungen verfolgen jedoch etwas anderes. Die Partialobjekte verweisen auf eine radikale Nichtorganisation der Sexualität (im Sinne des Sexuellen), auf die Potenzialität der erogenen Besetzungen und Lüste. Die Affekte streben nach Verbindungen und neuen Relationen, um die Virtualität des Seins (bei Deleuze) weiter zu formen (zu falten). Die Affekte stehen für die »Herrlichkeit des ›Man‹ – in der *man lebt*, in der *man liebt* und in der *man stirbt*«.[52] Der Körper-ohne-Organe entzieht sich dem Identitären, verweigert sich der Produktion, ist reine Intensität, lässt das Ereignis aus der »Tiefe des Körpers« das Subjekt ergreifen.[53] Obwohl dieses Intensive oder Sinnliche auf ein Subjekt angewiesen ist, »das weiß und sagen kann, was es empfindet«,[54] schreibt sich hier eine Differenz ein, die an dieses Wissen und an dieses Sagen geknüpft ist. Das Subjekt der Psychoanalyse weiß nicht, was es empfindet, es kann sich noch so tief dem Unbewussten seines Körpers aussetzen, um immer wieder nur auf die »reine Oberfläche eines phantasmatischen Schirms«[55] zu stoßen. Affekt und Emotion in der Neurobiologie hingegen brauchen gar kein Subjekt mehr, das weiß oder nicht weiß, sagen oder nichts sagen kann.

VOM PHANTASMA DES LEBENS

In den verschiedenen Konzeptionen, die hier zitiert worden sind, ist vom Leben (Sein) die Rede: als Organismus, Virtualität, Unbewusstes, als etwas, das dem Begriff entgegengesetzt ist. Der Zugang zu diesem Leben ist unterschiedlich versperrt: durch die Sprache, die Politik, das Wesen des Humanen. Dieses Leben wurde einmal als »heiliges Leben« bezeichnet, sodann als »ewiges«, das sich vom biologischen unterscheidet. Agamben beschreibt *zoë* als heiliges, nacktes Leben, von dem sich der Mensch als politisches Wesen getrennt hat, um es in politischer Quarantäne einzukesseln. Damit ist jedoch, so Agamben, das nackte Leben Konstituens einer Politik der Moderne geworden, die sich im heutigen Spätkapitalismus vielleicht noch deutlicher und zynischer zeigt. Die durch und durch kapitalisierte Politik teilt die Menschen kartographisch in nacktes und (wert)volles Leben ein, um das zweite in selbsttechnische Apparaturen zu zwängen, die selbstverantwortliche Subjekte produzieren. Neben den schönheitsoperativen Schnitten sind affektive Regulatorien selbstverständliche Rubriken in Unterhaltungsmedien. Der nachhaltigste Effekt von Talkshows und ähnlichen massenmedialen Genres liegt in ihrer Umpolung psychischer Fixierungen in affektive Spannungszustände. Von künstlerischen Praxen, die die Menschen in Glückszustände versetzen wollen, war bereits die Rede. Der Imperativ des Genießens wird dabei als Recht auf Genuss missverstanden, während gleichzeitig seine »obszöne Unterseite« übersehen wird. Diese besteht in einer permanenten Selbstkontrolle und im ständigen Vergleich mit den anderen, ihren Körpern, ihrer Performanz.

Das nackte Leben nach Agamben ist nicht identisch mit dem ewigen Leben, von dem bei Paul Verhaeghe die Rede ist, und dem das biologische Leben des Einzelnen zustrebt bzw. dessen Wiedervereinigung es sich – unbewusst – wünscht. Ewiges Leben ist hier jener Urzustand ohne Einschnitt, der mit der Geburt die erste Trennung erfährt.

Rosi Braidotti hat ihren Begriff von *zoë* nochmals anders bestimmt. Der Definition von Agamben setzt sie entgegen, dass dieses nackte Leben in der Geschichte immer in feminisierter Weise behandelt worden sei. Man kann diesen

Gedanken natürlich auch auf das ewige Leben (wie es Verhaeghe definiert) als weibliches, mütterliches übertragen, um zu sagen, dass das Verdrängte (der idealisierte Urzustand) immer weiblich gefasst ist. Dieser Umstand wird, wie Braidotti schreibt, durch die Politik des Lebens (Biopolitik, *LifeScience*) verändert, neu geregelt: »We need to attend the forces of life and matter that are traversed by and not exhausted by politics. This implies giving centre stage to *zoe* as relations or flows of interaction; production or generative power and the inhuman. Accepting the bio-egalitarianism of *zoe*-politics means that each subject, no matter the sex, race or species, has to be rethought according to the positivity of difference, i.e. the notion of difference as the principle of non-One as zero-institution.«[56]

Damit unternimmt Braidotti eine Weiterentwicklung bzw. entfernt sich von Foucaults und Agambens Biopolitik-Begriff, den diese in ihren Augen nur als Verlust definiert haben. Demgegenüber hat Deleuze, wie Braidotti ausführt, die positive Kraft von *zoë* betont und die Möglichkeit inhumaner, noch nicht subjektzentrierter Verbindungen ins Zentrum seines Denkens gestellt. *Zoë* bedeutet für ihn eine Welt, in der kein Unterschied zwischen den sozialisierten Kräften der Körperpolitik und den körperlichen Kräften existiert. Die Schwierigkeit besteht jedoch darin, die Synthese von subjektgebundenen und präpersonalen Kräften zu erklären, wie Braidotti anmerkt. Was treibt diese Kräfte an, was ist die Urkraft? Um eine Antwort hierauf zu finden, rekurriert sie auf Spinozas Terminus *conatus*, womit dieser die Lebenskraft als virtuelles Vermögen, als Potenzialität des Lebens benannt hatte. Doch in Wirklichkeit wollen die Menschen, so Braidotti mit Blick auf Deleuze, in diesen Lebensfluss eintauchen, untergehen, verschmelzen und sich auflösen. Lacan hat dies, wie sie anmerkt, zynisch als Einswerden mit dem Körper bezeichnet. In ihren Augen ist dies jedoch keine ontologische Implosion, sondern ein Dahinschwinden von »subjects [that] are enfleshed entities […] immersed in the full intensity and luminosity of becoming. […] This, therefore, is the glorious expression of the life force that is *zoe*, and not the emanation of some divine essence. Radical immanence as a mode of thinking the subject […] deflates the pretence of grandiose eternity […] Life is eternal, but this eternity is postulated on the dissolution of the self, the individual ego […] The life in me does not bear my name: ›I‹ inhabits it as a time-share.«[57]

Mit euphorischen Worten beschreibt Braidotti weiter, wie das Selbst als *stopping point* im Prozess des Werdens überwunden werden kann, um in einer radikalen Umkehrung aller Negativität in den »Körper-ohne-Organe« (»the cosmic echoing chamber of infinite becomings«)[58] zu münden. Über die Ruinen der Metaphysik zu springen, ist das erklärte Ziel – nicht als Utopie, sondern »in a very embodied and embedded way«,[59] verortet im Hier und Jetzt: »just a life«.[60]

Doch was ist »einfach Leben«? Ohne Anfang und Ende? Ohne jeden (Ein)-Schnitt im Sinne (s)einer Signifikation? Braidotti weiß, dass das Leben genauso wie der Körper ohne Signifikation nicht in Erscheinung treten kann. Dies hat

Elizabeth Grosz in ihrem Für und Wider eines *Deleuzian Feminism*, wie an früherer Stelle schon zitiert, bereits vor mehr als zehn Jahren deutlich zum Ausdruck gebracht. Damals meinte Grosz, dass noch entscheidende Schritte unternommen werden müssten, um die Blindheit von Deleuze und Guattari hinsichtlich des sexuellen Körpers, also eines immer markierten Körpers, zu überwinden.[61]

Ging es Mitte der neunziger Jahre noch um die Körper und deren geschlechtliche und ethnische Markierungen, ist es heute in einem fortgeschrittenen Kapitalismus das Leben als solches, das sich von den Signifikaten seiner Markierungen abgetrennt hat. *Genetic engineering* hat, wie Braidotti argumentiert, diese Entkoppelung vorangetrieben. »Genetic engineering and contemporary molecular biology have located the markers for the organization and distribution of differences in micro-instances like the cells of living organisms. [...] We have moved from the bio-power that Foucault exemplified by comparative anatomy to the sort of molecular *bios/zoe* power of today.«[62]

So wie die digitalen Bilder ihren Rahmen verloren haben (wie ausgeführt), hat auch die menschliche Existenz im Spätkapitalismus ihre Rahmung eingebüßt, weshalb der Ruf nach einer neuen Ethik der Differenz (als Rahmen und ganz pragmatisch auch als Orientierungshilfe) laut geworden ist.

Es ist daher nicht überraschend, dass Rosi Braidotti auf die blinden Flecken bei Deleuze bezüglich der sexuellen Differenz mit Luce Irigaray kontert bzw. deren *Ethik der sexuellen Differenz*[63] der nomadischen Lehre von Deleuze zur Seite stellt. Damit erfährt wieder eine Theoretikerin eine Neubewertung,[64] die in den achtziger Jahren innerhalb des feministischen Diskurses in Ungnade gefallen war. In Ungnade deshalb, weil Irigaray eine ontologische Basis von Weiblichkeit zu etablieren suchte, die zu einer männlichen quer stand. Darum geht es jedoch bei Braidotti nicht (mehr). Stattdessen soll heute Irigarays feministische Patriarchatskritik in die Deleuzeschen Kritik an der abendländischen Metaphysik mitaufgenommen werden. Denn diese Tradition feministischer Denkpraxis (zu der auch Haraway gezählt wird) könne als das *missing link* im Verhältnis von Theorie und Praxis oder Philosophie und Politik betrachtet werden und fehle auch der Philosophie Deleuzes.

»I will explore the corporeal styles, the ontological structure, and the lived realities of sexually different bodies«,[65] hatte Elizabeth Grosz für ihr Modell eines Deleuzeschen Feminismus geschrieben und argumentierte damit sehr dicht an der Körperphilosophie von Moira Gatens. Diese hat in dem Aufsatz »Ethologische Körper«[66] Geschlecht als Organisation typischer Affekte auf der intensiven Achse und *sex* als Körper-Organisation auf der extensiven Achse definiert und auf diese Weise versucht, Spinoza für eine feministische Debatte aufzubereiten.[67] Gatens war damit eine der frühen feministischen Deleuzianerinnen, die bereits erste Schritte für eine Verbindung von Feminismus und Deleuze ausprobierten, während Braidotti, Grosz u.a. noch vehemente Lacan-Anhängerinnen waren. Brai-

dotti greift diesen Versuch auf, um ihn für ein Denken des Subjekts weiter zu entwickeln, das einer globalisierten Existenzweise Rechnung trägt und weder in die
Falle eines wiedererwachten Essentialismus noch in die einer mystischen Spiritualität tappt.

Die Kategorie »sexuelle Differenz« klingt heute für viele anachronistisch und
als eine nicht mehr zeitgemäße Kategorie, die dem Machbaren der Körper ohn-
mächtig nachhinkt. Die von Braidotti benannten Auflösungserscheinungen körperlicher Referenzen bezogen ja auch die Unterscheidung der Geschlechter mit
ein. Doch wie gelingt ihr nun die Verbindung von Körper und Sexualität, wenn
diese nicht zwischen einem männlichen und weiblichen Pol gespannt sein soll?
Braidotti schafft die Brücke folgendermaßen: Begehren wird als *potentia* definiert,
also als positive Macht (oder auch *conatus*, wie es bei Spinoza heißt), und diese
(Macht, Kraft) treibt die Körper zu multiplen Werdensformen an. Was Derrida als
»ursprünglichen Aufschub«[68] bezeichnet und dadurch die sexuelle Differenz als
jene ursprünglich-nachträgliche Differenz eingeschleust hat, und die ein Leben
(im Sinne einer Ankunft) ermöglicht, wird von Braidotti vor ihrem spinozistisch-
deleuzeschen Hintergrund als qualitative *shifts* von Subjektivität begriffen.[69] Der
Unterschied zu Derrida und zu Irigarays ontologischer Setzung von weiblichem
versus männlichem Körper besteht nun darin, dass a) das Leben nicht mehr länger
als Spur gedacht wird und b) die ontologische Setzung ihren universalen Anspruch
eingebüßt hat, um in eine positive, vitale Kraft überzugehen. Braidotti stellt ein
transversales Subjekt vor, dessen relationale Bezüge seinen Körper affizieren und
darüber sein Bewusstsein bestimmen. »[T]ransversal and interconnecting entities,
defined in terms of common propensities. They are intelligent matter, activated
by shared affectivity.«[70]

DESIRE OR INTENSE LIVING: NEOSEXUALS

Braidotti wechselt in ihrer nomadischen Ethik zwischen Theorie- und Lite-
raturanalyse, sie verwendet beide Textsorten gleichwertig und entwickelt auf
diese Weise ein fiktional-theoretisches Rüstzeug. Virgina Woolfs Tagebuch, in
dem diese ihre Beziehung zu Vita (!)[71] beschrieben hat, dient Braidotti als Ausgangslage für ihre Bestimmung einer Begehrenskonstruktion, die sich aus den
Koordinaten von Frau/Mann, Hetero-/Homosexualität und körperlich/mental
befreit hat. Die gleichgeschlechtliche Beziehung zwischen Woolf und Vita ist
nach Braidotti keine lesbische Beziehung, sondern kann als ethisches Modell gelesen werden, »where the play of sameness-difference is not modelled on the dia-
lectics of masculinity and femininity; rather it is an active space of becoming,
which is productive of new meanings and definitions.«[72] Auch die fließende Fas-

sung zwischen Selbst und Anderem zielt in die Richtung eines sich nicht mehr als Einheit begreifenden Subjekts, stattdessen kann die Depersonalisation des Selbst als Übersteigung des Ich und als dessen Einbindung in interne und externe Kräfte gesehen werden.[73] Und schließlich führt Braidotti ein Begehren an, das die Arbeit an diesen Verbindungen und Begegnungen an- und betreibt. Es wird als ein Horizont beschrieben, auf den hin das Leben zustrebt. Das Begehren zieht die Bahnen für die möglichen Formationen eines Ander(e)s-Werdens, eines *becoming* und kreuzt hierbei Sexualität als eine temporäre Fixierung, eine Art Verknotung, die durch andere, intensive Affekte wieder gelöst und neu gebildet wird. Dieses Begehren wird als »[b]etween the no longer and the not yet«[74] bestimmt und hat damit den Affekt, wie ihn Massumi definiert hat, erreicht.[75] Der von mir immer wieder geäußerte Verdacht, dass sich das Begehren auf der Folie der Deleuzeschen Konzepte im Affekt wiederfindet, scheint sich nun zu bestätigen. Auch wenn Braidotti sich gegen die völlige Absage an einen Subjektbegriff verwehrt und ihre nomadische Ethik mit einer feministisch-materialistischen Philosophie verknüpft,[76] kann sie die Konsequenzen ihrer Entwicklung nicht stoppen. Diese münden u.a. in *Abstract Sex*, wo das Begehren nicht einmal mehr den Status von Affekten besitzt, sondern auf die Stufe von Austausch, Bewegung und Teilung reduziert ist.

Interessant ist ein Umstand, den ich hier nur kurz ansprechen möchte. In letzter Zeit werden immer wieder Revisionen von Umfragen publiziert, die das sexuelle Verhalten von gesellschaftlichen Gruppen neu einschätzen. Nicht nur wird darin Sexualität und/im Alter diskutiert, auch »Asexualität« wird als neues Phänomen verhandelt. »Es ist ein Akt der Emanzipation«, schreibt Volkmar Sigusch, »wenn sich Männer wie Frauen, die kein sexuelles Verlangen haben, zu dieser Eigenheit offen bekennen. Denn die Lustlosigkeit unzähliger Frauen und zunehmend auch Männer, die die Sexualmedizin seit Jahren beobachtet, hat sehr viel mehr mit der kulturellen Transformation der alten, angeblich natürlich und stets endogen-trieblich sprudelnden Sexualität zu tun als mit der fachlich haltbaren Diagnose einer sexuellen Störung.«[77] Sigusch hat den Wandel in Bezug auf Sexualität analysiert und festgestellt, dass Sexualität – weder für Männer noch für Frauen – nicht mehr die gleiche identitätsstiftende Kraft besitzt wie in den sechziger und siebziger Jahren. Heute ist Sexualität eine Frage des Lebensstils geworden, eingebunden in ein Ensemble von Alltagsorganisation, Freizeit, Einkommen, Interessen, Peergroups, Alter und Lebensphase. Sexualität dient der Lust, der Entspannung, ist Kick und Thrill und unterliegt entsprechenden Abnutzungen und Reaktivierungsmechanismen.[78] Mit diesen Fakten schließt er nicht nur an Paul Verhaeghes Befund an, dass die *Liebe in Zeiten der Einsamkeit* sich neue Rituale und Tabus sucht, um wieder etwas zu installieren, das in der Implosion der großen Erzählungen auf der Strecke geblieben ist, sondern deckt sich auch mit dem Bild, das durch eine *queere* Kultur zunehmend stärker den medialen Alltag durchzieht:

Männlich und weiblich haben sich aus ihrer starren Dichotomie gelöst, um neue Kombinationen von homo-, hetero-, bi- und transsexuell auszuloten. Männer tragen Röcke, ohne dass erschreckte Blicke sie begleiten, Frauen tragen Bärte und benutzen Dildos, um die Herrenposition des Phallus nicht nur zu karikieren, sondern faktisch aus dem Rennen zu schlagen.[79] Zwischen omnisexuell und asexuell erstreckt sich also das Angebot von Sexualitäten, das diese manipulier- und konsumierbar hat werden lassen.

Wie korrespondieren diese Realitäten nun mit einer radikal anderen Form von Sexualität, mit einer Definition von Sexualität, die ihre symbolisch-imaginäre Rahmung völlig aufgegeben hat bzw. ohne diese neu erfunden werden muss? Luciana Parisi hat, wie bereits angedeutet, die Deleuzeschen Begriffe mit der Molekularbiologie verschweißt, um ein Evolutionsmodell von Sexualität vorzustellen, bei der diese sich selbst und damit die Position des Subjekts überwunden hat. Nicht zufällig verweisen Theoretiker des Transhumanismus immer wieder auf Nietzsche und dessen Figur des Übermenschen, um zu unterstreichen, dass nicht Darwin, sondern etwas jenseits/über dem Menschen Seiendes die Zukunft bespielen wird. Keith Ansell Pearson bestimmt z.B. die transhumane Kondition als Zusammenspiel oder -prall von human und inhuman durch ihre Technologien, z.B. die transhumane Kondition als Zusammenspiel oder -prall von human und inhuman durch Technologien. Weder human noch inhuman wird in seinen Augen in einem avancierten, globalen Kapitalismus überleben bzw. Sinn machen. Vielmehr rekurriert Pearson auf die von Baudrillard konstatierte »anthropologische Deregulation« (die jener in Bezug auf *genetic engineering* feststellte), um eine generelle Deregulierung des Humanen zu verkünden.[80] Keine Transzendenz des Humanen steht bevor, sondern ein nichtteleologisches Werden in einem immanenten Prozess. Ein weiteres Mal wird also die Deleuzesche Philosophie bemüht, um ein Zukünftiges im permanenten Werden zu imaginieren. Das »viroide« Leben, das Pearson als die Basis der transhumanen Kondition beschreibt, bildet auch für Luciana Parisi den Ausgangspunkt für ihr Modell eines *Abstract Sex*, mit dem sie eine radikale Umschrift von Sexualität zum Programm erhebt, in dem diese weder menschlich noch genital, sondern zellulär und anonym, apersonal bzw. subjektlos funktioniert.

Ähnlich der Dreiteilung von Eduard von Hartmann aus der Mitte des 19. Jahrhunderts in Bezug auf die »Stufen des Unbewussten«,[81] schlägt Parisi drei Strata von *sex* vor: Eine biophysische, eine biokulturelle und eine biodigitale Ebene. »Human sex« ist auf der biokulturellen Ebene verortet, wird von Parisi allerdings nur mehr für den Zeitraum 19. bis Mitte 20. Jahrhundert als relevant erachtet, da dieser noch für die Fortpflanzung notwendig war. Heute hingegen haben wir das »cloning« und eine entsprechend polymorphe Sexualitätsstruktur (»molecular sex«), auf die ein sich immer wieder neu formierendes Begehren (»recombinant desire«) trifft. Ausgetauscht, ausgetragen und fürs Klonen gebraucht werden die weiblichen Eier, die deshalb eine spezifische Aufwertung erfahren.[82] In einem Interview mit Matthew Fuller erläutert Parisi die Dynamik und Befreiung, die die von ihr vorgeschlagene »stratification of sex« bedeuten kann.

»[T]hese levels of stratification constitute for Abstract Sex the endosymbiotic dynamics of organization of matter – a sort of antigenealogical process of becoming that suspends the teleology of evolution and the anthropocentrism of life. [...] Once we are forced to engage with the way layers collide in the human species – the way some biophysical and biocultural sedimentations rub against each other under certain pressures and in their turn the way they are rubbed against by the biodigital mutations of sensory perception for example – than the moral stances of optimism and pessimism make no longer sense.«[83]

Haben wir bei Braidotti gesehen, wie der Begriff des Begehrens in jenem des Affekts (in einer Deleuzeschen Lesart) aufgeht, so können wir bei Parisi nun beobachten, wie das Begehren zu purer Energie mutiert. Vor allem das Repräsentationsmodell wird von Parisi als Zugang zur Welt (zum Leben, Körper, Organismus) mit dem Hinweis verworfen, dass es alle Differenzen reduziere. Auch die Debatten über Cyberfeminismus und *cybersex* haben in ihren Augen keine wirkliche Alternative zum Körper-Geist-Problem entwickelt, sondern nur die Unterscheidung zwischen biologischer Präsenz und diskursivem, abwesendem Körper wiederholt. Parisi schlägt deshalb eine neue Metaphysik von Körper und Geschlecht vor, die nichts mehr mit einer binären Logik von Repräsentation zu tun hat. Der Körper wird nun als etwas gefasst, das mehr ist als ein biologisches oder organisches Ganzes, mehr als ein geschlossenes, sich selbst genügendes System. In ihm kreuzen sich nun verschiedene Levels, von der Mikroebene bakterieller Zellen und Viren bis zur Makroebene soziokultureller und ökonomischer Systeme. Aus den Oppositionen Natur und Kultur sowie *sex* und *gender* werden intensive Verbindungen, wobei Natur und *sex* (anatomisch-organischer Körper) nicht mehr als »Quellen« funktionieren, sprich nicht mehr als Reservoirs anzusehen sind, aus denen sich Geschlechtsidentitäten und andere sozio-kulturelle Artefakte entwickeln. Die Zweiteilung von *sex* als Anatomie (Natur) und *gender* als Kultur, die in den sechziger Jahren als progressiver Schritt durchgeführt wurde und auch Judith Butlers Position werden von Parisi verworfen. Butler hatte Anfang der neunziger Jahre *sex* und *gender* auf den Kopf gestellt und erklärt, auch *sex* müsse als immer schon kulturell durchgeformt verstanden werden. Parisi führt eine nächste Begriffsgeneration für dieses Paar ein und bestimmt die beiden nun als Parallelgang – »gender is a parallel dimension of sex entailing a network of variations of bodies that challenge the dualism between the natural and the cultural.«[84] Begründet wird dies mit Hilfe der Ethik von Spinoza, wodurch beide (*sex* und *gender*) als Attribute einer Substanz begreifbar werden. Wie schon angeführt, hat Moira Gatens dies bereits zeitgleich zu Butlers Konzeption entworfen. Heute produziert die molekularbiologische Auffüllung der beiden Begriffe euphorische Begeisterung. In

Parisis Worten: »[D]esire is autonomous from the subject and the object as it primarily entails a non-discharging distribution of energy, a ceaseless flowing that links together the most indifferent of bodies, particles, forces and signs.«[85]

Die von mir fragend formulierten Annahmen in Bezug auf die Entwicklung der Figur des *anthropos* haben hier nun eine Schärfe erhalten, die das 20. Jahrhundert als endgültig überwunden deklarieren. Kann man das Interesse am Affekt, wie wir es an Beispielen in der Kunst, im *cyberspace*, in der Medien- und Kulturtheorie ausfindig machen konnten, als Übergang zu einer radikal subjektlosen Formation organischer Körper diagnostizieren? Ist die Euphorie über Emotion und Affekt in der Gehirnforschung und Kognitionspsychologie dahingehend zu verstehen, dass der Mensch endlich mit dem Tier und der intelligenten Maschine auf dieselbe Ebene gestellt werden darf? Können wir die psychische Dimension, an der das 20. Jahrhundert so interessiert war, endgültig verabschieden, um allein einer vitalistischen Motivationskraft fortan die Verantwortung zu übergeben? Ist die Forderung, das »Leben als Subjekt« ernst zunehmen (wie es Braidotti formuliert hat) eine erste Vorgabe in diese Richtung?

AFFEKT UND WAHRHEIT

In Anlehnung an Foucaults *Sexualität und Wahrheit* ist hier der Versuch unternommen worden, Affekt als ein (neues) Dispositiv zu fassen, in dem sich die unterschiedlichsten Kräfte bündeln. In diesem verbindet sich das autopoietische System der Kybernetik mit dem System der Endosymbiose, der affektive Körper des digitalen *art space* mit der affektiven Reaktion im Prozess der Medienrezeption. Das Dispositiv erhält vielfache theoretische Untermauerung und Verstärkung durch einen Umschwung innerhalb der universitären Diskurse, die dem Druck von Politik und Ökonomie nicht standhalten können. Parallel dazu inszenieren Kunst und Medien zusammen mit Freizeit- und Tourismusindustrie ihre Kontemplations-, Erfahrungs- und Erlebnisräume.

Konnte Foucault in seinen Bänden zu *Sexualität und Wahrheit* jedoch von einem Wissens- und einem Wahrheitsbegriff ausgehen, die dieses humane Wesen umkreisen bzw. in ein Raster von Untersuchungstechniken einfügen, sind Wissen und Wahrheit heute in eine Evidenz übergegangen, deren Basis digitale Aufzeichnungs- und Rechensysteme bilden. Was demnach übrig bleibt, ist der Affekt als Intensität, Begehren und Lebenskraft, als Zeitphase, die dem Subjekt entgeht und es gleichzeitig reaktiv in seine Welt einordnet, als Wahrnehmungskoordinator bzw. Weltsichtselektor, als ursprüngliches Motivationssystem, das den Menschen antreibt, anpasst und am Leben erhält. Dem euphorisch klingenden Unternehmen von Braidotti und Parisi widersprechen allerdings die faktischen Entwicklungen von drastischen Neukartographierungen von Menschen und geographischen Räumen. Zynisch übersetzt lässt sich z.B. der weltweite Organhandel mit dem »organischen Kapital«, wie es Luciana Parisi beschreibt, verknüpfen,[86] und dann zeigt sich kein euphorischer »Körper-ohne-Organe«, sondern ein Körper, dem die Organe möglicherweise fürs Überleben fehlen. Körper-minus-Organe. Dies ist allerdings nur ein Aspekt. Ein anderer ist der Zorn oder die Enttäuschung, die bei vielen Autoren festzustellen ist. Sie attackieren das Repräsentationssystem, als ob sie von diesem enttäuscht worden wären, als ob dieses sie ständig betrogen und an der Nase herum geführt hätte. Sie treten auf, als ob sie endlich ein uraltes Joch abschütteln könnten, um, einer Mikrobe ähnlich, bei einem anderen Einzeller Zuflucht zu finden. Der Anthropozentrismus, als evolutionäre Fehlentwicklung, hat den Menschen für gut zweihundert Jahre glauben lassen, er sei etwas anderes, Besseres, Höherstehenderes als die übrigen Weltbewohner. Doch nicht die systematisch-maschinelle Auslöschung menschlichen Lebens in den Konzentrationslagern des Dritten Reiches haben diesen Umschwung im Denken des Humanen eingeleitet, sondern Naturwissenschaften gemeinsam mit den Lebensphilosophien, globale, ökonomische Interessen und populistische Politiken. Was Foucault als das Auftauchen der Figur des *anthropos* beschrieb, kann heute als sein Verschwinden begriffen werden, bei dem spezifische Parameter dieser Figur zunächst aufgeweicht werden: Sprache – Sexualität – Politik. Foucault hat die Krise der Regierung, also die Führung der Menschen, schon Ende der siebziger Jahre wahrgenommen und lange vor dem 11. September 2001 die problematische Verkehrung der Disziplinartechniken in solche der Sicherheit vorweggenommen. Während die Disziplinartechniken von einer präskriptiven Norm ausgehen, »ist der Ausgangspunkt des Sicherheitssystems das (empirisch) Normale, das als Norm dient und weitere Differenzierungen erlaubt«.[87] Die Sicherheitstechniken unterscheiden nicht mehr zwischen erlaubt und verboten, sondern definieren vielmehr ein »optimales Mittel«.[88] In Übertragung der Analyse der *Regierung der Risiken* [89] von Thomas Lemke, worin dieser die Entwicklung von der Eugenik zur genetischen Gouvernementalität nachzeichnet, auf das hier verhandelte Thema des affektiven Dispositivs lässt sich konstatieren, dass dieses einen affektiven Konjunktiv installiert, der das Auseinanderklaffen von Versprechen und realer Diagnose (des Erbguts im Fall der Genetik) bedeutet. Auch Medienanalysen, philosophische Reformulierungen des Subjekts sowie immersive Erlebnisse warten mit dem Versprechen auf, die Wahrheit von Körper, Organismus und Subjekt zu entschlüsseln. »Affektifizierung als Machtstrategie«.[90] Wenn Lemke weiter schreibt, dass dieses Versprechen einer Wahrheit ein »epistemologisches Feld des Sichtbaren und Sagbaren organisiert«,[91] kann für das affektive Dispositiv eine Verlagerung auf das Sichtbare diagnostiziert werden, in dem das Sagbare sich nur mehr »zeigt« (evident ist). Was diese Verschiebung andeutet, ist eine Verschiebung der Ökonomie in Richtung einer »›inneren Landnahme‹ (Feyerabend), die den Körper verwertet und ausbeutet«.[92] Diese Inbesitznahme beutet jedoch nicht nur aus, sondern installiert den Körper gleichzeitig als neue Identität bzw. als »Grundlage der Bestimmung von Identität überhaupt«.[93] Jean Baudrillards Prognose einer »Metaphysik des Codes«, dessen Immanenz jede Transzendenz ablösen wird, kann die affektive Fassung des Subjekts zur Seite gestellt werden. Für dieses gilt, was Baudrillard für die Gesamtgesellschaft vorausgesagt hat: Mutation als Basisbewegung der Veränderung und Entwicklung.[94] Die Immanenz des Codes erlaubt kein Außen mehr, das Selbstreflexion ermöglicht, sondern sie produziert aus sich heraus eine Logik der Affirmation (als positiver Kraft).

Dieses fehlende Außen bzw. dessen Negation hat Ernesto Laclau in *On Populist Reason* ebenfalls beschrieben. Dort formuliert er über die Rolle der Affekte bei der Konstituierung populistischer Identitäten: »The affective bond becomes more central whenever the combinatorial/symbolic dimension of language operates less automatically. From this perspective, affect is absolutely crucial in explaining the operation of the substitutive/paradigmatic pole of language, which is more freely associative in its workings (and thus more open to psychoanalytic exploration).[95]

Laclaus Vorschlag, das Affektive der psychoanalytischen Aufdeckung zu überantworten, ist ein gut gemeinter Hinweis, der die durch Deleuze und Guattari beeinflussten Tendenzen innerhalb der politischen Diskurse möglicherweise stark unterschätzt. Diese sind längst zu einer affirmativen Haltung in Bezug auf eine Politik des Affektiven übergegangen, während Laclau in der Politik noch immer ein System der Repräsentation sieht, die in seinen Augen heute allerdings verstärkt mit Bildern des Ähnlichen (im Sinne einer imaginären Schließung) operiert und damit die Differenzfunktion der Sprache zunehmend aushebelt.

Maurizio Lazzarato hat, um die Lücke einer Medienanalyse als Politik der Bilder auszufüllen, vorgeschlagen, die Politik des Affektiven mit den digitalen Strömen, die in die biologisch-affektiven Körperdatenströme eingeschleust werden, zu koppeln. Diese Intensivierung der Politik als affektive Installierung von Körpermedien bzw. Medienkörpermaschinen ereignet sich, wie er schreibt, als kollektive Wahrnehmung: »Die digitalen Dispositive beschränken sich nicht darauf, die Welt durch die Bilder (Fernsehen) zu verdoppeln, sondern sie sind die Quelle einer neuen Fühl- und Denkbarkeit, und sie definieren eine neue Materialität und Spiritualität. […] Eine neue Macht der Metamorphose und der Kreation steht zu unserer Verfügung. Neue Formen der Subjektivität und der Materialität sind von nun an möglich.«[96]

Als ob er Laclaus Hinweis vorwegnehmen wollte, die Politik von heute würde verstärkt mit Bildern (des Ähnlichen) operieren, schreibt Lazzarato weiter, dass eine »positive Ontologie« (wie es die Konzeption von Deleuze oder in Lazzaratos Fall diejenige von Henri Bergson verfolgt) das Bild nicht dem Mangel überantwortet, denn das Bild repräsentiert nicht länger das Reale, sondern *»es wird* *im Gegenteil selbst zum Stoff des Seins«.*[97] Treffen in diesem Satz nicht all die unterschiedlichen Analysen zusammen, die im vorliegenden Band mit dem *Begehren nach dem Affekt* unternommen worden sind? Also die Bewegung hin zum »einfach Leben« (»just a life«), zum Organismus, zur Maschine, zum Affektiven? Wenn Tim Dean an früherer Stelle mit dem Hinweis zitiert wurde, Deleuzes und Guattaris Konzepte scheiterten in dem Moment, wo sie in politische Theorien übersetzt werden, finden wir dies in den Politikmanifesten *Empire* und *Multitude*[98] von Antonio Negri und Michael Hardt nur bestätigt. In *Empire* heißt es, wie um die hier geführte Diskussion lächelnd vom Tisch zu wischen: »Perhaps along with Spinoza we should recognize prophetic desire as irresistible, and all the more powerful the more it becomes identified with the multitude.«[99]

Dass eine Sprache, die mit Begriffen wie der Meute, dem Schwarm, dem Strom, der affektiven Kraft u.a.m. operiert, eine intrinsische Affizierungsmacht ausübt, haben nicht erst Deleuze und Guattari entdeckt. Doch diese Modelle (wie z.B. der Schwarm[100]) üben heute eine Anziehungskraft aus, da durch sie ein Versprechen auf eine Wahrheit in Umlauf gesetzt wird, die auf eine nicht nur lebbare, sondern vor allem auf eine eingebettete, massenpsychologisch genussvolle Existenz abzielt.

SEXUALIZING AFFECT

Es soll hier keine neue, zusätzliche Theorie des Affektiven vorgestellt werden, in welcher der Freudschen und Lacanschen Fassung von Sexualität und Begehren eine bevorzugte Stellung eingeräumt wird. Vielmehr ist es Absicht, den Affekt als Komponente ins Spiel zu bringen, deren Vordringen und Zurückdrängen anderer Komponenten eine Art »affektives Dispositiv« entstehen hat lassen. Darin spiegelt sich eine Bewegung wider, die mit den Affekten allein nicht erklärt werden kann, sondern die einen größeren Rahmen erforderlich macht, der die Sprache, das Denken des Humanen, die Kybernetik, die Kunst und die Medien ebenso umschließt wie die Mikroebenen akademischer Diskursformationen. Auf allen diesen Feldern verdrängt der Affekt die Sexualität und damit ein Begehren, das für diese charakteristisch ist. Die Ausführungen sollten jedoch klar gemacht haben, dass Sexualität und Begehren weder im Körper, noch in der Sprache und ihren polysemantischen Ebenen, noch im Leben des Organismus oder seiner inneren und äußeren Relationen aufgehen. Es sollte darüber hinaus deutlich geworden sein, das Sexualität keinen Austausch von Informationen bedeutet, weder auf der Mikro- noch der Makroebene biophysischer oder biodigitaler Levels. Vielmehr ist diese mit einer nichteinholbaren, nicht-schließbaren Lücke, die ein Fremdes, Unzugängliches innerhalb des Symbolischen markiert, zu denken. Eine

Lücke, die nicht zu verwechseln ist mit der Phase des Affekts, die als »noch nicht und bereits vorbei« umschrieben wird, sondern vielmehr als »nie ganz schließbar« gedacht werden kann. Es sind also nicht die Gene, die die Libido steuern, wie Forscher soeben herausgefunden zu haben glauben,[101] es ist jener ich-fremde, affektive Zustand, der Angst, Glück, Aufregung und Erregung in Bilder transponiert, die die Realität übersetzen. Diese Übersetzungsdimension, die ein Aufmachen des Körpers durch die Sprache ermöglicht, ist in der Fassung einer affektiven Reaktion verloren gegangen.

Das *Begehren nach dem Affekt* hat sich damit auf seine zweite Bedeutungsebene verschoben, wo sich die Frage stellt: Gibt es im Affektiven noch ein Begehren, bzw. wird dieses sich mit der hier konstatierten Reformulierung des Denkens des Menschen ebenso wandeln?

Deleuze und seine Anhänger würden dies ohne Zögern und mit Begeisterung bejahen. Denn wie wir gesehen haben, ist das Begehren in der Philosophie von Deleuze eine Energie, die die Körper sich affizieren lässt und damit in Bewegung hält. Freud und Lacan verorten die Libido ebenfalls im Körper, doch bedarf sie der Repräsentation, weil sie nicht evident ist. Doch gerade sie, die Repräsentation, steht bei den Theoretikern des Affektiven im Zentrum der Kritik. Sie wird dabei als Mittlerin von Welt (Realität) und Subjekt betrachtet, die sich immer dazwischen stellt und damit den Zugang zur Realität verstellt.[102] Affekte hingegen gelten als spontane Reaktionen des Körpers auf seine Umwelt und signalisieren eine direkte Verbindung zwischen Körper und Welt oder eine Art Eigenaussage des Körpers über seinen Zustand.

Doch vielleicht muss man danach fragen, ob es im Affektiven noch eine Sexualität geben wird, vorausgesetzt, man versteht diese nicht als Basis der Reproduktion bzw. der Zellteilung. Nach Parisi gibt es viele Formen von Sexualität, die nebeneinander existieren und sich an keine Subjektformation mehr andocken. Kann man hier berechtigterweise noch von Sexualität sprechen? Dies muss verneint werden, wenn Sexualität als Charakteristikum der *conditio humana* begriffen wird, als eine Form des besonderen Verlusts bzw. als ein Wiederholen desselben in und durch Sexualität (als Vor-Form hin auf den Tod bzw. als gleichzeitige Verleugnung der eigenen Sterblichkeit).

Lacan hat einmal gemeint, dass es bei Tieren menschlicher als bei den Menschen zugeht.[103] Deshalb, weil Tiere einen Instinkt besitzen, jedoch kein Begehren, welches die Sachlage verkompliziert, da es keine Befriedigung finden kann. Denn zwischen Subjekt und Objekt steht immer etwas – die Sprache, die symbolische Ordnung, der Andere. Das Objekt und das Subjekt unterhalten, wie Lacan betont, eine »Spiegelbeziehung«, das heißt, eine Reziprozitätsbeziehung, die das Subjekt in einer Distanz zu seinem »(Spiegel-)Bild« und zu »seinen inneren Spannungen«[104] hält. Diese Distanz oder dieser nicht aufhebbare Rest sollte jedoch nicht nur als Mangel, sondern als die Bühne des Begehrens bzw. der Phantasie begriffen werden. Fällt diese Distanz nämlich in sich zusammen, zeigt sich Sexualität in ihrer nüchternen Nacktheit. Wie dem als »Kannibalen von Rotenburg« bekannt gewordenen Mann in den Mund gelegt wurde: »Die Umsetzung der Phantasie hält nicht, was die Phantasie verspricht.«[105]

Hier möchte ich jedoch nochmals betonen, dass das hier abgesteckte Dispositiv des Affektiven alles andere als ein homogenes ist, wie der Parcours durch die verschiedenen Felder der (Medien-)Kunst und Theorien ja gezeigt hat. Die Differenz zwischen Brian Massumis Begriff und demjenigen von Silvan Tomkins könnte nicht größer sein. Verwehrt sich Tomkins gegen jede Sexualisierung des Affekts, so ist bei Massumi der Affekt dem Subjekt vorgängig, koppelt sich erst nachträglich an etwas an, was als Ärger, Zorn, Scham oder Erregung bezeichnet oder erfahren werden kann. Dabei hätten beide bei Freud nachschlagen können und dort den Affekt bereits als Signal definiert finden können![106]

Es ist deshalb interessanter zu fragen, weshalb sich heute verschiedene akademische und künstlerische Gruppierungen auf den Affekt stürzen, um in seinem Namen Repräsentation und Sprache anzufechten. Oder nachzufragen, wie die Scham, die von Tomkins als Hauptaffekt installiert worden ist, ohne sexuelle Implikationen organisiert sein soll, um in einem nächsten Schritt zu fragen, weshalb Autorinnen, wie Eve Kosofsky Sedgwick mit solcher Vehemenz ein Affektsystem verteidigen, in dem Sexualität als sekundär abgetan wird.

Sexualizing affect bedeutet daher, das Affektive symptomatisch zu lesen. Als Verknotung, die etwas abwehrt und gleichzeitig sein Genießen ermöglicht. Man kann auf diese Weise im gegenwärtig wiedererwachten Interesse an der Scham möglicherweise etwas sehen, was nicht in Erscheinung treten darf, ohne eine Grundangst des Subjekts zu Tage zu fördern. So gesehen ermöglicht und behindert die Beschäftigung mit der Scham den Blick auf sie. Zur gleichen Zeit als Tomkins die Scham ins Spiel brachte, hat nämlich Lacan die Angst als zentralen Affekt benannt, die oder der sich einstellt, wenn sich das Grundverhältnis des Subjekts zum Sein zeigt: Scham ist nach Lacan hingegen die ethische Beziehung des Subjekts zum eigenen Sein und dem der anderen.

Vielleicht ist es deshalb nicht ganz zufällig, dass sich auch Joan Copjec neuerdings mit der Angst und der Scham beschäftigt. Möglicherweise von einem ähnlichen Ehrgeiz getrieben wie Žižek, den Anhängern von Deleuze das Feld nicht kampflos zu überlassen, sondern statt dessen auf Verkennungen der ersten Stunde hinzuweisen, um klar zu machen, dass die Psychoanalyse, und vor allem der von den Affekt-Theoretikern so schwer beschuldigte Lacan, schon immer dort war, wo diese heute hinstreben. Wie ich an früherer Stelle ausführte, hat Lacan den Affekt als nicht verdrängt, sondern als »wie eine Schiffsladung verrutscht« bezeichnet. Copjec greift diese Verrutschung auf und zeigt, dass Deleuze mit seiner Affektdefinition früher einmal sehr nahe an Lacan war, um dann in einem weiteren Schritt Affekt als etwas zu bestimmen, das sich gegen die Figur des Anderen setzt. »The later Deleuze is more ›Sartrean‹ in the sense that he conceives affect as more disruptive, more murderous than murmuring; it is less a mantle surrounding perception than perception's inner division, its dislocation from itself.«[107] Und dann setzt Copjec zum Ruf des Igels »Ich bin schon hier!« an und zaubert Freuds Affektdefinition als die Phase der Bewegung aus dem Hut, in der Repräsentation und Affekt gegeneinander verrutschen. Wie in Grimms Märchen »Der Hase und der Igel« wäre Freud also schon immer da gewesen, und Copjec macht klar, dass auf diese Weise der Affekt als die der Repräsentation eigene, essentielle »out-of-phaseness«[108] verstanden werden kann. Die subjektive Wahrnehmung löst sich für einen Augenblick vom Individuum ab und lässt dieses Moment zur Differenz des Affekts werden. Affekt wird in dieser Argumentation zu einer Bewegung des Denkens, wie es beide, Freud und Lacan, verstanden hätten: »That Freud tried to theorize this movement of thought by insisting on affects displacement is a truth nearly lost on his readers, mainly because he reserved the much-maligned word ›discharge‹ to describe the process.«[109]

Im Abschnitt zur Angst, betitelt »Anxiety: Sister of Shame«,[110] wird Freuds Definition von Copjec zurechtgerückt, insofern nicht das Verdrängte zurückkehre und Angst mache, sondern sich das Auseinanderklaffen (von Wahrnehmung und Verrutschung) als Spalte für einen Moment zeigt. Angst, so Copjec, tritt dann ein, wenn sich das schamvolle Verhältnis des Subjekts zu seiner Existenz öffnet, wenn die Angst die Lötung für Momente brüchig macht und die Flucht ins Sein (wie Lacan die Scham begreift) stoppt.[111]

Der Fokus auf die Scham, der die aktuelle Tomkins-Rezeption so auffällig kennzeichnet, greift dabei unbewusst ein altes Thema auf. Auch bei Lacan nimmt die Scham eine zentrale Stelle ein, wenngleich sie sein theoretisches Konzept nicht so dominiert, wie es bei Tomkins der Fall ist. Für Lacan bildet die Scham die grundlegende Existenzanbindung, insofern sie das Subjekt vom Aufgehen im Sein zurückhält und ihm dadurch die überlebensnotwendige Distanz zur Welt und den andern aufzwingt. Scham und Scham sind also nicht unbedingt das Gleiche. Doch dies ist das Symptomatische: Genuss bei gleichzeitiger Verhinderung bzw. Verunmöglichung. Hat sich das Symptom damit entziffert? Oder haben wir im Rennen zwischen Hase und Igel vielmehr aus den Augen verloren, wer wen einholen will? Sind wir schon wieder dort angelangt, wo die anderen immer schon gewartet haben? Ist die ganze Hysterie um den Affekt ein vorgeschobenes Thema, um uns glauben zu machen, dass eine Verschiebung im Denken des Humanen zu »posthuman« und »transhuman« tatsächlich eine essentielle Weiterentwicklung bedeutet? Oder hat das Affektive vielleicht nur deutlich gemacht, dass das Reale, das Unbewusste, der Körper, der Organismus Joker sind, die sich aufladen lassen oder eben auch verrutschen können?

Auch wenn Freud und Lacan (als Igelpaar) möglicherweise immer schon dort gewesen sind, wo der Hase des Affekts sie zu überholen versucht, lässt sich das in Bewegung geratene Dispositiv (des Sexes) nicht mehr aufhalten.

Was diagnostiziert werden kann, ist eine Verschiebung der Sexualität hin auf ihre eventuelle Löschung in einem umfassend psychoanalytischen Sinne. Als eine der Meistererzählungen des 19. und 20. Jahrhunderts verliert sie ihre Bezugsgröße und löst sich in viele Rinnsale auf, die nebeneinander und gegeneinander fließen. Queer, asexuell, Patchwork-Familien, Kinderlosigkeit und Hegemonie der Alten, die Re-Definition von Verwandtschaftsbeziehungen, *sex sells*, Organhandel, Migrationen und die Spirale der kapitalistischen Entwicklungen sind Zeichen, die in ihrer Relationalität ein Raster spannen, in welchem die genealogische Kraft der Sexualität deutliche Einbrüche zeigt.[112]

Das *Begehren nach dem Affekt* ist definitiv keine Befreiung (wie auch die Entdeckung der Sexualität im 19. Jahrhundert keine war), sie ist vielmehr eine Entladung (des angekommenen Schiffes).

EINLEITUNG

[1] *Bühne des Lebens – Rhetorik des Gefühls, Kapitel VII*, 8.4.-9.7.06, Lenbachhaus München.

[2] Marey träumte bereits von einer »Wissenschaft ohne Worte«, »die sich stattdessen in der Sprache von Hochgeschwindigkeitsfotografien und mechanisch erzeugten Kurven ausdrückte; in Bildern, die, wie er meinte, in der »Sprache der Phänomene selbst« formuliert sind.« Zit. in: Lorraine Daston, Peter Galison: »Das Bild der Objektivität«, in: Peter Geimer (Hg.): *Ordnung der Sichtbarkeit. Fotografie in Wissenschaft, Kunst und Technologie*, Frankfurt a.M. 2002, S. 29-99.

[3] Marshall McLuhan: *Die magischen Kanäle. Understanding Media*, Düsseldorf, Wien 1968.

[4] Roger M. Buergel, Leiter der documenta XII, begründet diese Entwicklung in der Kunst mit einem Theorieressentiment, dem heutige Kunstschaffende ausgesetzt sind. Im Namen von Sinnlichkeit und Schönheit werde Kunst, die Komplexes verhandelt, als theorielastig abgetan: »Andererseits sehe ich bei vielen KünstlerInnen, die konzeptuell arbeiten und sich einer emanzipierten Agenda verpflichtet fühlen, dass sie keine Angst mehr haben, Affekte zu produzieren. In der Vergangenheit konnte man besonders bei KünstlerInnen aus linken Szenen beobachten, dass es eine große Angst davor gibt, Fehler zu machen aus Angst vor Irrationalismus. Wenn man aber Affektivität ins Spiel bringt, produziert man immer Effekte, die sich nicht kontrollieren lassen. Für mich sind Sinnlichkeit und politische Emanzipation kein Widerspruch. Gerade in einem politisch-emanzipatorischen Sinne ist es wichtig, das Publikum dazu zu bringen, Fragen zu stellen.« Roger M. Buergel im Interview mit Aram Lintzel, in: *taz*, 10.09.05, S. 10.

[5] Jacques Lacan: *Der Triumph der Religion. Welchem vorausgeht Der Diskurs an die Katholiken*, Wien 2006.

[6] Marie-Luise Angerer: *Das Leben ist wunderbar*. Dissertation, eingereicht an der Grund- und Integrativwissenschaftlichen Fakultät der Universität Wien 1983.

[7] Marie-Luise Angerer: *body options. Körper.Spuren.Medien.Bilder*, Wien 1999.

[8] Brian Massumi: »The Bleed: Where the Body meets Image«, in: John C. Welchman (Hg.): *Rethinking Borders*, Minneapolis 1996, S. 18-40, hier S. 29.

[9] Workshop zu *Morality, Agency, Evidence* mit Lisa Cartwright. Kunsthochschule für Medien Köln, 01.12.05.

AFFECTIVE TROUBLES IN MEDIEN UND KUNST

[1] Oliver Grau, Andreas Keil (Hg.): *Mediale Emotionen. Zur Lenkung von Gefühlen durch Bild und Sound,* Frankfurt a.M. 2005.

[2] Matthias Brütsch, Vinzenz Hediger, Ursula von Keitz, Alexandra Schneider, Margrit Tröhler (Hg.): *Kinogefühle. Emotionalität und Gefühl*, Marburg 2005.

[3] Sara Ahmed: *The Cultural Politics of Emotions*, Edinburgh 2004.

[4] Nancy J. Chodorow: *The Power of Feelings*, New Haven 1999.

[5] Ann Cvetkovich: *Mixed Feelings. Feminism, Mass Culture and Victorian Sensationalism*, New Brunswick, New Jersey 1992.

[6] Quentin Smith: *The Felt Meanings of the World. A Metaphysics of Feeling*, Ashland (Ohio) 1986.

[7] Alexander Kochinka: *Emotionstheorien: Begriffliche Arbeit am Gefühl*, Bielefeld 2004.

[8] Richard Wollheim: *Emotionen: Eine Philosophie der Gefühle*, München 2001 (1991).

[9] Giuliana Bruno: *Atlas of Emotions – Journeys into Art, Architecture and Film*, New York 2002.

[10] Wiebke Ratzeburg (Hg.): *Aufruhr der Gefühle, Leidenschaften in der zeitgenössischen Fotografie und Videokunst*, Publikation zur Ausstellung, Braunschweig 2004.

[11] Margit Tröhler, Vinzenz Hediger: »Ohne Gefühl ist das Auge der Vernunft blind«, in:

Matthias Brütsch, Vinzenz Hediger, Ursula von Keitz, Alexandra Schneider, Margrit Tröhler (Hg.): *Kinogefühle*, S. 7-22, hier S. 17.

[12] Jonathan Crary: *Techniken des Betrachters. Über Sehen und Modernität im 19. Jahrhundert*, Dresden 1995.

[13] Gerhard Roth, zit. in Sigrid Weigel: »Phantombilder«, in: Oliver Grau, Andreas Keil (Hg.): *Mediale Emotionen*, S. 242-276, hier S. 243.

[14] Michel Foucault: *Die Ordnung der Dinge*, Frankfurt a.M. 1978 (1966), S. 371.

[15] Gilles Deleuze: *Foucault*, Frankfurt a.M. 1987, S. 186f.

[16] Ebda.

[17] Vgl. Paul Rabinow: *Anthropologie der Vernunft*, Frankfurt a.M. 2004, S. 131.

[18] Ebda., S. 34-36.

[19] Alain Badiou: »Abenteurer des Begriffs. Über die Einzigartigkeit der jüngeren französischen Philosophie«, in: *Lettre International*, Winter 2005, Heft 71, S. 88-91.

[20] Vgl. ebda., S. 88.

[21] Ebda.

[22] Ebda., S. 90.

[23] Vgl. ebda., S. 91.

[24] Vgl. ebda.

[25] Antonio R. Damasio: *Ich fühle, also bin ich. Die Entschlüsselung des Bewusstseins*, München 2000.

[26] Hans Ulrich Gumbrecht: *Diesseits der Hermeneutik*, Frankfurt a.M. 2004, S. 161.

[27] Vgl. Simone Mahrenholz: »Derrick de Kerckhove – Medien als Psychotechnologien«, in: Alice Lagaay, David Lauer (Hg.): *Medien-Theorien. Eine philosophische Einführung*, Frankfurt a.M., New York 2004, S. 69-95, hier S. 86f.

[28] Ed S. Tan: *Emotion and the Structure of Narrative Film: Film as an Emotion Machine*, New Jersey 1996.

[29] Louis Althusser: *Ideologie und ideologische Staatsapparate. Aufsätze zur marxistischen Theorie*, Hamburg, Westberlin 1977.

[30] Zu den Basistexten der Apparatustheorie zählen besonders die beiden Texte von Jean-Louis Baudry: »Ideologische Effekte erzeugt vom Basisapparat« (1970), in: *Eikon*, 1993, Heft 5, S. 36-43; ders.: »Le Dispositif: Approches Metapsychologiques de l'impression de Realité«, in: *Communications: Psychoanalyse et cinéma*, 1975, 23, S. 56-72. Des Weiteren Christian Metz: »Le signifiant imaginaire«, in: *Communications: Psychoanalyse et cinéma*, 1975, 23, S. 3-55; Laura Mulvey: »Visuelle Lust und narratives Kino« (1974), in: Gislind Nabakowski, Helke Sander, Peter Gorsen (Hg.): *Frauen in der Kunst*, Bd. I, Frankfurt a.M. 1980, S. 30-46.

[31] David Bordwell, Kristin Thompson: *Film History: An Introduction*. New York 1994.

[32] Sigrid Weigel: »Phantombilder«, in: Oliver Grau, Andreas Keil (Hg.): *Mediale Emotionen*, S. 244.

[33] Vgl. Andreas Keil, Jens Eder: »Audiovisuelle Medien und neuronale Netzwerke«, in: Oliver Grau, Andreas Keil (Hg).: *Mediale Emotionen*, S. 224-241, hier S. 224.

[34] Vgl. ebda, S. 238.

[35] Lisa Cartwright: *Moral Spectatorship. Technologies of Agency, Voice and Image in Postwar Institutions of the Child*, (i.V.).

[36] Gilles Deleuze: *Das Bewegungs-Bild, Kino 1*, Frankfurt a.M. 1989; ders.: *Das Zeit-Bild, Kino 2*, Frankfurt a.M. 1991.

[37] Gilles Deleuze: *Das Zeit-Bild*, S. 272.

[38] Vgl. u.a. Steven Shaviro: *Cinematic Body*, Minneapolis, London 1993.

[39] Vgl. hierzu Serjoscha Wiemer: »Horror, Ekel und Affekt – Silent Hill 2 als somatisches Erlebnisangebot«, in: Britta Neitzel, Matthias Bopp, Rolf F. Nohr (Hg.): ›*See? I'm real...*‹ *Multidisziplinäre Zugänge zum Computerspiel am Beispiel von* ›*Silent Hill*‹. Reihe: Medienwelten Bd. 4, Münster, Hamburg, Berlin 2005, S. 177-192.

[40] Vgl. Vivian Sobchak: »The Scene of the Screen«, in: Hans Ulrich Gumbrecht, K. Ludwig Pfeiffer (Hg.): *Materialität der Kommunikation*, Frankfurt a.M. 1988, S. 416-427, hier S. 426f.

[41] Vgl. *www.medienkunstnetz.de*, dort: »Kunst & Kinematographie«; auch XSCREEN, Katalog zur gleichnamigen Ausstellung, Wien 2004; zu Maria Klonaris und Katharina Thomadaki *www.perso.wanadoo.fr/astarti/artsite.htm*.

[42] William Gibson: *Neuromancer*, New York 1984.

[43] »Haptic cinema appeals to a viewer who perceives with all the senses. It involves thinking with your skin, or giving as much signifi-

cance to the physical presence of an other as to the mental operations of symbolization. This is not a call to willful regression but to recognizing the intelligence of the perceiving body. Haptic cinema, by appearing to us as an object with which we interact rather than an illusion into which we enter, calls on this sort of embodied intelligence. In the dynamic movement between optical and haptic ways of seeing, it is possible to compare different ways of knowing and interacting with others.« Laura U. Marks: *The Skin of the Film: Intercultural Cinema, Embodiment, and the Senses*, Durham, London 2000, S. 18.

[44] Laura U. Marks: *Touch. Sensuous Theory and Multisensory Media*, Minneapolis, London 2002.

[45] Ebda., S. 152; auch die transmediale 2006 hat sich – hierzu passend – den Reality Addicts gewidmet und danach gefragt, ob es noch Sinn mache, zwischen Medienrealitäten und anderen Realitäten zu unterscheiden. *www.transmediale.de.*.

[46] Richard Shusterman: *Performing Live, Asthetic Alternative for the Ends of Art*, Ithaca 2000, S. 137.

[47] Judith Butler: *Körper von Gewicht. Die diskursiven Grenzen des Geschlechts*, Frankfurt a.M. 1994.

[48] Judith Butler: *Das Unbehagen der Geschlechter*, Frankfurt a.M. 1991

[49] Trinh T. Minh-Ha: *Framer framed, Film Scripts and Interviews*, New York 1992.

[50] Mark B.N. Hansen: *New Philosophy for New Media*, Cambridge (Mass.) 2004, S. 85 ff.

[51] Vgl. Hal Foster: »Polemics, Postmodernism, Immersion, Militarized Space«, in: *Journal of Visual Culture*, 2004, Vol 3(3), S. 320-335.

[52] Stefan Kaufer: »Leg dich hin und sei still. Olafur Eliasson hat in der Galerie Tate Modern in London ein überwältigendes Szenario installiert«, *Frankfurter Rundschau online*, 04.01.04.

[53] Vgl. Jonathan Crary: »Your colour memory: Illuminations of the Unforeseen«, in: *www.olafureliasson.net/publ_text/texts.html*, 05.05.06.

[54] Bruno Latour: »Atmosphère, Atmosphère«, in: Ausstellungskatalog *The Weather Project*. (The Unilever Series ed. by Susan May),

Tate Modern, 16.10.03-21.03.04, London 2003, S. 30.

[55] Hal Foster: »Polemics, Postmodernism, Immersion, Militarized Space«, S. 327.

[56] Bill Viola, *www.sfmoma.org/espace/viola/noqthtml/content/inter04a.html*, 30.01.06.

[57] Vgl. Roland Barthes: *Die helle Kammer. Bemerkungen zur Photographie*, Frankfurt a.M. 1985.

[58] Als Lacan als junger Mann mit Fischern unterwegs war, schaukelte eine Sardinenbüchse auf den Wellen, in der das Sonnenlicht immer wieder aufblitzte. Einer der Fischerjungen meinte damals zu Lacan: »Siehst du die Büchse? Siehst du sie? Sie, sie sieht dich nicht!« Jacques Lacan: *Die vier Grundbegriffe der Psychoanalyse. Das Seminar Buch XI*, Weinheim, Berlin 1996, S. 101.

[59] Lev Manovich: »image_future« (spring 2004), in: *www.manovich.net*, 09.10.04.

[60] Vgl. Brian Massumi: *Movement, Affect, Sensation. Parables for the Virtual*, Durham, London 2002, S. 143.

[61] Ulrike Bergermann: »Morphing. Profile des Digitalen«, in: Petra Löffler und Leander Scholz (Hg.): *Das Gesicht ist eine starke Organisation*, Köln 2004, S. 250-274, hier S. 264.

[62] Zit. in Bergermann, ebda., S. 264. Auch Wolfgang Hagen hat die Entwicklung der digitalen Fotografie bewertet und ihren negativen Einfluss besonders »kulturhistorisch und in Bezug auf die Episteme des Wissens« geltend gemacht. Wolfgang Hagen: »Die Entropie der Fotografie. Skizzen einer Genealogie der digital-elektronischen Bildaufzeichnung«, in: Herta Wolf (Hg.): *Paradigma Fotografie. Fotokritik am Ende des fotografischen Zeitalters*, Bd. I, Frankfurt a.M. 2002, S. 195-238, hier S. 195f.

[63] Vgl. Friedrich Kittler: *Short Cuts*, Frankfurt a.M. 2002.

[64] Vgl. Marie-Luise Angerer: *body options*, S. 33-55; Henning Schmidgen: *Das Unbewußte der Maschinen, Konzeptionen des Psychischen bei Guattari, Deleuze und Lacan*, München 1997; Slavoj Žižek: »Lacan with quantum physics«, in: George Robertson, Melinda Mash, Lisa Tickner, Jon Bird, Barry Curtis, Tim Putnam: (Hg.): *FutureNatural, nature/science/culture*, New York, London 1996, S. 270-292; Sherry Turkle: *Leben im Netz. Identität in*

Zeiten des Internet, Reinbek 1999.

65 »Eine Genealogie der Virtualität ist mit jener des Digitalen nicht gleichursprünglich, sondern verfehlt diese konstitutiv. Stefan Rieger: *Kybernetische Anthropologie*, Frankfurt a.M. 2003, S. 191.

66 Jacques Lacan: »Das Spiegelstadium als Bildner der Ich-Funktion«, in: Ders.: *Schriften I*, Frankfurt a.M. 1975, S. 61-70; Jacques Lacan: *Die vier Grundbegriffe*, S. 73-84.

67 Gilles Deleuze: *Foucault*, S. 150f.

68 Vgl. Ute Holl zu den Versuchen von Maya Derens und anderen, das Kino als kybernetische Maschine zu inszenieren. Ute Holl: *Kino, Trance & Kybernetik*, Berlin 2002.

69 Stefan Rieger: *Kybernetische Anthropologie*, S. 100.

70 Mark B. N. Hansen: *New Philosophy for New Media*, S. 35.

71 Lev Manovich: *The Language of New Media*, Boston 2001, S. 100.

72 Vgl. Mark B. N. Hansen: *New Philosophy for New Media*, S. 32 f.

73 Siehe hierzu ausführlicher das 3. Kapitel.

74 Henri Bergson: *Materie und Gedächtnis. Eine Abhandlung über die Beziehung zwischen Körper und Geist*, Hamburg 1991 (1896), S. 45.

75 Tim Lenoir: »Foreword«, in: Mark B. N. Hansen: *New Philosophy for New Media*, S.xxvi.

76 Ursula Frohne: »That's the only now I get – Immersion and Participation in Video-Installations by Dan Graham, Steve McQueen, Douglas Gordon, Doug Aitken, Eija-Liisa Ahtila, Sam Taylor-Wood«, in: *www.medienkunstnetz.de*, 19.06.05.

77 Ebda.

78 Mark B. N. Hansen: *New Philosophy for New Media*, S. 76.

79 *Osmose*, 1995, ist eine immersive, interaktive *virtual reality*-Installation mit 3D-Computergraphiken und 3D-Sound; die Besucher tragen ein am Kopf befestigtes Display, ein *real-time motion tracking*, das auf Atmung und Balance basiert.

80 Die Ikonographie von *Ephémère* basiert auf der Natur als Metapher. Archetypische Elemente wie Fels und Fluss verbinden sich mit Körperorganen, Knochen und Blutgefäßen. Diese Verbindung soll darauf verweisen, dass es eine unterirdische Beziehung, einen Austausch zwischen dem Inneren des Körpers,

seiner Materialität, und dem Inneren der Erde gibt. Das Projekt ist vertikal in drei Ebenen strukturiert. Landschaft, Erde, das Innere des Körpers. Beide Projekte unter: *www.immersence.com*.

81 Mark B. N. Hansen: *New Philosophy for New Media*, S. 76.

82 Carolin Guertin: »Queere Hybriden. Kosmopolismus und verkörperte Kunst«, in: *Hybrid. Living in Paradox, ars electronica*, Ostfildern-Ruit 2005, S. 170-173, hier S. 173.

83 »As an artist, I […] have two choices: I can either unplug and never go near a computer again or I can choose to remain engaged, seeking to subvert the technology from within, using it to communicate an alternative worldview. My strategy has been to explore how the medium/technology can be used to ›deautomatize‹ perception […] in order that participants may begin to question their own habitual perceptions and assumptions about being in the world, thus facilitating a mental state whereby Cartesian boundaries between mind and body, self and world begin to slip.« Mark B. N. Hansen: »Embodying Virtual Reality: Touch and Self-Movement in the Work of Char Davies«, in: *Critical Matrix: The Princeton Journal of Women, Gender and Culture*, 2004, Vol. 12 (1-2), S. 112-147.

84 *PainStation* und *LegShocker* sind Projekte der Künstlergruppe *fur* (Tilman Reiff, Volker Morawe, Robert Kirschner), die ihre Arbeiten an der Kunsthochschule für Medien Köln entwickelt haben.

85 Maurice Benayoun in: S*mile Machines. Humor Kunst Technologie*, Ausstellungskatalog transmediale 06, Berlin 2006, S. 100.

86 *Emotion's Defillibrator* (Tobias Grewenig, 2005), ebenfalls ein Projekt, das an der KHM entwickelt wurde.

87 Der Band *Mediale Emotionen* betont zwar im Untertitel »Zur Lenkung von Gefühlen durch Bild und Sound«, doch nur ein Aufsatz beschäftigt sich explizit mit Sound und Klang. Holger Schulze: »Klang Erzählungen. Zur Klanganthropologie als einer neuen, empfindungsbezogenen Disziplin«, in: Oliver Grau, Andreas Keil (Hg.): *Mediale Emotionen*, S. 215-223.

88 Sean Cubitt: *Digital Aesthetics*, London, New York 1998.

[89] Kanadischer Pavillion, 49. Biennale, Venedig 2001.

[90] Jörg Heiser: »Imagination: Das Making-Of«, in: Ausstellungskatalog *The Secret Hotel*, Kunsthaus Bregenz 2005, S. 19.

[91] Siehe Endnote 43.

[92] Henri Bergson: *Materie und Gedächtnis*, S. 84f.

[93] Gilles Deleuze: *Das Bewegungs-Bild*, S. 96f.

[94] Gilles Deleuze: *Das Zeit-Bild*, S. 17.

[95] Ebda.

[96] Thomas Elsaesser: »Zu spät, zu früh? Körper, Zeit und Aktionsraum in der Kinoerfahrung«, in: Matthias Brütsch, Vinzenz Hediger, Ursula von Keitz, Alexandra Schneider, Margrit Tröhler (Hg.): *Kinogefühle*, S. 415–439, hier S. 416.

[97] Vgl. Jill Bennett: *Empathic Vision. Affect, Trauma and Contemporary Art*, Stanford 2005.

[98] Thomas Elsaesser: »Zu spät, zu früh?«, S. 438.

[99] Ebda., S. 438f.

[100] Vgl. Julia Kristeva: *Die neuen Leiden der Seele*, Hamburg 1994.

[101] So der Titel eines Symposions an der Jan van Eyck Akademie, Maastricht, September 2006.

HUMAN | POSTHUMAN | TRANSHUMAN

[1] Edward Regis: *Great Mambo Chicken and the Transhuman Condition: Science Slightly Over the Edge*, Harmondsworth, Middlesex 1992, S. 175.

[2] Ulrich Bröckling, Susanne Krasmann, Thomas Lemke (Hg.): *Gouvernementalität der Gegenwart. Studien zur Ökonomisierung des Sozialen*, Frankfurt a.M. 2000.

[3] Michel Foucault: *Die Ordnung der Dinge*, S. 462.

[4] Ebda.

[5] Ebda., S. 412.

[6] Sigmund Freud: »Die Zerlegung der psychischen Persönlichkeit« (1933), in: *Vorlesungen zur Einführung in die Psychoanalyse. Und Neue Folge*, Studienausgabe Bd. I, Frankfurt a.M. 1969, S. 496–516, hier S. 516.

[7] Vgl. Jacques Lacan: *Die vier Grundbegriffe*, S. 50–56.

[8] Gilles Deleuze: »Deleuze – Descartes – Kant (Les cours de Gilles Deleuze)«, in: *www.webdeleuze.com*, 03.10.05.

[9] Vgl. ebda.

[10] Michel Foucault: *Die Ordnung der Dinge*, S. 369.

[11] Vgl. Martin Heidegger: *Über den Humanismus*, Frankfurt a.M. 2000 (1949), S. 15.

[12] Peter Sloterdijk: *Regeln für den Menschenpark. Ein Antwortschreiben zu Heideggers Brief über den Humanismus*, Frankfurt a.M. 1999.

[13] Ebd., S. 32.

[14] Vgl. Peter Sloterdijk: *Sphären I. Blasen*, Frankfurt a.M. 1998, S. 543.

[15] Peter Sloterdijk: *Regeln für den Menschenpark*, S. 43.

[16] Spätestens hier verfolgt Sloterdijk eine andere Richtung. Obwohl auch er von der Frühgeburtlichkeit des Menschen ausgeht und damit die lange Abhängigkeit des menschlichen Infans als zentralen Fakt für das spezifische Wesen Mensch festmacht, setzt er den Beginn dieser Frühgeburt bzw. den Beginn des audiovisuellen Lebewesens im Mutterleib fest. Seine Kritik an Lacan lautet daher auch, dass dessen Theorie des Spiegelstadiums eine komplette Fehleinschätzung des Bildes und eine Überschätzung der Mutter-Kind-Dyade bedeute. Nicht das Bild könne dem Säugling sein »Selbstbild« geben, sondern vielmehr müsse, so Sloterdijk, das Taktile, Sensorische dieses Bild schon längst vorgegeben haben. Vgl. Peter Sloterdijk: *Sphären I*, S. 543 ff.

[17] Giorgio Agamben: *Homo Sacer. Die souveräne Macht und das nackte Leben*, Frankfurt a.M. 2002 (1995).

[18] Michel Foucault: *Sexualität und Wahrheit. Der Wille zum Wissen*, Band I, Frankfurt a.M. 1977.

[19] Vgl. zum Genuss-Imperativ vor allem Slavoj Žižek: *Liebe Dein Symptom wie Dich selbst! Jacques Lacans Psychoanalyse und die Medien*, Berlin 1991; Paul Verhaeghe: *Liebe in Zeiten der Einsamkeit*, Wien 2003 (1998).

[20] Diese »obszöne« Unterseite oder das exkludierte und immer gleichzeitig konstitutive Moment einer Demokratie, einer Universalität, eines Staates, einer Theorie, etc. sind ein Thema, das in vielen Arbeiten von Žižek auftaucht. Siehe besonders: Slavoj Žižek: »Class Struggle or Postmodernism? Yes, please!« in: Judith Butler, Ernesto Laclau, Slavoj Žižek:

Contingency, Hegemony, Universality, London, New York 2000, S. 90-135.

[21] Giorgio Agamben: *Homo Sacer*, S. 18.

[22] Michel Foucault: *Die Ordnung der Dinge*, S. 436.

[23] Ebda.

[24] Paul Rabinow: *Anthropologie der Vernunft*, S. 138.

[25] Ebda., S. 139.

[26] Donna J. Haraway: »Ein Manifest für Cyborgs. Feminismus im Streit mit den Technowissenschaften«, in: Dies.: *Neuerfindung der Natur. Primaten, Cyborgs und Frauen*, Frankfurt a.M., New York 1995 (1984), S. 33-72.

[27] Martin Heidegger: *Über den Humanismus*, S. 25.

[28] Ferdinand de Saussure: *Grundfragen der allgemeinen Sprachwissenschaft*, Berlin 1967 (1916).

[29] Nach Judith Butler sind geschlechtliche Identitäten keine Wesensmerkmale, sondern werden im Tun, im ständigen Wiederholen von Normen oder von Normen-Sets produziert. Das heißt, *gender* wird nicht durch Gesten, Verhalten oder durch die Sprache ausgedrückt oder angezeigt, sondern die Performativität von *gender* produziert nachträglich die Illusion eines Kerns von geschlechtlicher Identität. Vgl. Judith Butler: *Das Unbehagen der Geschlechter* und dies.: *The Psychic Life of Power*, Chicago, London 1997.

[30] Slavoj Žižek: *Das Unbehagen im Subjekt*, Wien 1998, S. 15.

[31] Jean-Francois Lyotard: *Das postmoderne Wissen. Ein Bericht*, Wien 1986 (1979).

[32] Vgl. Ernesto Laclau, Chantal Mouffe: *Hegemonie und radikale Demokratie. Zur Dekonstruktion des Marxismus*, Wien 1991 (1985).

[33] Siehe den Exkurs: *Zum performativen Ereignis* und *Vom Wissen des Handelns*.

[34] In Anspielung auf Samuel Weber: *Rückkehr zu Freud. Jacques Lacans Ent-stellung der Psychoanalyse*, Frankfurt a. M., Berlin, Wien 1978 bzw. auf Lacans eigenen Titel: »La Chose freudienne ou Sens du retour à Freud en psychanalyse« (1955), in: Ders.: *Écrits*, Paris 1966.

[35] Vgl. Heinz von Foerster: *Short Cuts 5*, Frankfurt a.M. 2001, S. 114f.

[36] Paul Watzlawick: *Anleitung zum Unglücklichsein*, München 2005.

[37] Vgl. John Searle: *Intentionalität. Eine Abhandlung zur Philosophie des Geistes*, Frankfurt a.M. 1986.

[38] Vgl. Jacques Derrida: »Signatur Ereignis Kontext«, in: Ders.: *Randgänge der Philosophie*, Wien 1994, S. 291-314; auch Uwe Wirth (Hg.): *Performanz*, Frankfurt a.M. 2002, S. 17f.

[39] Der Begriff der Artikulation findet sich bei Marx im Kapital und wird in den sechziger Jahren von Althusser (und später Balibar, Macherey, Rancière u.a.) übernommen. Ernesto Laclau wird ihn in den späten siebziger Jahren in sein theoretisches Konzept für eine Diskussion eines neuen marxistischen Politikverständnisses einführen. Über diesen Weg findet der Begriff Eingang in die *Cultural Studies*, besonders durch Stuart Hall, der ihn gegen einen reduktionistischen Klassenbegriff in der marxistischen Diskussion einsetzt. Vgl. Marie-Luise Angerer: *body options*, S. 106-109.

[40] Vgl. Ernesto Laclau: »Subject of Politics, Politics of the Subject«, in: Ders.: *Emancipation(s)*, London, New York 1996, S. 47-65, hier S. 53.

[41] Stuart Hall: »On postmodernism and articulation. An interview with Stuart Hall« in: David Morley, Kuan-Hsing Chen (Hg.): *Stuart Hall*, London, New York 1996, S. 131-150, hier S. 141.

[42] Vgl. Stanley Aronowitz: »Technology and the Future of Work«, in: Gretchen Bender, Timothy Druckrey (Hg.): *Culture on the Brink. Ideologies of Technology*, Seattle 1994, S. 15-30.

[43] Sherry Turkle: *The Second Self: Computers and the Human Spirit*, New York 1984.

[44] Sherry Turkle: *Leben im Netz, Identität in Zeiten des Internet*, Reinbek 1999, S. 19f.

[45] Bei Turkle wird das »doing gender« von Butler mit *gender swapping* (Rollentausch) gleichgesetzt.

[46] Jacques Lacan: *Die vier Grundbegriffe der Psychoanalyse*, S. 222.

[47] Gilles Deleuze, Félix Guattari: *Anti-Ödipus. Kapitalismus und Schizophrenie*, Frankfurt a.M. 1977 (1972).

[48] Gilles Deleuze, Félix Guattari: *Tausend Plateaus. Kapitalismus und Schizophrenie 2*, Berlin 1992 (1980).

[49] Ich spiele hier auf den Begriff des »organ-

losen Körpers« an, der in der Philosophie von Deleuze und Guattari für eine Subversion des organisierten, vereinnahmten, eingeteilten Körpers steht. Vgl. Gilles Deleuze, Félix Guattari: *Tausend Plateaus*, S. 205ff.

[50] Ebda., S. 634

[51] Ebda., S. 635

[52] Ebda.

[53] Vgl. ebda.

[54] Vgl. ebda., S. 125f.

[55] Heinz von Foerster: *Short Cuts 5*, S. 116.

[56] Stanislaw Lem: *Also sprach Golem*, Frankfurt a.M. 1986.

[57] Marge Piercy: *Er, Sie und Es*, Hamburg 1993.

[58] So konnte man etwa über Cog, den ersten Cyborg am MIT Folgendes lesen: »Wenn man ihm die Hand gibt, fühlt sich das ganz menschlich an – der Humanoidenarm ist ähnlich sensibel und flexibel wie der des Menschen, nicht starr und gefährlich wie der eines Industrieroboters, aber einiges fehlt doch noch zum Menschen: Bisher bewegt er sich auf dem intellektuellen Niveau eines Babys. Offen bleibt, wie man ihn oder er sich motiviert.« *Der Standard*, 29.11.95. Diese Motivierung der Maschinen lässt sich, wie mir Frank Pasemann (der Leiter der INDY (Intelligent Dynamics) Forschungsgruppe am Fraunhofer Institut für Autonomous Intelligent Systems, St. Augustin bei Bonn) erklärte, nur über den »Mangel« herstellen, das heißt, wenn Maschinen der Status ihrer Energieversorgung ständig gemeldet wird, dieser sinkt, die Maschine also hungrig wird, fängt sie an, sich in Bewegung zu setzen, um dieses Ungleichgewicht wieder auszugleichen. Das heißt, Maschinen müssen zuerst über »sich« informiert werden.

[59] Zit. nach N. Katherine Hayles: *How We Became Posthuman. Virtual Bodies in Cybernetics, Literature, and Informatics*, Chicago, London 1999, S. 56.

[60] Vgl. Mark B. N. Hansen: *New Philosophy for New Media*, S. 78.

[61] N. K. Hayles, *How we became posthuman*, S. 56.

[62] Mark B. N. Hansen: *New Philosophy for New Media*, S. 78f.

[63] Henri Bergson: *Materie und Gedächtnis*, S. 3.

[64] Claus Pias (Hg.): *Cybernetics / Kybernetik,*

The Macy-Conferences 1946-1953, Essays & Dokumente, Bd.1, Zürich, Berlin 2003, S. 312.

[65] Ebda., S. 316.

[66] Eine Auffassung, die in den siebziger und achtziger Jahren äußerst populär in der angewandten Kommunikationstheorie sowie in der Schizophrenieforschung von Ronald D. Laing vertreten wurde.

[67] Humberto Maturana, Francisco Varela: *Autopoiesis and Cognition: The Realization of the Living*, Dordrecht 1980.

[68] Zit. nach N. Katherine Hayles: *How We Became Posthuman*, S. 136.

[69] Antti Revonsuo: *Inner Presence. Consciousness as a Biological Phenomenon*, Cambridge (Mass.), London 2006, S. xvi.

[70] Vgl. ebda., S. xvii.

[71] Vgl. John R. Searle: *Die Wiederentdeckung des Geistes*, München 1993 sowie ders.: *Freiheit und Neurobiologie*, Frankfurt a.M. 2004.

[72] Hubert Markl: »Gehirn und Geist. Biologie und Psychologie auf der Suche nach dem ganzen Menschen«, in: *Merkur*, Nr. 668, Dezember 2004.

[73] Christof Koch: »Die Zukunft der Hirnforschung«, in: Christian Geyer (Hg.): *Hirnforschung und Willensfreiheit. Zur Deutung der neuesten Experimente*, Frankfurt a.M. 2004, S. 229-234, hier S. 233.

[74] Sigmund Freud: »Der Entwurf« (1950 [1895]), in: *Gesammelte Werke, Nachtragsband*, Frankfurt a.M. 1987, S. 375-486.

[75] Jürgen Habermas: *Erkenntnis und Interesse*, Frankfurt a.M. 1977.

[76] Alfred Lorenzer: *Die Wahrheit der psychoanalytischen Erkenntnis. Ein historisch-materialistischer Entwurf*, Frankfurt a.M. 1976.

[77] Vgl. Jonathan Crary: *Techniken des Betrachters*, S. 93-96 und Bernd Stiegler: *Theoriegeschichte der Photographie*, München 2006, S. 72-86.

[78] Haraways Cyborg ist weiblich, ein Mädchen, das sich jeder traditionellen Weiblichkeit verweigert.

[79] Das Quasi-Transzendentale, ein Begriff, den Derrida von Rodolphe Gasché übernimmt, benennt die »Bedingungen der Möglichkeit eines Phänomens«, die immer zugleich die »Bedingungen der Unmöglichkeit seiner Reinheit« sind. Das konkrete Ich wird einzig und allein durch die Idealität des Zei-

chens ›Ich‹ transzendiert, von dem es ausgesprochen wird. Vgl. Geoffrey Bennington, Jacques Derrida: *Jacques Derrida. Ein Portrait*, Frankfurt a.M. 1994 S. 283.

[80] Haraway hat in ihrem *Manifest für Cyborgs* eine klare Trennung zwischen Moderne und Postmoderne gezogen. Das Unbewusste gehört für sie zur Moderne, einer Zeit, in der mit Kontrolle, Bestrafung, mit dem Geständnis und der Beichte die Subjekte unterworfen wurden. In der Postmoderne funktioniert Anpassung und Unterwerfung subtiler. Normalisierungs- und Naturalisierungsstrategien haben die alten Methoden verdrängt und eine Institution wie die Psychoanalyse überflüssig werden lassen. Denn diese zwängt die Subjekte immer wieder in ein altes Korsett, wodurch sie für die Postmoderne nicht adäquat ausgestattet sind. Vgl. Donna Haraway: »Ein Manifest für Cyborgs«, S. 48f. Hier schließt auch Hayles an, wenn sie das posthumane Zeitalter als eines beschreibt, in dem Kontrolle und Unterwerfung nicht mehr notwendig sind, sondern ein betont positiver Umgang mit sich selbst und dem eigenen Körper angesagt ist. Anorexie und andere Formen psychischer Essstörungen sind für sie eine typisch moderne Krankheit, die heute als anachronistisch betrachtet werden kann. Vgl. Katherine Hayles: *How We Became Posthuman*, S. 5. Siehe hierzu auch Marie-Luise Angerer: »Cybertroubles. The Question of the Subject in Cyberfeminism«, in: Claudia Reiche, Verena Kuni (Hg.): *cyberfeminism. next protocols*, New York 2002, S. 18-31.

[81] Freud beobachtete seinen Enkel, der, nachdem seine Mutter weggegangen war, eine Spule aus seiner Gehschule warf und diese wieder – mit unterschiedlichen Tönen begleitend – heranzog und auftauchen ließ. Freud hat mit diesem Spiel versucht zu erklären, wie das Kleinkind die Abwesenheit seiner Mutter »symbolisch« auffängt und diese Erfahrung in seine Welt (der sprachlichen Differenzen) einbauen lernt. Vgl. Sigmund Freud: »Jenseits des Lustprinzips« (1920), in: *Psychologie des Unbewußten*. Studienausgabe, Bd. III, Frankfurt a.M. 1982, S. 213-272, hier S. 224-227.

[82] Vgl. N. Katherine Hayles: *How We Became Posthuman*, S. 30-34.

[83] Michel Tournier: *Freitag oder Im Schoß des Pazifik*, Frankfurt a.M. 1982.

[84] Ebda., S. 101f.

[85] Vgl. Slavoj Žižek: »Das postmoderne Ding«, in: Peter Weibel/ Christa Steinle (Hg.): *Identität:Differenz*, Wien, Köln, Weimar 1992, S. 566-574.

[86] Vgl. Slavoj Žižek: *The Parallax View*, Cambridge (Mass.), London 2006, S. 44.

[87] Vgl. Slavoj Žižek: *Die Pest der Phantasmen. Die Effizienz des Phantasmatischen in den neuen Medien*, Wien 1997.

AFFEKTIVE THEORIE-LÄUFE

[1] Marjana Vrhunc: *Bild und Wirklichkeit. Zur Philosophie Henri Bergsons*, München 2002, S. 167.

[2] Henri Bergson: *Materie und Gedächtnis*, S. 33.

[3] Ebda., S. 34f.

[4] Jacques Lacan: *Das Ich in der Theorie Freuds und in der Technik der Psychoanalyse. Das Seminar Buch II*, Weinheim, Berlin 1991, S. 133.

[5] Ebda., S. 141.

[6] Vgl. ebda., S. 131.

[7] Ebda., S. 124.

[8] Sigmund Freud: *Die Traumdeutung* (1900), Studienausgabe, Bd. II, Frankfurt a.M. 1972.

[9] »Ein Bild hielt uns gefangen. Und heraus konnten wir nicht, denn es lag in unserer Sprache, und sie schien es uns nur unerbittlich zu wiederholen.« Ludwig Wittgenstein: »Philosophische Untersuchungen 115«, in: *Schriften, Bd. I*, Frankfurt a.M. 1960, S. 343

[10] Vgl. Mirjana Vrhunc: *Bild und Wirklichkeit*, S. 191.

[11] Henri Bergson: *Materie und Gedächtnis*, S. 232-234.

[12] Jean Laplanche, Jean-Bertrand Pontalis: *Das Vokabular der Psychoanalyse*, Frankfurt a.M. 1973, S. 628.

[13] Vgl. Mirjana Vrhunc: *Bild und Wirklichkeit*, S. 168 und S. 171.

[14] Vgl. ebda. S. 172.

[15] Henri Bergson: *Materie und Gedächtnis*, S. 151ff.

[16] Jacques Derrida: »Freud und der Schauplatz der Schrift«, S. 308.

[17] Ebda., S. 312.

[18] Brian Massumi: »The Autonomy of Affect«, in: Paul Patton (Hg.): *DELEUZE: A Critical Reader*, Cambridge (Mass.) 1996, S. 217-239, hier S. 223f.

[19] Ebda., S. 218f.

[20] Vgl. zum Begriff des »Körpers ohne Bild«, Marie-Luise Angerer: *body options*, S. 174ff.

[21] Vgl. Gilles Deleuze: *Henri Bergson. Zur Einführung*, Hamburg 2001, S. 38-44.

[22] Vgl. Stefan Rieger: *Kybernetische Anthropologie*, S. 137, 183.

[23] Hertha Sturm u.a. (Hg.): *Wie Kinder mit dem Fernsehen umgehen*, Stuttgart 1979; dies.: *Fernsehdiktate: Die Veränderung von Gedanken und Gefühlen. Ergebnisse und Folgerungen für eine rezipientenorientierte Mediendramaturgie*, Gütersloh 1991.

[24] Brian Massumi: »The Autonomy of Affect«, S. 224.

[25] Vgl. Mirjana Vrhunc: *Bild und Wirklichkeit*, S. 187.

[26] Vgl. für die folgende Zusammenfassung Gilles Deleuze: *Spinoza. Praktische Philosophie*, Berlin 1988, S. 128-137.

[27] Gilles Deleuze, Félix Guattari: *Was ist Philosophie?*, Frankfurt a.M. 2000, S. 204

[28] Brian Massumi: *Parables for the Virtual*, S. 35.

[29] Mark B. N. Hansen: *New Philosophy for New Media*, S. 209.

[30] Ebda., S. 211.

[31] Clare Hemmings: »Invoking Affect«, in: *Cultural Studies,* Summer 2005, Vol. 19, No. 5, S. 548-567.

[32] Eve Kosofsky Sedgwick: *Epistemology of the Closet*, Berkeley 1990.

[33] Eve Kosofsky Sedgwick, Adam Frank (Hg.): *Shame and its Sisters. A Silvan Tomkins Reader*, Durham, London 1995.

[34] Eve Kosofsky Sedgwick: *Touching Feeling. Affect, Pedagogy, Performativity*, Durham, London 2003.

[35] Silvan Tomkins: *Affect, Imagery, Consciousness*, 2 Bde., New York 1962, 1963.

[36] Ein Blick in aktuelle Literatur im Bereich der *Cultural Studies* bestätigt, wie einflussreich die Rezeption von Tomkins ist, vor allem seine Inthronisierung der Scham. Zahlreiche Bände sind innerhalb kürzester Zeit zur Scham erschienen und theoretische Ansätze verschieben sich unter der neuen Dominanz der Scham. Vgl. z.B. Elspeth Probyn: *Blush. Faces of Shame*, Minnesota 2005 und die bereits zitierte Lisa Cartwright: *Moral Spectatorship*.

[37] Siehe hierzu auch Martin Dornes, der vor einem anderen theoretischen Hintergrund der Psychoanalyse einen ähnlichen Vorwurf macht. Diese habe mit ihrem Festhalten an der Trieblehre die Erarbeitung einer befriedigenden psychoanalytischen Affektlehre behindert. Vgl. Martin Dornes: »Wahrnehmen, Fühlen, Phantasieren«, in: Gertrud Koch (Hg.): *Auge und Affekt. Wahrnehmung und Interaktion*, Frankfurt a.M. 1995, S. 15-38, hier S. 23f.

[38] Teresa Brennan hat im Unterschied hierzu ein Modell der affektgeleiteten Triebe entwickelt. Affekte bestehen aus Triebmaterial bzw. Triebe sind von den Affekten eingewickelt. Mit dieser Affektkonzeption plädiert Brennan für eine Sprache, die sich wieder näher an die Codes des Körpers anpasst. Vgl. Teresa Brennan: *The Transmission of Affect*, Ithaca, London 2004, ausführlicher hierzu siehe das 5. Kapitel.

[39] Silvan Tomkins zit. in Eve Kosofsky Sedgwick, Adam Frank (Hg.): *Shame and its Sisters*, S. 144.

[40] Ebda. S. 148.

[41] Vgl. Sigmund Freud: »Das Unbehagen in der Kultur« (1930), in: *Gesellschaft/Religion,* Studienausgabe, Bd. IX, Frankfurt a.M. 1972, S. 191-270.

[42] Silvan Tomkins zit. in: Eve Kosofsky Sedgwick, Adam Frank (Hg.): *Shame and its Sisters*, S. 150.

[43] Freud schreibt dazu in den *Drei Abhandlungen zur Sexualtheorie*: »In der Sonderung von libidinöser und anderer psychischer Energie drücken wir die Voraussetzung aus, daß sich die Sexualvorgänge des Organismus durch einen besonderen Chemismus von den Ernährungsvorgängen unterscheiden. Die Analyse der Perversionen und Psychoneurosen hat uns zur Einsicht gebracht, dass diese Sexualerregungen nicht von den sogenannten Geschlechtsteilen allein, sondern von allen Körperorganen geliefert werden. Wir bilden uns also die Vorstellung eines Libidoquantums, dessen psychische Vertretung wir die Ichlibido heißen, dessen Produktion, Vergröße-

rung oder Verminderung, Verteilung und Verschiebung uns die Erklärungsmöglichkeiten für die beobachteten psychosexuellen Phänomene bieten soll.« Sigmund Freud: »Drei Abhandlungen zur Sexualtheorie« (1905), in: *Sexualleben,* SA, Bd. V., Frankfurt a.M. 1972, S. 37-146, hier S. 121.

[44] Donald L. Nathanson: *Shame and Pride,* New York, London 1992, S. 290f.

[45] Dies belegt für ihn die Tatsache, dass Menschen normalerweise im Dunkel der Nacht Sex haben, während Tiere es meist tagsüber treiben. Vgl. ebda., S. 292.

[46] Vgl. Sigmund Freud: *Abriss der Psychoanalyse,* Frankfurt a.M. 1972.

[47] Eve Kosofsky Sedgwick, Adam Frank (Hg.): *Shame and its Sisters,* S. 35.

[48] André Green: *Die Tote Mutter. Psychoanalytische Studien zu Lebensnarzissmus und Todesnarzissmus,* Gießen 2004, S. 147.

[49] Obwohl Lacan im Gegensatz zu Freud mit den Psychosen als Psychiater vertraut war und darüber hinaus ein enges Verhältnis mit der surrealistischen Bewegung unterhielt. Der surrealistische Begriff der sexuellen Energie weist jedoch stärker in eine Richtung, die später Deleuze und Guattari vertreten werden: Psychische Kräfte, die weder an den Grenzen der Gesellschaft noch an denjenigen des Individuums Halt machen.

[50] Vgl. André Green: »Against Lacanism. A Conversation with Sergio Benvenuto«, *Journal of European Psychoanalysis,* Fall 1995-Winter 1996, No. 2.

[51] Ich danke Mai Wegener für diesen Hinweis.

[52] Jacques Lacan: *L'Angoisse, Séminaire X,* Paris 2004, S. 23 (deutsche nicht publizierte Übersetzung von Gerhard Schmitz).

[53] Sigmund Freud: »Hemmung, Symptom und Angst« (1926[1925]), in: *Hysterie und Angst,* Studienausgabe VI, Frankfurt a.M. 1971, S, 227-319, hier S. 273.

[54] »Auffällig ist, dass Freud an keiner Stelle von Vorstellungen oder vom Affekt spricht.« André Green: *Die tote Mutter. Psychoanalytische Studien zu Lebensnarzissmus und Todesnarzissmus,* Gießen 2004, S. 145.

[55] Jacques Lacan: *Die Ethik der Psychoanalyse. Das Seminar Buch VII,* Weinheim, Berlin 1996, S. 126.

[56] Heute müsste man sagen, es ist die Partei von Deleuze, der alle, auch viele Feministinnen, beitreten.

[57] Vgl. Lucy Lippard. »Vorwort«, in: Valie EXPORT: *MAGNA. Feminismus: Kunst und Kreativität,* Ausstellungs-Katalog, Galerie Nächst St. Stephan, Wien 1975.

[58] Valie EXPORT: »womans art. manifest zur Ausstellung MAGNA« (arbeitstitel frauenkunst) eine ausstellung, an der nur frauen teilnehmen, in: *neues forum,* 1972, Heft 228, S. 47.

[59] Luce Irigaray: *Speculum. Spiegel des anderen Geschlechts,* Frankfurt a.M. 1980 (1974).

[60] Ebda., S. 39.

[61] Vgl. Luce Irigaray: *Das Geschlecht, das nicht eins ist,* Berlin 1979.

[62] Vgl. Marie-Luise Angerer: »EXPANDED THOUGHTS. Zu Valie EXPORT«, in: *LAB, Jahrbuch für Künste und Apparate,* Köln 2006, S. 11-25.

[63] Vgl. Marie-Luise Angerer: *body options,* besonders S. 94-119.

[64] Jacqueline Rose: *Sexualität im Feld der Anschauung,* Wien 1996, S. 141.

[65] Lisa Cartwright: »Introduction«, in: Dies.: *Moral Spectatorship.*

[66] André Green: *Le discours vivant,* Paris 2004 (Neuauflage).

[67] Julia Kristeva: *Die Revolution der poetischen Sprache,* Frankfurt a.M. 1978.

[68] Vgl. Julia Kristeva: *Die neuen Leiden der Seele,* S. 13.

[69] Jacqueline Rose: »Julia Kristeva – Die Zweite«, in: Dies.: *Sexualität im Feld der Anschauung,* S, 145-168, hier S. 156.

[70] Vgl. ebda.

[71] Vgl. Lisa Cartwright: »Introduction«.

[72] Man kann diese Versuche natürlich auch vor dem Hintergrund der beiden Bücher von Alfred Kinsey zur männlichen und weiblichen Sexualität lesen, die die »amerikanische Seele« ziemlich aufgewühlt haben, da diese in langen statistischen Zahlenkolonnen die Unschuld eines/einer jeden in Sachen Sexualität gekippt haben. Man könnte also sagen, so wie McCarthy die Kommunisten und Homosexuellen verfolgte, so versuchten Wissenschafter in jenen Jahren des Kalten Krieges die Sexualität als Basis aus jeder Theorie auszuschließen. Der US-amerikanische Erfolg der Psychoanalyse,

die mehr oder weniger ausschließlich als Ich-Psychologie auftritt, ist hierfür ebenfalls ein Beleg.

[73] André Green: *The Chains of Eros. The Sexual in Psychoanalysis*, London, New York 2001.

[74] Im Unterschied zu Freud hat Winnicott nie einen Todestrieb akzeptiert und das Triebkonzept anders als Melanie Klein auch abgelehnt.

[75] Antonio R. Damasio: *Der Spinoza-Effekt. Wie Gefühle unser Leben bestimmen*, München 2003.

[76] Als Beleg verweist Damasio auf eine Reihe von Publikationen aus den Neurowissenschaften, die sich alle auf Spinoza berufen bzw. dessen Wichtigkeit für die neue Gehirnforschung betonen. Vgl. ebda., S. 342, Fußnote 8. Slavoj Žižek hat sich über diese flächendeckende Begeisterung für Spinoza schon lustig gemacht und gefragt: »Ist es möglich, Spinoza nicht zu lieben? […] Von Frankreich bis Amerika lautet eines der ungeschriebenen Gesetze des heutigen akademischen Betriebs, daß man Spinoza lieben *muß*.« Slavoj Žižek: *Körperlose Organe*, Frankfurt a.M. 2005, S. 55.

[77] Antonio R. Damasio: *The Feeling of What Happens. Body and Emotion in the Making of Consciousness*, New York, San Diego, London 1999, S. 51.

[78] Vgl. ebda., S. 317f.

[79] Benedictus de Spinoza: *Sämtliche Werke*, Bd. II, hg. von Carl Gebhardt, Hamburg 1989, S. 110.

[80] Antonio R. Damasio: *The Feeling of What Happens*, S. 30f.

[81] Vgl. Alexander Kochinka: *Emotionstheorien. Begriffliche Arbeit am Gefühl*, S. 213-215.

[82] Vgl. ebda., S. 20.

[83] Uwe Laucken: »Gibt es Willensfreiheit? Möglichkeiten der psychologischen Vergegenständlichung von Willens-, Entscheidungs- und Handlungsfreiheit«, in: *www.qualitative-research.net/fqs-texte/1-05/05-1-8-d.htm*, 19.03.06.

[84] »Stellen wir uns vor, Sie erinnerten sich an eine Landschaft, die Ihnen teuer ist und deren Evokation Sie in einen Zustand großer Ausgeglichenheit versetzt, beispielsweise das Bild jener schönen, grünenden toskanischen Hü-

gel, wo Zypressen, Olivenbäume und Weinberge ein weiches, grünes Tuch bis zum Horizont weben.« François Ansermet und Pierre Magistretti: *Die Individualität des Gehirns. Neurobiologie und Psychoanalyse*, Frankfurt a.M. 2005, S. 113; auch Damasio beschreibt in seinen Beispielen den Strand am Meer, den weichen Sand und den blauen Himmel…

[85] Ebda., S. 114.

[86] Ebda., S. 125 ff.

[87] Ebda., S. 132f. Zu dieser Bluse heißt es übrigens (ganz der Zeit Freuds entnommen und unhinterfragt in unsere übertragen!): »Wenn es etwas größer ist, wird das Kind die Sexualität mit einem Dienstmädchen entdecken, das ebenfalls oft eine rosa Bluse anhat. Das Befriedigungserlebnis wird nun eindeutig sexueller Natur sein.« S. 135.

[88] Antonio Damasio: *Der Spinoza-Effekt*, S. 242.

[89] Vgl. Sybille Krämer: »Sprache – Stimme – Schrift: Sieben Gedanken über Performativität als Medialität«, in: Uwe Wirth (Hg.): *Performanz*, S. 344-346.

[90] Vgl. Hans Ulrich Gumbrecht: *Diesseits der Hermeneutik*, S. 161.

[91] Dieter Mersch: *Ereignis und Aura, Untersuchungen zu einer Ästhetik des Performativen*, Frankfurt a.M. 2002, S. 223f. (Hervorhebung im Original).

[92] Erika Fischer-Lichte: *Ästhetik des Performativen*, Frankfurt a.M. 2004, S. 315.

[93] Dieter Mersch: *Ereignis und Aura*, S. 289.

[94] Ebda., S. 291.

[95] Vgl. Eckhard Schumacher: »Passepartout. Zu Performativität, Performance, Präsenz«, in: *Texte zur Kunst*, 2000, Heft 37, S. 94-103.

[96] Peggy Phelan: *Unmarked. The Politics of Performance*, London und New York 1993.

[97] Vgl. Marie-Luise Angerer: »Performance und Performativität«, in: Hubertus Butin (Hg.): *DuMonts Begriffslexikon zur zeitgenössischen Kunst*, Köln 2002, S. 241-244.

[98] Vgl. Slavoj Žižek: *Mapping Ideology*, London, New York 1994.

VOM CYBERSEX ZU ABSTRACT SEX

1 Vgl. Charles Shepherdson, der die Unterscheidung zwischen Bedürfnis, Anspruch und Begehren am Beispiel der Anorexie überzeugend ausgearbeitet hat. Charles Shepherdson: »The Gift of Love and the Debt of Desire«, in: *differences*, 1998, Vol. 10, S. 30-74.

2 Jean Laplanche, Jean-Bertrand Pontalis: »Fantasy and the Origins of Sexuality«, in: Victor Burgin, James Donald, Cora Kaplan (Hg.): *Formations of Fantasy*, London, New York 1986, S. 5-34, hier S. 29f.

3 Paul Virilio: »Im Gespräch mit Carlos Oliveira«, in: *CTheory, Global Algorithm 1.7.*, Juni 1996.

4 Rachel Armstrong: »Cyborg Film Making in Great Britain«, in: Andrea B. Braidt (Hg.): *[Cyborgs.Nets/z]*, Katalog zum Film DANDY DUST, Wien 1999, S. 34.

5 In Anspielung auf Peter Weibels Video-Installation *Näher zu dir mein Ich*, 1973.

6 Nach de Kerckhove fallen Standpunkt und Seinspunkt zusammen. Der Raum selbst wird interaktiv und dreht sich um uns. Damit jedoch würde eine zweite kopernikanische Wende eingeleitet werden. Zusammengefasst in Simone Mahrenholz: »Derrick de Kerckhove – Medien als Psychotechnologien«, S. 87.

7 Marjorie Garbner: »Some like it haute«, im Gespräch mit Hannah J. L. Feldman, in: *World/Art*, 1995, Vol. 1, S. 30-33.

8 Charles Shepherdson: »The Role of Gender and the Imperative of Sex«, in: Joan Copjec (Hg.): *Supposing the Subject*, London, New York 1994, S.158-184, hier S. 170.

9 Mit der Figur des Cyborg, die eine »postgender world« einleitet, betont Haraway das Ende einer Politik des Ursprungs. »Cyborgs sind Geschöpfe in einer Post-Gender-Welt.«, in: Donna J. Haraway: *Ein Manifest für Cyborgs*, S. 35.

10 Annette Bitsch: »Kybernetik des Unbewussten, das Unbewusste der Kybernetik«, in: Claus Pias (Hg.): *Cybernetics | Kybernetik, Bd. II*, S. 153-168, hier S. 157.

11 Michel Foucault: *Die Geburt der Klinik. Eine Archäologie des ärztlichen Blicks*, Frankfurt a.M., Berlin 1985.

12 Astrid Deuber-Mankowsky: »Das virtuelle Geschlecht. Gender und Computerspiele, eine diskursanalytische Annäherung«, in: Claus Pias, Christian Holtorf (Hg.): *Ernstfall Computerspiel* (i.V.).

13 Sadie Plant: »The Future Looms: Weaving Women and Cybernetics«, in: *Body & Society*, 1995, Vol. 1, No. 3-4, S. 45-64.

14 Zoë Sofoulis,: »Contested Zones: Artists, Technologies, and Questions of Futurity«, in: *Leonardo* (MIT), 1996, Vol. 29, 1, S. 59-66.

15 »[C]omplex interactions of media, organisms, weather patterns, ecosystems, thought patterns, cities, discourses, fashions, populations, brains, markets, dance nights and bacterial exchanges emerge. […] You live in cultures, and cultures live in you. […] Without the centrality of agency, culture is neither high, nor ordinary, but complex.« Sadie Plant: »The virtual complexity of culture«, in: George Robertson, Melinda Mash, Lisa Tickner, Jon Bird, Barry Curtis, Tim Putnam (Hg.): *FutureNatural, nature/science/culture*, New York, London 1996, S. 203-217, hier S. 214.

16 Vgl. Marie-Luise Angerer: *body options*, besonders der Abschnitt »Space does Matter«, S. 132-158.

17 Astrid Deuber-Mankowsky: *Lara Croft. Modell, Medium, Cyberheldin. Das virtuelle Geschlecht und seine metaphysischen Tücken*, Frankfurt a.M. 2001.

18 Vgl. Claudia Reiche: *Digitaler Feminismus*, Hamburg 2006, S. 111-140.

19 Rosi Braidotti: *Metamorphosis. Towards a Materialist Theory of Becoming*, Cambridge, Oxford (UK) 2002.

20 Ebda., S. 139.

21 Rosi Braidotti: »Between No Longer And The Not Yet: On Bios/Zoë-Ethics«, in: *Filozofski vestnik*, Vol. XXIII, Nr. 2 (Ljubljana) 2002, S. 9-26, hier S. 16.

22 Ebda.

23 Slavoj Žižek: »Four Discourses, Four Subjects«, in: Ders. (Hg.): *Cogito and the Unconscious*, Durham, London 1998, S. 74-116, hier S. 81.

24 Giorgio Agamben: *Homo Sacer*, S. 144.

25 Slavoj Žižek: *Das Unbehagen im Subjekt*, S. 88, 91.

26 Vgl. Marie-Luise Angerer: *body options*, S. 152ff.

27 Eugénie Lémoine-Luccioni, zit. in David

Moss: »Memories of Being. Orlan's Theatre of the self«, in: *Art + Text*, 1996, No. 54, S. 68f.
28 Parveen Adams hat die Operation Orlan deshalb als »anamorphosis of space which bears upon sexual difference« bezeichnet. Räumliche Anordnungen beruhen auf basalen Annahmen. Wenn eine davon nicht erfüllt wird, kann das Subjekt aus seinem Wahrnehmungsraster kippen. Innen und außen müssen klar getrennt und passgetreu sein, innen und außen müssen isomorph sein, das heißt, auf einfache Weise übereinstimmen. Dieser Isomorphismus bezieht sich jedoch nicht nur auf das Paar innen und außen, sondern bestimmt die gesamte Liste oppositioneller Anordnungen, die das abendländische Denken charakterisiert: Körper – Geist, Essenz – Erscheinung, Subjekt – Objekt, männlich – weiblich und schließlich phallisch – kastriert. Werden diese Paare einem anamorphotischen Prozess unterworfen, wird deutlich, dass »each term of the pair is not in contradiction to the other term and the extent to which the relations between them, far from conforming a clean-cut isomorphism, are strewn with strange tresholds and hybrid forms.« Mit Orlans Öffnen der Haut wird die Grenze zwischen Innen und Außen verletzt und der Schein einer »wahren« Tiefe dadurch zerstört. Vgl. Parveen Adams: *The Emptiness of the Image*, London, New York 1996, S. 141.
29 Sigmund Freud hat zum Unheimlichen gemeint, dass es viel näher sei als es zunächst erscheint. Es ist etwas zutiefst Vertrautes, was jedoch heimlich, also verborgen bleiben muss. Unbewusste Wünsche, die an die Oberfläche drängen, werden bedrohlich – unheimlich. Vgl. Sigmund Freud: »Das Unheimliche« (1919), in: *Psychologische Schriften,* Studienausgabe, Bd. IV, Frankfurt a.M. 1982, S. 241-274.
30 Vgl. Renata Salecl: »Sexuelle Differenz als Einschnitt in den Körper«, in: Jörg Huber, Martin Heller (Hg.): *Inszenierung und Geltungsdrang, Interventionen*, Museum für Gestaltung, Zürich 1998, S. 165-185.
31 Vgl. Slavoj Žižek: *Liebe Dein Symptom wie Dich selbst! Jacques Lacans Psychoanalyse und die Medien*, Berlin 1991, S. 49-58.
32 Slavoj Žižek: »Lacan with quantum physics«, in: George Robertson, Melinda Mash,

Lisa Tickner, Jon Bird, Barry Curtis, Tim Putnam: (Hg.): *FutureNatural*, S. 270-292.
33 Slavoj Žižek: *Die Pest der Phantasmen*, S. 139.
34 Vgl. Paul Verhaeghe: *Liebe in Zeiten der Einsamkeit*, S. 63 ff.; Slavoj Žižek: *Die gnadenlose Liebe*, Frankfurt a.M. 2001, S. 66ff.
35 Tim Dean: *Beyond Sexuality*, Chicago, London 2000, S. 242.
36 Elizabeth Grosz: *Volatile Bodies, Toward a Corporeal Feminism*, Bloomington, Indianapolis 1994, S. 205.
37 Yvonne Volkart: »Physicalization in Networked Space. Melinda Rackham – Visualization of Identity and Subjectivity in Cyberspace«, in: *Springerin*, 2000, Heft 1.
38 Vgl. Brian Massumi: *A User's Guide to Capitalism and Schizophrenia, Deviations from Deleuze and Guattari*, Cambridge (Mass.) 1993, S. 70.
39 Luciana Parisi: *Abstract Sex. Philosophy, Bio-Technology and the Mutations of Desire*, London, New York 2004, S. 4.
40 Lynn Margulies, zit. nach Luciana Parisi: »Interview« with Matthew Fuller, in: *www. nettime.org/Lists-Archives/nettime-l-0410/ msg00054.html*, 20.01.06.

SEXUALIZING AFFECT

1 Rosi Braidotti: *Transpositions. On Nomadic Ethics*, Cambridge (UK) 2006, S. 9.
2 Diese auch Endosymbiontentheorie genannte Evolutionstheorie besagt, dass eine Zelle in einer anderen überlebt, beide hieraus Vorteile entwickeln, die zu gegenseitiger Abhängigkeit führt. Diese Theorie wurde besonders durch Lynn Margulies seit den siebziger Jahren bekannt gemacht. Vgl. Lynn Margulies, Dorion Sagan: *What is Life?* London 1995; dies.: *What is Sex?* New York 1997.
3 Vgl. Luciana Parisi: *Abstract Sex*, S. vii.
4 Vgl. Anne Hamker: *Emotion und ästhetische Erfahrung. Zur Rezeptionsästhetik der Video-Installationen ›Buried Secrets‹ von Bill Viola*, Münster, New York, München 2003. Hamker untersucht in ihrer Dissertation am Beispiel der Video-Installationen *Buried Secrets* von Bill Viola, welche Emotionen in der Rezeption auftauchen können, um diese sodann kogniti-

onspsychologisch zu bestimmen. Viola hat auf die Einbeziehung des sinnlichen Körpers in seinen Arbeiten immer wieder selbst hingewiesen. Das Buch ist allerdings auch ein Beispiel dafür, was vom Verbund von Kunstgeschichte und kognitiver Emotionspsychologie zu erwarten ist – eine an einem idealen Betrachter orientierte, formale Analyse von Emotionen im sequenziellen Durchgang durch die künstlerische Arbeit. Nichtsdestotrotz dockt sich die Kunstgeschichte verstärkt an die Neurologie an, um über Gehirnfunktionen und neurale Repräsentationen Aussagen zur Bildwahrnehmung zu machen.

[5]   William J. T. Mitchell: »The Pictorial Turn«, in: *Artforum*, March 1992; ders.: *What do Pictures Want? The Lives and Loves of Images*, Chicago, London 2005.

[6]   So der Titel eines *panels* auf der Konferenz *Calculating Images* an der University of California, Santa Barbara, März 2005. Auch Peter Weibel hat diesen Begriff übernommen, um den Stellenwert oder die Funktion der Medien in ihrer postmedialen Kondition zu analysieren. Doch im Unterschied etwa zu der hier vorgestellten These von Hansen, dass die digitalen Bilder ihre differentielle Rahmung verloren hätten, spricht Weibel davon, dass die Eigenweltlichkeit der Medien sich immer stärker ausdifferenzieren werde. *Postmediale Konditionen*, Neue Galerie am Landesmuseum Joanneum, 16.11.05-15.01.06.

[7]   In diesem Sinne kann auch die Diskussion um eine Bildwissenschaft parallel zur affektiven Verschiebung gelesen werden. Bilder werden von ihren medialen Differenzen entkoppelt, um sie u.a. in ihrer technischen Verfasstheit und kognitiv-neuronalen Signalwirkung auszuloten.

[8]   Hier lässt sich z.B. die Entwicklung von Maschinen anführen, die sehen, rechnen, entscheiden und töten, ohne dass ein menschliches Individuum daran beteiligt ist. Des Weiteren sind Entwicklungen auszumachen, bei welchen Tiere und Maschinen den Menschen ersetzen oder ihm zur Seite gestellt werden, da ihre Kompetenzen diejenigen des Menschen übersteigen (Hunde, die aufgrund ihres Geruchsinns in der Krebsfrüherkennung eingesetzt werden).

[9]   Brian Massumi: »Navigating Moments«, in: *21C Magazine,* 2003.

[10]   Vgl. Stefan Rieger: *Kybernetische Anthropologie,* S. 214.

[11]   J. G. Ballard: *Crash*, München 1996 (1973). *Crash* ist der erste Band der *Technoscape-Trilogy* und war für den Film CRASH von David Cronenberg 1996 die Vorlage.

[12]   Matt Smith: »The Work of Emotion: Ballard and the Death of Affect«, in: *www.rickmcgrath.com/jgballard/ jgb_death_of_affect.html*, 05.09.06.

[13]   Anthony Vidler: *unHEIMlich. Über das Unbehagen in der modernen Architektur*, Hamburg 2002.

[14]   Karl Clausberg, Cornelius Weiller: »Wie Denken aussieht. Zu den bildgebenden Verfahren der Hirnforschung«, in: Christian Geyer (Hg.): *Hirnforschung und Willensfreiheit*, Frankfurt a.M. 2004, S. 245-249, hier S. 245.

[15]   Ernst Mach: *Die Analyse der Empfindungen und das Verhältnis des Physischen zum Psychischen*, (Nachdruck der 9. Aufl. 1922 [1886]), Darmstadt 1991.

[16]   Mai Wegener: »Unbewußt/das Unbewußte«, in: *Ästhetische Grundbegriffe*, hg. von Karlheinz Brack u.a., Bd. 6, Stuttgart, Weimar 2005, S. 202-240, hier S. 202.

[17]   Ebda., S. 215.

[18]   Vgl. ebda., S. 216.

[19]   Vgl. ebda.

[20]   Vgl. ebda., S. 217.

[21]   Ebda., S. 224.

[22]   Ebda., S. 225.

[23]   Vgl. ebda., S. 226.

[24]   Joan Copjec: *Imagine There's No Woman. Ethics and Sublimation*, Boston 2002, S. 180.

[25]   »It originates in an elsewhere, and has to be understood as belonging to Being.« Paul Verhaeghe: *Beyond Gender. From Subject to Drive*, New York 2001, S. 102.

[26]   Vgl. Jacques Lacan: *Die vier Grundbegriffe*, S. 156-210.

[27]   Vgl. ebda., S. 73-128.

[28]   Annette Bitsch: »Die Kybernetik des Unbewußten, das Unbewußte der Kybernetik«, S. 156.

[29]   Ebda.

[30]   Ebda., S. 155.

[31]   Paul Verhaeghe: *Beyond Gender*, S. 81.

[32]   Ebda., S. 96.

[33]   Ebda., S. 97.

[34] »Lalangue«, führt Lacan aus, »dient ganz anderen Dingen als der Kommunikation.« Die Effekte dieser »lalangue maternelle« zeigen sich in Affekten, die nicht aufzulösen sind. Sie sind das, »was aus der Präsenz von lalangue resultiert, insofern, da sie weiß, sie Dinge artikuliert, die viel weiter gehen, als das, was das sprechende Sein trägt an ausgesagtem Wissen.« in: Jacques Lacan: *Encore. Das Seminar Buch XX*, Weinheim, Berlin 1986, S. 150, 151.

[35] Jacques Lacan: *Die Ethik der Psychoanalyse*, S. 126.

[36] Teresa Brennan: *The Transmission of Affect*, S. 164.

[37] Vgl. Jacques Lacan: *Die vier Grundbegriffe*, S. 229.

[38] Ebda.

[39] Ebda., S. 230.

[40] Vgl. Paul Verhaeghe: *Beyond Gender*, S. 131.

[41] Sigmund Freud: »Das Ich und das Es« (1923), in: *Psychologie des Unbewußten*. Studienausgabe, Bd. III. Frankfurt a.M. 1982, S. 273-330. Mit dieser Bestimmung ist Freud Bergson durchaus nahe, denn auch Bergson hat die Körpergrenze als eine nach innen und nach außen fungierende bestimmt: »[D]eshalb ist die Oberfläche meines Körpers, als gemeinsame Grenze des Äußeren und des Inneren, der einzige Teil der ausgedehnten Welt, der zugleich wahrgenommen und empfunden wird.«, in: Henri Bergson: *Materie und Gedächtnis*, S. 44.

[42] Jacques Lacan: *Die vier Grundbegriffe*, S.284.

[43] Paul Verhaeghe: *Beyond Gender*, S. 118.

[44] Der Begriff der »Partialobjekte« wurde besonders von Melanie Klein stark gemacht, die damit den Körperteilen und Körpervorgängen einer Person unabhängige psychische Funktionen zugeschrieben hat. Eine große Rolle spielen hierbei die Brust, der Penis, die Ausscheidungen, etc.

[45] Slavoj Žižek: *Körperlose Organe*, S. 58.

[46] Ebda., S. 40.

[47] Vgl. ebda., S. 38.

[48] Ebda., S. 124.

[49] Ebda.

[50] Vgl. ebda., S. 125.

[51] Vgl. ebda., S. 129.

[52] Ingo Zechner: *Der Gesang des Werdens*, München 2003, S. 99.

[53] Vgl. ebda., S. 98.

[54] Marc Rölli: *Gilles Deleuze,* S. 30.

[55] Slavoj Žižek: *Körperlose Organe*, S. 130.

[56] Rosi Braidotti: *Transpositions*, S. 270.

[57] Ebda., S. 253.

[58] Ebda.

[59] Ebda.

[60] Ebda.

[61] Vgl. Elizabeth Grosz: *Volatile Bodies*, S. 209.

[62] Rosi Braidotti: *Transpositions*, S. 269.

[63] Luce Irigaray: *Ethik der sexuellen Differenz*, Frankfurt a.M. 1991.

[64] Ähnlich der Wiederentdeckung von Melanie Klein durch Lisa Cartwright.

[65] Elizabeth Grosz: *Volatile Bodies*, S. 191.

[66] Moira Gatens: »Ethologische Körper«, in: Marie-Luise Angerer (Hg.): *The Body of Gender, Körper. Geschlechter. Identitäten*, Wien 1995, S. 35-52.

[67] Wenn Žižek sich erst heute über Genevieve Lloyd lustig macht, hat er ganz offensichtlich die jahrelangen Entwicklungen hierzu nicht wahr- oder ernst genommen: »[…] ganz zu schweigen von Genevieve Lloyd, die in Spinozas *Ethik* einen geheimnisvollen dritten Wissenstypus in Form eines weiblichen intuitiven Wissens entdeckt.« Slavoj Žižek: *Körperlose Organe*, S. 55.

[68] Elizabeth Grosz hat sexuelle Differenz ontologisch zu fassen versucht und hat hierbei auf Derridas »neue Choreographie der sexuellen Differenz« zurückgegriffen, womit dieser betonte, dass es nicht (mehr) darum gehen kann, Frauen und Männer einander anzugleichen und damit das Männliche stillschweigend als Norm zu wahren. Auch würden sich die Besonderheiten der beiden Geschlechter nicht länger als Ausgangspunkt legitimieren lassen, sondern vielmehr müsse eine radikale Vielheit im Sinne einer »supplementären Logik« angestrebt werden, einer Logik, die die binäre Opposition durchbricht. Vgl. Jacques Derrida: *Die Schrift und die Differenz*, Frankfurt a.M. 1976, S. 302-350, hier S. 311.

[69] Ähnlich haben dies neben Genevieve Lloyd Moira Gatens und Elizabeth Grosz formuliert, dass sexuelle Differenz nämlich nicht per se in Erscheinung tritt, sondern sich in jeder kognitiven, moralischen und politischen

Aktivität ausdrückt. Vgl. Rosi Braidotti: *Transpositions*, S. 186.

70 Ebda., S. 148.

71 Vita Sackville-West, Freundin und Vorbild für Woolfs Orlando-Figur.

72 Rosi Braidotti: *Transpositions*, S. 196.

73 Vgl. ebda., S. 197.

74 Ebda.

75 »[P]astnesses opening onto a future, but with no present to speak of. For the present is lost with the missing half-second, passing too quickly to be perceived, too quickly, actually, to have happened.« Brian Massumi: »The Autonomy of Affect«, S. 224.

76 Vgl. Rosi Braidotti: *Transpositions*, S. 137.

77 Volkmar Sigusch: »Gibt es Asexuelle?« in: *www.fr-aktuell.de/ressorts/kultur_und_medien/feuilleton*, 12.10.05.

78 Vgl. Volkmar Sigusch: *Neosexualitäten. Über den kulturellen Wandel von Liebe und Perversion*, Hamburg 2005, S. 20-26.

79 Vgl. Beatriz Preciado: *Kontrasexuelles Manifest*, Berlin 2003. Darin fordert die Autorin auf, den Naturvertrag zwischen den Geschlechtern und der Gesellschaft in einen »kontrasexuellen Vertrag« überzuführen, der Sexualität nicht länger mehr als natürliche, sondern technische Frage installiert. Dieses Programm ist nun weder neu noch eröffnet die von Preciado ausgerufene »Philosophie des Dildos« eine wirklich ernstzunehmende Perspektive. Durch den Dildo würde sich eine neue Demokratie der Geschlechter herstellen. Nicht nur würde die Herrschaft des Phallus dadurch subvertiert, auch die genitale Sexualität verliert durch den Dildo ihre hegemoniale Stellung und könnte andere Lustoptionen eröffnen. Die Frage, die sich allerdings stellt, lautet, wogegen sich das »kontrasexuelle Manifest« von Preciado richtet? Gegen ein anderes sexuelles Manifest oder gegen Sexualität insgesamt?

80 Vgl. Keith Ansell Pearson: *Viroid Life. Perspectives on Nietzsche and the Transhuman Condition*, London, New York 1997, S. 34f.

81 Hartmann hat in seiner *Philosophie des Unbewußten* (1869) vorgeschlagen, dieses auf der Ebene der Leiblichkeit, auf der des Geistes sowie der eigentlichen Metaphysik des Unbewussten zu unterscheiden. Vgl. Mai Wegener: »Unbewußt/das Unbewußte«, S. 223.

82 Vgl. Luciana Parisi: *Abstract Sex*, S. vii. *Sex* auf der biophysischen Ebene besteht in bakteriellem Austausch sowie der Zellteilung, was dem *cloning* und *cybernetic sex* auf der biodigitalen Ebene entspricht.

83 Luciana Parisi: »Interview«.

84 Luciana Parisi: *Abstract Sex*, S. 11.

85 Ebda., S. 12.

86 Ebda., S. 102-110.

87 Ulrich Bröckling, Susanne Krasmann, Thomas Lemke (Hg.): *Gouvernementalität der Gegenwart*, S. 13.

88 Ebda.

89 Thomas Lemke: »Die Regierung der Risiken. Von der Eugenik zur genetischen Gouvernementalität«, in: Ebda., S. 227-264, hier S. 228.

90 In Abwandlung der »Genetifizierung« bei Thomas Lemke, vgl. ebda., S. 230.

91 Ebda., S. 234.

92 Ebda., S. 240.

93 Ebda.

94 Zit. nach ebda., S. 259f.

95 Ernesto Laclau: *On Populist Reason*, London, New York 2005, S. 227f.

96 Maurizio Lazzarato: *Videophilosophie. Zeitwahrnehmung im Postfordismus*, Berlin 2002, S. 177.

97 Ebda., S. 10; Hervorhebung im Original.

98 Michael Hardt, Antonio Negri: *Empire*, Cambridge (Mass.), London 2000; *dies.: Multitude, War and Democracy in the Age of Empire*, New York 2005.

99 Michael Hardt, Antonio Negri: *Empire*, S. 65; Hervorhebung im Original.

100 In einer Studie über die zukünftigen Lebens- und Wohnstrukturen heißt es: »Im Jahr 2020 haben die Menschen eine Art kollektives Bewusstsein entwickelt – sie fühlen sich als Teil von etwas, als Teil ihres Landes, ihres Unternehmens (das den Mitarbeitern zwecks Förderung der Kreativität größere Freiräume gibt), ihrer Gruppe. Allerdings spricht man nun von ›Schwarm‹, in dem Gleichgesinnte sich zusammenfinden. Zukunftsforscher glauben, dass das Modell der Kleinfamilie im Jahr 2050 vom Schwarm, der aus dem selbst gewählten Freundeskreis besteht, endgültig abgelöst sein wird.« KulturSpiegel: »Wir werden Deutschland«, in: *Spiegel online*, 30.06.06. Eine Schwarmbildung ganz anderer Art hat

Frank Schätzing in seinem Öko-Thriller *Der Schwarm* (Köln 2004) beschrieben. Eine höhere Intelligenz, die tief im Meer sich entwickelt, bedroht durch Schwarmbildung von Würmern, Fischen, Walen, etc. grundlegend das ökologische Gleichgewicht.

[101] Thomas Rode: »Liebling, es sind die Gene. Wieviel Lust ein Mensch auf Sex hat, ist offenbar zum Teil angeboren«, in: *Süddeutsche Zeitung*, 17.06.06. Die Asexuellen können also geheilt werden bzw. allen kann ein »optimales Mittel« von Libido verabreicht werden, um einen affektiven Glückszustand aufrecht zu erhalten.

[102] Doch auch Deleuze hat betont, dass Affekte nicht einfach zugänglich sind, sondern vielmehr dem Denken seine Grenze und Beschränkung anzeigen. Vgl. Gilles Deleuze: *Differenz und Wiederholung*, München 1992, S. 188.

[103] Vgl. Peter Widmer: *Subversion des Begehrens. Eine Einführung in Jacques Lacans Werk*, Wien 1997 (1990), S. 91.

[104] Jacques Lacan: *Die Objektbeziehung. Das Seminar Buch IV*, Wien 2003, S. 12.

[105] Tilman Krause: »Vorsicht, Fetisch«, in: *Die Welt*, 13.05.06.

[106] Freud hat auf den Affekt als Signal mehrfach aufmerksam gemacht, u.a. in der 25. Vorlesung über *Die Angst*. Dort stellt er die Angst, das Signal und den Affekt zueinander in Beziehung. Wenn die Angstentwicklung sich auf ein Signal reduziert, kommt der Affekt ins Spiel. Vgl. Sigmund Freud: »Die Angst« (1916-17), in: *Vorlesungen zur Einführung in die Psychoanalyse. Und Neue Folge*, Studienausgabe, Bd. I, Frankfurt a.M. 1969, S. 380-397, hier S. 382f. Lacan bewertete Freuds Affekt-als-Signal folgendermaßen: »Bezüglich der Affekte gibt Freud bei Gelegenheit Proben, die stets bedeutsam sind und die auf ihre Psychologie hinweisen. Stets beharrt er auf ihrem konventionellen, künstlichen Charakter, auf ihrem Charakter nicht als Signifikanten, aber als Signal, worauf sie alles in allem zu reduzieren sind. Dieser Charakter macht auch, daß ihr Geltungsbereich verschiebbar ist, und weist, vom ökonomischen Gesichtspunkt her gesehen, eine gewisse Anzahl von Notwendigkeiten auf, zum Beispiel Irreduzibilität. Aber es sind nicht die Affekte, die das ökonomische, ja dynamische Wesentliche ausmachen, das am Horizont, an der Grenze in analytischer Perspektive zutiefst gesucht wird. Es ist etwas Undurchdringlicheres, Dunkleres, nämlich die energetischen Begriffe der analytischen Metaphysik.« Jacques Lacan: *Die Ethik der Psychoanalyse*, S.126f.

[107] Joan Copjec: »May '68, The Emotional Month«, in: Slavoj Žižek (Hg.): *LACAN. The Silent Partners*, London, New York 2006, S. 90-114, hier S. 94.

[108] Ebda.

[109] Ebda., S. 95.

[110] Hier ist die Anspielung auf den Titel des Tomkins-Readers von Eve Kosofsky Sedgwick und Frank Adam *(Shame and Its Sisters)* unübersehbar – oder doch nur reiner Zufall?

[111] Joan Copjec: »[F]light into being […] which protects us from the ravage of anxiety.« Joan Copjec: »May '68«, S. 111.

[112] Als ein derartiger Einbruch kann z.B. die im Herbst 2006 erfolgte Schließung des Instituts für Sexualwissenschaft der Universität Frankfurt a.M. mit der Emeritierung seines Direktors Volkmar Sigusch betrachtet werden.

Adams, Parveen: *The Emptiness of the Image*, London, New York 1996.

Agamben, Giorgio: *Homo Sacer. Die souveräne Macht und das nackte Leben*, Frankfurt a.M. 2002 (1995).

Ahmed, Sara: *The Cultural Politics of Emotions*, Edinburgh 2004.

Althusser, Louis: *Ideologie und ideologische Staatsapparate. Aufsätze zur marxistischen Theorie*, Hamburg, Westberlin 1977.

Angerer, Marie-Luise: *body options. Körper.Spuren.Medien.Bilder*, Wien 1999.
— : »Performance und Performativität«, in: H. Butin (Hg.): *DuMonts Begriffslexikon zur zeitgenössischen Kunst*, Köln 2002, S. 241-244.
— : »Cybertroubles. The Question of the Subject in Cyberfeminism«, in: Claudia Reiche, Verena Kuni (Hg.): *cyberfeminism. next protocols*, New York 2002, S. 18-31.
— : »EXPANDED THOUGHTS. Zu Valie EXPORT«, in: *LAB, Jahrbuch für Künste und Apparate*, Köln 2006, S. 11-25.

Ansermet, François, Magistretti, Pierre: *Die Individualität des Gehirns. Neurobiologie und Psychoanalyse*, Frankfurt a.M. 2005.

Armstrong, Rachel: »Cyborg Film Making in Great Britain«, in: Andrea B. Braidt (Hg.): *[Cyborgs.Nets/z], Katalog zum Film Dandy Dust*, Wien 1999.

Aronowitz, Stanley: »Technology and the Future of Work«, in: Gretchen Bender, Timothy Druckrey (Hg.): *Culture on the Brink. Ideologies of Technology*, Seattle 1994, S. 15-30.

Badiou, Alain: »Abenteurer des Begriffs. Über die Einzigartigkeit der jüngeren französischen Philosophie«, in: *Lettre International*, Winter 2005, Heft 71, S. 88-91.

Ballard, J.G.: *Crash*, München 1996 (1973).

Barthes, Roland: *Die helle Kammer. Bemerkungen zur Photographie*, Frankfurt a.M. 1985.

Baudry, Jean-Louis: »Ideologische Effekte erzeugt vom Basisapparat« (1970), in: *Eikon*, 1993, Heft 5, S. 36-43.
— : »Le Dispositif: Approches Metapsychologiques de l'impression de Realité«, in: Communications: Psychoanalyse et cinéma 1975, 23, S. 56-72.

Bennett, Jill: *Empathic Vision. Affect, Trauma, and Contemporary Art*, Stanford 2005.

Bennington, Geoffre, Derrida, Jacques: *Jacques Derrida. Ein Portrait*, Frankfurt a.M. 1994.

Bergermann, Ulrike: »Morphing. Profile des Digitalen«, in: Petra Löffler, Leander Scholz (Hg.): *Das Gesicht ist eine starke Organisation*, Köln 2004, S. 250-274.

Bergson, Henri: *Materie und Gedächtnis. Eine Abhandlung über die Beziehung zwischen Körper und Geist*, Hamburg 1991 (1896).

Bitsch, Annette: »Die Kybernetik des Unbewußten, das Unbewußte der Kybernetik« in: Claus Pias (Hg.): *Cybernetics | Kybernetik. The Macy-Conferences 1946-1953, Essays & Dokumente*, Bd. II, Zürich, Berlin 2004, S. 153-168.

Bordwell, David, Thompson, Kristin: *Film History: An Introduction*, New York 1994.

Braidotti, Rosi: »Between No Longer And The Not Yet: On Bios/Zoë-Ethics«, in: *Filozofski vestnik*, 2002, Vol. XXIII, 2, S. 9-26.
— : *Metamorphosis. Towards a Materialist Theory of Becoming*, Cambridge, Oxford (UK) 2002.
— : *Transpositions. On Nomadic Ethics*, Cambridge (UK) 2006.

Brennan, Teresa: *The Transmission of Affect*, Ithaca, London 2004.

Bröckling, Ulrich, Krasmann, Susanne, Lemke, Thomas (Hg.): *Gouvernementalität der Gegenwart. Studien zur Ökonomisierung des Sozialen*, Frankfurt a.M. 2000.
— : »Und… wie war ich? Über Feedback«, in: *Mittelweg 36*, 2/2006, S. 27-43.

Brütsch, Matthias, Hediger, Vinzenz, Keitz, Ursula von, Schneider, Alexandra, Tröhler, Margrit (Hg.): *Kinogefühle. Emotionalität und Gefühl*, Marburg 2005.

Bruno, Giuliana: *Atlas of Emotions. Journeys into Art, Architecture, and Film*, New York 2002.

Buergel, Roger M.: Interviw mit Aram Lintzel, in: *taz*, 10.09.05.

Butler, Judith: *Das Unbehagen der Geschlechter*, Frankfurt a.M. 1991.
— : *Körper von Gewicht. Die diskursiven Grenzen des Geschlechts*, Frankfurt a.M. 1994
— : *The Psychic Life of Power*, Chicago 1997.

Butler, Judith, Laclau, Ernesto, Žižek, Slavoj: *Contingency, Hegemony, Universality*, London, New York 2000.

Cartwright, Lisa: *Moral Spectatorship. Technologies of Agency, Voice, and Image in Postwar Institutions of the Child* (i.V.).

Chodorow, Nancy J.: *The Power of Feelings*, New Haven 1999.

Clausberg, Karl, Weiller, Cornelius: »Wie Denken aussieht. Zu den bildgebenden Verfahren der Hirnforschung«, in: Christian Geyer (Hg.): *Hirnforschung und Willensfreiheit*, Frankfurt a.M. 2004, S. 245-249.

Copjec, Joan: *Imagine There's No Woman. Ethics and Sublimation*, Boston 2002.
— : »May '68, The Emotional Month«, in: Slavoj Žižek (Hg.): *LACAN. The Silent Partners*, London, New York 2006, S. 90-114.

Crary, Jonathan: *Techniken des Betrachters. Über Sehen und Modernität im 19. Jahrhundert*, Dresden 1995.
— : »Your colour memory: Illuminations of the Unforeseen«, in: *http://www.olafureliasson.net/publ_text/texts.html*, 05.05.06.

Cubitt, Sean: *Digital Aesthetics*, London, New York 1998.

Cvetkovich, Ann: *Mixed Feelings. Feminism, Mass Culture, and Victorian Sensationalism*, New Brunswick, New Jersey 1992.

Daston, Lorraine, Galison, Peter: »Das Bild der Objektivität«, in: P. Geimer (Hg.): *Ordnung der Sichtbarkeit. Fotografie in Wissenschaft,*

Kunst und Technologie, Frankfurt a.M. 2002, S. 29-99.

Damasio, Antonio R.: *The Feeling of What Happens. Body and Emotion in the Making of Consciousness*, New York, San Diego, London 1999.
— : *Ich fühle, also bin ich. Die Entschlüsselung des Bewusstseins*, München 2000.
— : *Der Spinoza-Effekt. Wie Gefühle unser Leben bestimmen*, München 2003.

Dean, Tim: *Beyond Sexuality*, Chicago, London 2000.

Deleuze, Gilles: *Foucault*, Frankfurt a.M. 1987.
— : *Spinoza. Praktische Philosophie*, Berlin 1988.
— : *Das Bewegungs-Bild, Kino 1*, Frankfurt a.M. 1989.
— : *Das Zeit-Bild, Kino 2*, Frankfurt a.M. 1991.
— : *Differenz und Wiederholung*, München 1992.
— : *Henri Bergson. Zur Einführung*, Hamburg 2001.
— : »Deleuze – Descartes – Kant (Les cours de Gilles Deleuze)«, in: *www.webdeleuze.com*, 03.10.05.

Deleuze, Gilles, Guattari, Félix: *Anti-Ödipus. Kapitalismus und Schizophrenie*, Frankfurt a.M. 1977 (1972).
— : *Tausend Plateaus. Kapitalismus und Schizophrenie*, Berlin 1992 (1980).
— : *Was ist Philosophie?*, Frankfurt a.M. 2000.

Derrida, Jacques: »Freud und der Schauplatz der Schrift«, in: Ders.: *Die Schrift und die Differenz*, Frankfurt a.M. 1976, S. 302-350.
— : »Signatur Ereignis Kontext«, in: Ders.: *Randgänge der Philosophie*, Wien 1994, S. 291-314.

Deuber-Mankowsky, Astrid: »Das virtuelle Geschlecht. Gender und Computerspiele, eine diskursanalytische Annäherung« in: Claus Pias, Christian Holtorf (Hg.): *Ernstfall Computerspiel* (i.V.).

Dornes, Martin: »Wahrnehmen, Fühlen, Phantasieren«, in: Gertrud Koch (Hg.): *Auge und Affekt. Wahrnehmung und Interaktion*, Frankfurt a.M. 1995, S. 15-38.

Elsaesser, Thomas: »Zu spät, zu früh? Körper, Zeit und Aktionsraum in der Kinoerfahrung«, in: Matthias Brütsch, Vinzenz Hediger, Ursula von Keitz, Alexandra Schneider, Margrit Tröhler (Hg.): *Kinogefühle. Emotionalität und Gefühl*, Marburg 2005, S. 415-439.

EXPORT, Valie: *MAGNA. Feminismus: Kunst und Kreativität*, Ausstellungs-Katalog, Galerie Nächst St. Stephan, Wien 1975.

Fischer-Lichte, Erika: *Ästhetik des Performativen*, Frankfurt a.M. 2004.

Foerster, Heinz von: *Short Cuts 5*, Frankfurt a.M. 2001.

Foster, Hal: »Polemics, Postmodernism, Immersion, Militarized Space (in conversation with Marquard Smith)«, in: *Journal of Visual Culture*, 2004, Vol. 3(3), S. 320-335.

Foucault, Michel: *Sexualität und Wahrheit. Der Wille zum Wissen*, Band I, Frankfurt a.M. 1977.
— : *Die Ordnung der Dinge*, Frankfurt a.M. 1978 (1966).
— : *Die Geburt der Klinik. Eine Archäologie des ärztlichen Blicks*, Frankfurt a.M., Berlin 1985 (1972).

Freud, Sigmund: »Das Ich und das Es« (1923), in: *Psychologie des Unbewußten*, SA, Bd. III, Frankfurt a.M. 1982, S. 273-330.
— : »Die Angst« (1916-17), in: *Vorlesungen zur Einführung in die Psychoanalyse. Und Neue Folge*, SA, Bd. I, Frankfurt a.M. 1969, S. 380-397.
— : »Die Zerlegung der psychischen Persönlichkeit« (1933), in: *Vorlesungen zur Einführung in die Psychoanalyse. Und Neue Folge*, SA Bd. I, Frankfurt a.M. 1969, S. 496-516.
— : »Drei Abhandlungen zur Sexualtheorie« (1905), in: *Sexualleben*, SA, Bd. V., Frankfurt a.M. 1972, S. 37-146.
— : »Das Unheimliche« (1919), in: *Psychologische Schriften*, SA, Bd. IV, Frankfurt a.M. 1982, S. 241-274.
— : *Die Traumdeutung* (1900), SA, Bd. II, Frankfurt a.M. 1972.
— : »Hemmung, Symptom und Angst« (1926[1925]), in: *Hysterie und Angst*, SA, Bd. VI, Frankfurt a.M. 1971, S. 227-310.
— : »Das Unbehagen in der Kultur« [(1930[1929]), in: *Gesellschaft/Religion*, SA,

Bd. IX, Frankfurt a.M. 1972, S. 191-270.
— : *Abriss der Psychoanalyse*, Frankfurt a.M. 1972.
— : »Der Entwurf« (1950), in: *Gesammelte Werke, Nachtragsband*, Frankfurt a.M. 1987, S. 375-486.
— : »Jenseits des Lustprinzips« (1920), in: *Psychologie des Unbewußten*, SA, Bd. III, Frankfurt a.M. 1982, S. 213-272.

Frohne, Ursula: »That's the only now I get – Immersion and Participation in Video-Installations by Dan Graham, Steve McQueen, Douglas Gordon, Doug Aitken, Eija-Liisa Ahtila, Sam Taylor-Wood«, in: *www.medienkunstnetz.de, 19.06.05*.

Garbner, Marjorie: »Some like it haute« (im Gespräch mit Hannah J. L. Feldman), in: *World/Art 1995*, Vol. 1, S. 30-33.

Gatens, Moira: »Ethologische Körper«, in: Marie-Luise Angerer (Hg.): *The Body of Gender, Körper. Geschlechter. Identitäten*, Wien 1995, S. 35-52.

Gibson, William: *Neuromancer*, New York 1984.

Grau, Oliver, Keil, Andreas (Hg.): *Mediale Emotionen. Zur Lenkung von Gefühlen durch Bild und Sound*, Frankfurt a.M. 2005.

Green, André: »Against Lacanism. A Conversation with Sergio Benvenuto«, in: *Journal of European Psychoanalysis*, Fall 1995-Winter 1996, No. 2.
— : *The Chains of Eros. The Sexual in Psychoanalysis*, London, New York 2001 (1997).
— : *Die Tote Mutter. Psychoanalytische Studien zu Lebensnarzissmus und Todesnarzissmus*, Gießen 2004.
— : *Le discours vivant*, Paris 2004.

Grosz, Elizabeth: *Volatile Bodies. Toward a Corporeal Feminism, Bloomington*, Indianapolis 1994.

Guertin, Carolin: »Queere Hybriden. Kosmopolismus und verkörperte Kunst«, in: *Hybrid. Living in Paradox, ars electronica*, Ostfildern-Ruit 2005, S. 170-173.

Gumbrecht, Hans Ulrich: *Diesseits der Hermeneutik*, Frankfurt a.M. 2004.

Habermas, Jürgen: *Erkenntnis und Interesse*, Frankfurt a.M. 1977.

Hagen, Wolfgang: »Die Entropie der Fotografie. Skizzen einer Genealogie der digital-elektronischen Bildaufzeichnung«, in: Herta Wolf (Hg.): *Paradigma Fotografie. Fotokritik am Ende des fotografischen Zeitalters*, Bd. I, Frankfurt a.M. 2002, S. 195-238.

Hall, Stuart: »On postmodernism and articulation. An interview with Stuart Hall« in: David Morley, Kuan-Hsing Chen (Hg.): *Stuart Hall*, London, New York 1996, S. 131-150.

Hamker, Anne: *Emotion und ästhetische Erfahrung. Zur Rezeptionsästhetik der Video-Installationen ›Buried Secrets‹ von Bill Viola*, Münster, New York, München 2003.

Hansen, Mark B. N.: »Embodying Virtual Reality: Touch and Self-Movement in the Work of Char Davies« in: *Critical Matrix: The Princeton Journal of Women, Gender and Culture*, 2004, Vol. 12 (1-2), S. 112-147.
— : *New Philosophy for New Media*, Cambridge (Mass.), London 2004.

Haraway, Donna J.: »Ein Manifest für Cyborgs. Feminismus im Streit mit den Technowissenschaften« in: Dies.: *Die Neuerfindung der Natur. Primaten, Cyborgs und Frauen*, Frankfurt a.M., New York 1995 (1984), S. 33-72.

Hardt, Michael, Negri, Antonio: *Empire*, Cambridge (Mass.), London 2000.
— : *Multitude, War and Democracy in the Age of Empire*, New York 2005.

Hayles, N. Katherine: *How We Became Posthuman. Virtual Bodies in Cybernetics, Literature, and Informatics*, Chicago, London 1999.

Heidegger, Martin: *Über den Humanismus*, Frankfurt a.M. 2000 (1949).

Heiser, Jörg: »Imagination: Das Making-Of«, in: *The Secret Hotel*, Ausstellungskatalog, Kunsthaus Bregenz 2005.

Hemmings, Clare: »Invoking Affect«, in: *Cultural Studies*, Summer 2005, Vol. 19, No. 5, S. 548-567.

Holl, Ute: *Kino, Trance & Kybernetik*, Berlin 2002.

Irigaray, Luce: *Das Geschlecht, das nicht eins ist*, Berlin 1979.
— : *Speculum. Spiegel des anderen Geschlechts*, Frankfurt a.M. 1980 (1974).
— : *Ethik der sexuellen Differenz*, Frankfurt a.M. 1991.

Kaufer, Stefan: »Leg dich hin und sei still. Olafur Eliasson hat in der Galerie Tate Modern in London ein überwältigendes Szenario installiert«, in: *Frankfurter Rundschau online, 04.01.04*.

Keil, Andreas, Eder, Jens: »Audiovisuelle Medien und neuronale Netzwerke«, in: Oliver Grau, Andreas Keil (Hg.): *Mediale Emotionen. Zur Lenkung von Gefühlen durch Bild und Sound*, Frankfurt a.M. 2005, S. 224-241.

Koch, Christof: »Die Zukunft der Hirnforschung«, in: Christian Geyer (Hg.): *Hirnforschung und Willensfreiheit. Zur Deutung der neuesten Experimente*, Frankfurt a.M. 2004, S. 229-234.

Kittler, Friedrich: *Short Cuts* 6, Frankfurt a.M. 2002.

Kochinka, Alexander: *Emotionstheorien. Begriffliche Arbeit am Gefühl*, Bielefeld 2004.

Kosofsky Sedgwick, Eve: *Epistemology of the Closet*, Berkeley 1990.
— : *Touching Feeling. Affect, Pedagogy, Performativity*, Durham, London 2003.

Kosofsky Sedgwick, Eve, Frank, Adam (Hg): *Shame and its Sisters. A Silvan Tomkins Reader*, Durham, London 1995.

Krämer, Sybille: »Sprache – Stimme – Schrift: Sieben Gedanken über Performativität als Medialität«, in: Uwe Wirth (Hg.), *Performanz*, Frankfurt a.M. 2002, S. 344-346.

Krause, Tilman: »Vorsicht, Fetisch«, in: *Die Welt*, 13.05.06.

Kreye, Andrian: »Die letzten Dandys«, in: *Süddeutsche Zeitung*, 20./21.05.06.

Kristeva, Julia: *Die Revolution der poetischen Sprache*, Frankfurt a.M. 1978 (1974).
— : *Die neuen Leiden der Seele*, Hamburg 1994.

KulturSpiegel: »Wir werden Deutschland«, in: *Spiegel online*, 30.06.06.

Lacan, Jacques: »La Chose freudienne ou Sens du retour à Freud en psychanalyse« (1955), in: Ders.: *Écrits*, Paris 1966.
— : »Das Spiegelstadium als Bildner der Ich-Funktion«, in: Ders.: *Schriften I*, Frankfurt a.M. 1975, S. 61-70.
— : *Encore. Das Seminar Buch XX*, Weinheim, Berlin 1986.
— : *Das Ich in der Theorie Freuds und in der Technik der Psychoanalyse. Das Seminar Buch II*, Weinheim, Berlin 1991.
—: *Die vier Grundbegriffe der Psychoanalyse. Das Seminar Buch XI*, Weinheim, Berlin 1996.
— : *Die Ethik der Psychoanalyse. Das Seminar Buch VII*, Weinheim, Berlin 1996.
— : *L'Angoisse, Le Séminaire, Livre X*, Paris 2004 (deutsche nicht publizierte Übersetzung Gerhard Schmitz).
— : *Der Triumph der Religion. Welchem vorausgeht Der Diskurs an die Katholiken*, Wien 2006.

Laclau, Ernesto, Mouffe, Chantal: *Hegemonie und radikale Demokratie. Zur Dekonstruktion des Marxismus*, Wien 1991 (1985).

Laclau, Ernesto: »Subject of Politics, Politics of the Subject«, in: Ders.: *Emancipation(s)*, London, New York 1996, S. 47-65.
— : *On Populist Reason*. London, New York 2005.

Laplanche, Jean, Pontalis, Jean-Bertrand: »Fantasy and the Origins of Sexuality«, in: Victor Burgin, James Donald, Cora Kaplan (Hg.): *Formations of Fantasy*, London, New York 1986, S. 5-34.
— : *Das Vokabular der Psychoanalyse*, Frankfurt a.M. 1973.

Latour, Bruno: »Atmospère, Atmosphère«, in: *The Weather Project. The Unilever Series*, Ausstellungskatalog (ed. by Susan May), Tate Modern, London 2003.

Laucken, Uwe: »Gibt es Willensfreiheit? Möglichkeiten der psychologischen Vergegenständlichung von ›Willens-, Entscheidungs- und Handlungsfreiheit‹«, in: *www.qualitative-research.net/fqs-texte/1-05/05-1-8-d.htm, 19.03.06.*

Lazzarato, Maurizio: *Videophilosophie. Zeitwahrnehmung im Postfordismus*, Berlin 2002.

Lem, Stanislav: *Also sprach Golem*, Frankfurt a.M. 1986.

Lemke, Thomas: »Die Regierung der Risiken. Von der Eugenik zur genetischen Gouvernementalität«, in: Ulrich Bröckling, Susanne Krasmann, Thomas Lemke (Hg.): *Gouvernementalität der Gegenwart. Studien zur Ökonomisierung des Sozialen*, Frankfurt a.M. 2000, S. 227-264.

Lenoir, Tim: »Foreword«, in: Mark B. N. Hansen: *New Philosophy for New Media*, Cambridge (Mass.), London 2004.

Lévi-Strauss, Claude: *Strukturale Anthropologie*, Frankfurt a.M. 1967.

Lippard, Lucy: »Vorwort«, in: Valie EXPORT: *MAGNA. Feminismus: Kunst und Kreativität*, Ausstellungskatalog, Galerie Nächst St. Stephan, Wien 1975.

Lorenzer, Alfred: *Die Wahrheit der psychoanalytischen Erkenntnis. Ein historisch-materialistischer Entwurf*, Frankfurt a.M. 1976.

Lyotard, Jean-Francois: *Das postmoderne Wissen. Ein Bericht*, hg. von Peter Engelmann, Wien 1986 (1979).

Mach, Ernst: *Die Analyse der Empfindungen und das Verhältnis des Physischen zum Psychischen* (Nachdruck der 9. Aufl. 1922 [1886]), Darmstadt 1991.

Mahrenholz, Simone: »Derrick de Kerckhove – Medien als Psychotechnologien«, in: Alice Lagaay, David Lauer (Hg.): *Medien-Theorien. Eine philosophische Einführung*, Frankfurt a.M., New York 2004, S. 69-95.

Manovich, Lev: *The Language of New Media*, Boston 2001.
— : »Image_future« (spring 2004), in: *www.manovich.net, 09.10.04.*

Margulies, Lynn, Sagan, Dorion: *What is Life?*, London 1995.
— : *What is Sex?*, New York 1997.

Markl, Hubert: »Gehirn und Geist. Biologie und Psychologie auf der Suche nach dem ganzen Menschen«, in: *Merkur*, Dezember 2004, Nr. 668.

Marks, Laura U.: *The Skin of the Film: Intercultural Cinema, Embodiment, and the Senses*, Durham, London 2000.
— : *Touch: Sensuous Theory and Multisensory Media*, Minneapolis, London 2002.

Massumi, Brian: *A User's Guide to Capitalism and Schizophrenia. Deviations from Deleuze and Guattari*, Cambridge (Mass.) 1993.
— : »The Autonomy of Affect«, in: Paul Patton (Hg.): *DELEUZE: A Critical Reader*, Cambridge (Mass.) 1996, S. 217-239.
— : »The Bleed: Where the Body meets Image«, in: John C. Welchman (Hg.): *Rethinking Borders*, Minneapolis 1996, S. 18-40.
— : *Movement, Affect, Sensation. Parables for the Virtual*, Durham, London 2002.
— : »Navigating Moments« (Interview with Mary Zanazi), in: *21C Magazine*, 2003.

Maturana, Humberto, Varela, Francisco: *Autopoiesis and Cognition: The Realization of the Living*, Dordrecht 1980.

McLuhan, Marshall: *Die magischen Kanäle. Understanding Media*, Düsseldorf, Wien 1968.

Mersch, Dieter: *Ereignis und Aura. Untersuchungen zu einer Ästhetik des Performativen*, Frankfurt a.M. 2002.

Metz, Christian: »Le signifiant imaginaire«, in: *Communications: Psychoanalyse et cinéma*, 1975, 23, S. 3-55.

Mitchell, William J. T.: »The Pictorial Turn«, in: *Artforum*, March 1992.
— : *What do Pictures Want? The Lives and Loves of Images*, Chicago, London 2005.

Moss, David: »Memories of Being. Orlan's Theatre of the self«, in: *Art + Text*, 1996, 54, S. 67-72.

Mulvey, Laura: »Visuelle Lust und narratives Kino« (1974), in: Gislind Nabakowski, Helke Sander, Peter Gorsen (Hg.): *Frauen in der Kunst*, 1. Bd., Frankfurt a.M. 1980, S. 30-46.

Murphy, Andrew: »Computer are not Theatre: The Machine in the Ghost in Gilles Deleuze and Félix Guattari's Thought«, in: *Convergence*, 1996, Vol. 2, No. 2, S. 80-111.

Nathanson, Donald L.: *Shame and Pride*, New York, London 1992.

Parisi, Luciana: *Abstract Sex. Philosophy, Bio-Technology and the mutations of Desire*, London, New York 2004.
— : »Interview« (with Matthew Fuller), in: *www.nettime.org/Lists-Archives/nettime-l-0410/msg00054.html, 20.01.06*.

Pearson, Keith Ansell: *Viroid Life. Perspectives on Nietzsche and the Transhuman Condition*, London, New York 1997.

Pias, Claus (Hg.): *Cybernetics | Kybernetik. The Macy-Conferences 1946-1953, Essays & Dokumente*, Bd.II, Zürich, Berlin 2003.

Piercy, Marge: *Er, Sie und Es*, Hamburg 1993.

Phelan, Peggy: *Unmarked. The Politics of Performance*, London und New York 1993.

Plant, Sadie: »The Future Looms: Weaving Women and Cybernetics«, in: *Body & Society*, 1995, Vol. 1, No. 3-4, S. 45-64.

Plant, Sadie: »The virtual complexity of culture«, in: George Robertson, Melinda Mash, Lisa Tickner, Jon Bird, Barry Curtis, Tim Putnam: (Hg.): *FutureNatural, nature/science/culture*, New York, London 1996, S. 203-217.

Preciado, Beatriz: *Kontrasexuelles Manifest*, Berlin 2003.

Probyn, Elspeth: *Blush. Faces of Shame*, Minnesota 2005.

Rabinow, Paul: *Anthropologie der Vernunft*, Frankfurt a.M. 2004.

Ratzeburg, Wiebke (Hg.): *Aufruhr der Gefühle. Leidenschaften in der zeitgenössischen Fotografie und Videokunst*, Publikation zur Ausstellung, Braunschweig 2004.

Reiche, Claudia: *Digitaler Feminismus*, Hamburg 2006.

Regis, Edward: *Great Mambo Chicken and the Transhuman Condition: Science Slightly Over the Edge*, Harmondsworth, Middlesex 1992.

Revonsuo, Antti: *Inner Presence. Consciousness as a Biological Phenomenon*, Cambridge (Mass.), London 2006.

Rieger, Stefan: *Anthropologische Kybernetik*, Frankfurt a.M. 2003.

Rode, Thomas: »Liebling, es sind die Gene. Wieviel Lust ein Mensch auf Sex hat, ist offenbar zum Teil angeboren«, in: *Süddeutsche Zeitung*, 17.06.06.

Rölli, Marc: *Gilles Deleuze. Philosophie des transzendentalen Empirismus*, Wien 2003.

Rose, Jacqueline: *Sexualität im Feld der Anschauung*, Wien 1996.
— : »Julia Kristeva – Die Zweite«, in: Dies.: *Sexualität im Feld der Anschauung*, Wien 1996, S. 145–168.

Salecl, Renata: »Sexuelle Differenz als Einschnitt in den Körper«, in: J. Huber, M. Heller (Hg.): *Inszenierung und Geltungsdrang, Interventionen*, Museum für Gestaltung, Zürich 1998.

Saussure, Ferdinand de: *Grundfragen der allgemeinen Sprachwissenschaft*, Berlin 1967 (1916).

Schätzing, Frank: *Der Schwarm*, Köln 2004.

Schmidgen, Henning: *Das Unbewußte der Maschinen. Konzeptionen des Psychischen bei Guattari, Deleuze und Lacan*, München 1997.

Schulze, Holger: »Klang Erzählungen. Zur Klanganthropologie als einer neuen, empfindungsbezogenen Disziplin«, in: Oliver Grau, Andreas Keil (Hg.): *Mediale Emotionen. Zur Lenkung von Gefühlen durch Bild und Sound*, Frankfurt a.M. 2005, S. 215-223.

Schumacher, Eckhard: »Passepartout. Zu Performativität, Performance, Präsenz«, in: *Texte zur Kunst*, 2000, Heft 37, S. 94-103.

Searle, John R.: *Intentionalität. Eine Abhandlung zur Philosophie des Geistes*, Frankfurt a.M. 1986.
— : *Die Wiederentdeckung des Geistes*, München 1993.
— : *Freiheit und Neurobiologie*, Frankfurt a.M. 2004.

Shaviro, Steven: *The Cinematic Body*, Minneapolis, London 1993.

Shepherdson, Charles: »The Role of Gender and the Imperative of Sex«, in: Joan Copjec (Hg.): *Supposing the Subject*, London, New York 1994, S.158-184.
— : »The Gift of Love and the Debt of Desire«, in: *differences*, 1998, Vol. 10, S. 30-74.

Shusterman, Richard: *Performing Live. Aesthetic Alternatives for the Ends of Art*, Ithaca 2000.

Sigusch, Volkmar: »Gibt es Asexuelle?« in: *www.fr-aktuell.de/ressorts/kultur_und_medien/feuilleton, 12.10.05.*
— : *Neosexualitäten. Über den kulturellen Wandel von Liebe und Perversion*, Hamburg 2005.

Sloterdijk, Peter: *Sphären I. Blasen*, Frankfurt a.M. 1998.
— : *Regeln für den Menschenpark. Ein Antwortschreiben zu Heideggers Brief über den Humanismus*, Frankfurt a.M. 1999.

Smith, Matt: »The Work of Emotion: Ballard and the Death of Affect«, in: *http://www.rickmcgrath.com/jgballard/jgb_death_of_affect.html*, 05.09.06.

Smith, Quentin: *The Felt Meanings of the World: A Metaphysics of Feeling*, Ashland (Ohio) 1986.

Smile Machines. Humor Kunst Technologie, Ausstellungskatalog transmediale 06, Berlin 2006.

Sofoulis, Zoë: »Contested Zones: Artists, Technologies, and Questions of Futurity«, in: *Leonardo (MIT)*, 1996, Vol. 29, 1, S. 59-66.

Sobchak, Vivian: »The Scene of the Screen«, in: Hans Ulrich Gumbrecht, K. Ludwig Pfeiffer (Hg.): *Materialität der Kommunikation*, Frankfurt a.M. 1988, S. 416-427.

Sturm, Hertha u.a. (Hg.): *Wie Kinder mit dem Fernsehen umgehen*, Stuttgart 1979.
— : *Fernsehdiktate: Die Veränderung von Gedanken und Gefühlen. Ergebnisse und Folgerungen für eine rezepientenorientierte Mediendramaturgie*, Gütersloh 1991.

Spinoza, Benedictus de: *Sämtliche Werke*, Bd. II, hg. von Carl Gebhardt, Hamburg 1989.

Stiegler, Bernd: *Theoriegeschichte der Photographie*, München 2006.

Tomkins, Silvan: *Imagery, Consciousness*, 2 Bde., New York 1962/1963.

Tournier, Michel: *Freitag oder das Leben in der Wildnis*, Frankfurt a.M. 1982.

Trinh, Minh-ha: *Framer Framed. Film Scripts and Interviews*, New York 1992.

Tröhler, Margit, Hediger, Vinzenz: »Ohne Gefühl ist das Auge der Vernunft blind«, in: Matthias Brütsch, Vinzenz Hediger, Ursula von Keitz, Alexandra Schneider, Margrit Tröhler (Hg.): *Kinogefühle. Emotionalität und Gefühl*, Marburg 2005, S. 7-22.

Turkle, Sherry: *The Second Self: Computers and the Human Spirit*, New York 1984.
— : *Leben im Netz. Identität in Zeiten des Internet*, Reinbek 1999.

Verhaeghe, Paul: *Beyond Gender. From Subject to Drive*, New York 2001.
— : *Liebe in Zeiten der Einsamkeit*, Wien 2003.

Vidler, Anthony: *unHEIMlich. Über das Unbehagen in der modernen Architektur*, Hamburg 2002.

Viola, Bill: *www.sfmoma.org/espace/viola/noqthtml/content/inter04a.html,* 30.01.06.

Virilio, Paul: »Im Gespräch mit Carlos Oliveira«, in: *CTheory, Global Algorithm 1.7., 1996.*

Volkart, Yvonne: »Physicalization in Networked Space. Melinda Rackham – Visualization of Identity and Subjectivity in Cyberspace«, in: *Springerin*, 2002, Heft 1.

Vrhunc, Mirjana: *Bild und Wirklichkeit. Zur Philosophie Henri Bergsons*, München 2002.

Watzlawick, Paul: *Anleitung zum Unglücklichsein*, München 2005.

Weber, Samuel: *Rückkehr zu Freud. Jacques Lacans Ent-stellung der Psychoanalyse*, Frankfurt a.M., Berlin, Wien 1978.

Wegener, Mai: *Neuronen und Neurosen. Der psychische Apparat bei Freud und Lacan. Freuds Entwurf von 1895*, Reihe trajekte des Zentrums für Literaturforschung, Berlin, München 2004.
— : »Unbewußt/das Unbewußte«, in: Karlheinz Brack u.a. (Hg.): *Ästhetische Grundbegriffe*, Bd. 6, Stuttgart, Weimar 2005, S. 202-240.

Weigel, Sigrid: »Phantombilder«, in: Oliver Grau, Andreas Keil (Hg.): *Mediale Emotionen. Zur Lenkung von Gefühlen durch Bild und Sound*, Frankfurt 2005, S. 242-276.

Widmer, Peter: *Subversion des Begehrens. Eine Einführung in Jacques Lacans Werk*, Wien 1997 (1990).

Wiemer, Serjoscha: »Horror, Ekel und Affekt – Silent Hill 2 als somatisches Erlebnisangebot«, in: Britta Neitzel, Matthias Bopp, Rolf F. Nohr (Hg.): *»See? I'm real…« Multidisziplinäre Zugänge zum Computerspiel am Beispiel von ›Silent Hill‹*. Reihe: Medienwelten Bd. 4, Münster, Hamburg, Berlin 2005, S. 177-192.

Wirth, Uwe (Hg.): *Performanz*, Frankfurt a.M. 2002.

Wittgenstein, Ludwig: »Philosophische Untersuchungen 115«, in: Ders.: *Schriften*, Bd. I., Frankfurt a.M. 1960.

Wollheim, Richard: *Emotionen. Eine Philosophie der Gefühle*, München 2001 (1991).

XSCREEN, Ausstellungskatalog, Wien 2004.

Zechner, Ingo: *Der Gesang des Werdens*, München 2003.

Žižek, Slavoj: *Liebe Dein Symptom wie Dich selbst! Jacques Lacans Psychoanalyse und die Medien*, Berlin 1991.
— : *Das Unbehagen im Subjekt*, Wien 1998.
— : »Four Discourses, Four Subjects«, in: Ders. (Hg.): *Cogito and the Unconscious*, Durham, London 1998, S. 74-116.
— : »Lacan with quantum physics«, in: George Robertson, Melinda Mash, Lisa Tickner, Jon Bird, Barry Curtis, Tim Putnam: (Hg.): *FutureNatural, nature/science/culture*, New York, London 1996, S. 270-292.
— : »Das postmoderne Ding«, in: Peter Weibel, Christa Steinle (Hg.): *Identität: Differenz*, Wien Köln, Weimar 1992, S. 566-574.
— : *Die Pest der Phantasmen. Die Effizienz des Phantasmatischen in den neuen Medien*, Wien 1997.
— : *Mapping Ideology*, London, New York 1994.
— : »Class Struggle or Postmodernism? Yes, please!« in: Judith Butler, Ernesto Laclau, Slavoj Žižek: *Contingency, Hegemony, Universality*, London, New York 2000, S. 90-135.
— : *Die gnadenlose Liebe*, Frankfurt a.M. 2001.
— : *Körperlose Organe*, Frankfurt a.M. 2005.
— : *The Parallax View*, Cambridge (Mass.), London 2006.

03

04

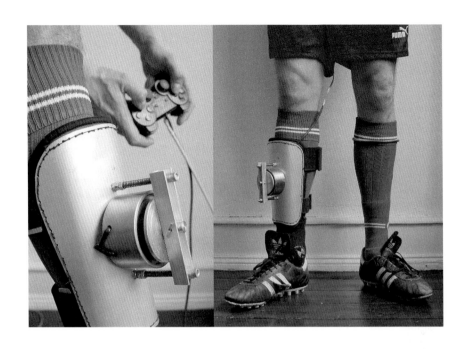

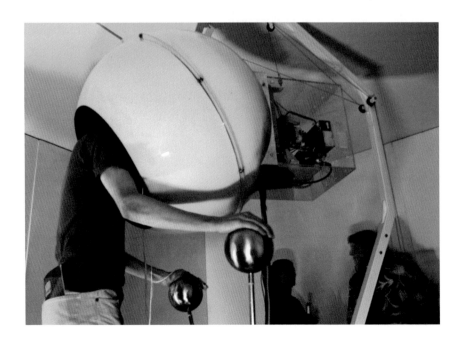

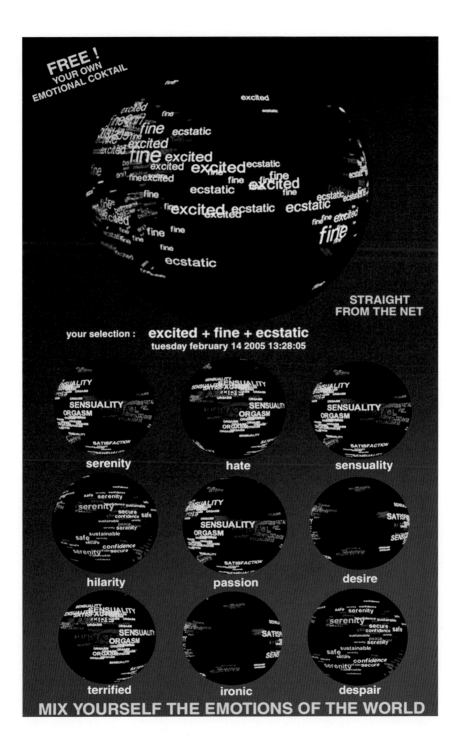

FREE !
YOUR OWN
EMOTIONAL COKTAIL

excited

fine

fine ecstatic

excited

fine excited

excited ecstatic

fine excited

excited ecstatic

fine

fine

ecstatic excited
fine

ecstatic

fine

excited ecstatic ecstatic

fine excited

fine fine

ecstatic

STRAIGHT
FROM THE NET

your selection : **excited + fine + ecstatic**
tuesday february 14 2005 13:28:05

serenity   **hate**   **sensuality**

hilarity   **passion**   **desire**

terrified   **ironic**   **despair**

MIX YOURSELF THE EMOTIONS OF THE WORLD

08

09

10

11

12

13

14

15

18

19

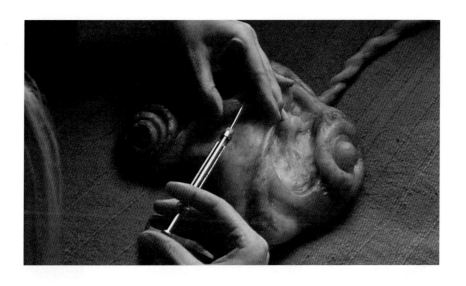

20

21

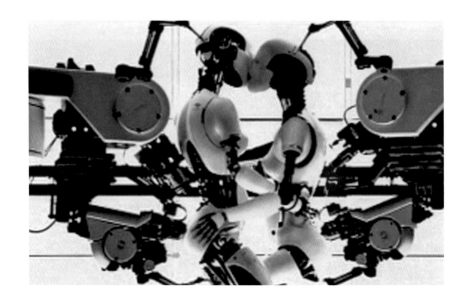

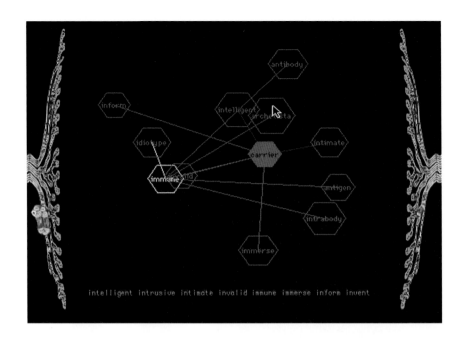

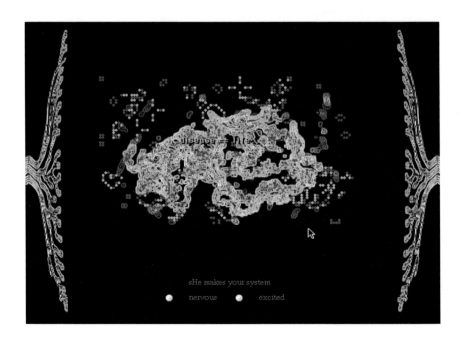

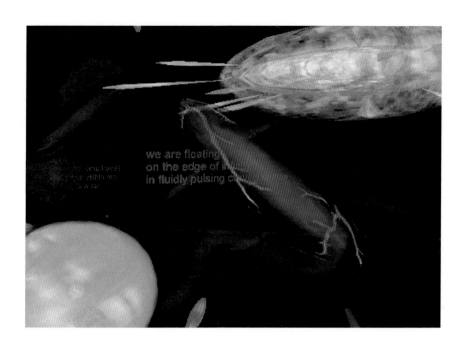

we are floating
on the edge of i...
in fluidly pulsing c...

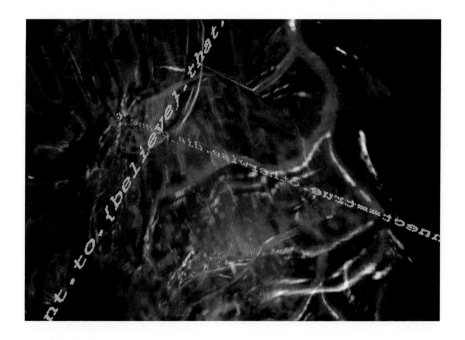

ABBILDUNGSVERZEICHNIS

01-02   Olafur Eliasson – *The Weather Project*, 2003 © Olafur Eliasson.

03-04   Char Davies – *Osmose*, 1995 © Char Davies.

05   *fur* (Roman Kirchner, Tilmann Reiff, Volker Morawe) – *LegShocker*, 2002 © fur.

06   Tobias Grewenig – *Emotion's Defilibrator*, 2005 © Tobias Grewenig.

07   Maurice Benayoun – *The Emotion Vending Machine,* 2006 © transmediale 06.

08-13   STRANGE DAYS (Kathryn Bigelow) USA 1995.

14-21   eXistenZ (David Cronenberg) CAN 1999.

22-23   *All Is Full Of Love* (Chris Cunningham) UK 1999.

24   Stahl Stenslie – *CyberSM*, 1993 © Stahl Stenslie.

25-26   Melinda Rackham – *carrier* © www.viscopy.com.

27-28   Melinda Rackham – *empyrean* © www.viscopy.com.